Menschenkinder oder Gesandte des Himmels

Wie behandeln wir uns angemessen?

von

Bettina Oehmen

Impressum:

1. Auflage 2016
Phoebe-Verlag e. K., Bocholt
Alle Rechte vorbehalten

© 2016 Phoebe-Verlag e. K., Bocholt

Mandalas: Marie Oehmen
Zeichnungen: Ruth & Bruno Baumeister
Gestaltung: Phoebe-Verlag e.K.
Druck: cpi Books GmbH

ISBN: 978-3-9815577-5-6

VORWORT

Liebe Leser,

Ich habe mich bei meinen Beispielen vorwiegend und der Übersichtlichkeit halber mit Mutter und Vater beschäftigt. Hinzu kommen natürlich die Lebensformen Frau ohne Mann und Mann ohne Frau, Frau mit Frau und Mann mit Mann oder Frau mit mehreren Männern und Männern mit mehreren Frauen bis hin zu Patchworkfamilien. Jeder kann sich dort einordnen, wo er sich wiederfindet: im eher weiblichen oder eher männlichen Bereich und im jeweils vorgefundenen Familienkontext. Wie üblich verkompliziere ich den Text nicht durch verweiblichte Zusätze wie Leser/innen oder Kapitänin/Kapitän, Steuerfrau/Steuermann. Wir alle wissen, dass die Gleichberechtigung in unseren Köpfen und Herzen angekommen ist. Die Sprache stellt sich etwas quer, weil so vieles verändert werden müsste, so dass meine Texte sich nicht mehr flüssig lesen ließen, wenn ich von der „männlichen Dominanz in der Grammatik" abwiche. Ich verzichte also meistens darauf und rechne mit eurem Großmut.

Neben dieses Buch könnt ihr eine Kladde legen, in die ihr Notizen oder durchaus auch Romane schreiben könnt. Die Notizen und Romane werden autobiographisch sein und sind streng privat; es sei denn, ihr möchtet sie jemandem zeigen.

Wie üblich erzähle ich euch, wo das Buch entstanden ist. Diesmal fiel die Wahl auf Verona, weil Marie, unsere jüngste Tochter, mich darauf hinwies. Als ich fragte, wieso sie Verona vorschlage, sagte sie mit einem Hauch von Verständnislosigkeit: „Das ist doch klar – es ist die Stadt von Romeo und Julia! Weißt du noch, der Film mit Amanda Seyfried (‚Briefe an Julia')?" Das fand ich überzeugend und buchte den Flug.
Carlotta holte mich am Bahnhof von Verona ab. Im Auto saßen ihre drei kleinen Kinder, die mich neugierig von hinten betrachteten und kichernd der Mutter mit Fantasieenglisch aushalfen, wenn sie ein Wort suchte und nicht fand. Mein schlummerndes Italienisch erwachte, reckte sich und gähnte, kam aber noch nicht so schnell in Schwung; wir verstanden uns indes auch so.
Die Wohnung, die Carlotta von ihrer Mutter bekommen hatte, war sehr wohnlich mit Ikeamöbeln ausgestattet und roch neu. Im Hausflur duftete es immer sehr angenehm, entweder nach leckerem Essen oder Marmelade. Einmal sah ich ein wie ein Croissant gekrümmtes Mütterchen im Flur vor ihrer Wohnung stehen, aus der der Marmeladenduft drang. Bevor ich sie loben konnte, verschwand sie laut- und grußlos. Einmal war ihr leider das Apfelmus angebrannt, was ihr bestimmt in der Seele wehtat. Dies war aber das einzige Mal, dass etwas im Flur nicht gut roch.
Ich war überrascht, eine Stadt vorzufinden, die einer Filmkulisse glich. Man hatte offensichtlich

die Balkone nicht nur für den Kinofilm bepflanzt; sie zeugen vielmehr vom allgegenwärtigen Schönheitssinn der Veroneser. Die blühenden Schlingpflanzen lassen wie Lorelei ihre Haare von den schmiedeeisernen Balkonen an den ziegelfarbenen oder sonnengelben Hauswänden herabperlen. Wenn man hochschaut, sieht man hängende Gärten, auf der Unterseite der Balkone kann man oft zusätzlich Sandstein-Blumen oder Ornamente bewundern. Über vielen Türen prangen Gesichter von Tieren und Menschen: Löwen, Ziegenböcke, lieblich lächelnde Mädchen und grimmig bis nachdenklich schauende Männer.
Immer wieder öffnen sich die Gassen zu kleinen Plätzen. Auch das weitläufige Gelände um die Arena, in der Opern und Konzerte gegeben werden, wirkt gemütlich und geschlossen. Am Wochenende ziehen schmuck gekleidete, palavernde Familien und Freunde durch die gepflegten Gassen, schauen sich die Auslagen an und kaufen ein. Das weiche, melodische Italienisch ist dabei, passend zum Ambiente, gesprochene Oper. Sobald man sich im Juni der Uferstraße an der Etsch nähert, badet man im berauschenden Duft der mit Blüten überreich bedeckten Linden. Der Verkehr ist überschaubar, deshalb wirkt Verona eher ländlich ruhig. Man kann die Vögel mühelos hören. Die Hunde, von den Veronesern in allen Spielarten geliebt, verhalten sich dezent und bellen nicht grundlos. Katzen sieht man seltener.

Das Wetter war nie langweilig. Der Himmel verhielt sich ebenfalls wie im Theater: Er protzte regelrecht mit spektakulären Gewitterwolken und überraschte mit plötzlich aufbrechenden Sonnenspektakeln. Manchmal wurde ich von Dauerregen eingelullt. Er plätscherte vernehmlich in die Gassen. Alles war mollig grau. Die Ziegelrot- und Sonnengelbtöne der Häuserfassaden strahlten verhalten und lieblich, dennoch mit einer melancholischen Note. Die Burgfeste, die ich von meinem Balkon aus sehen konnte, hatte sich dann in einen feinen Sprühnebelumhang gehüllt. Doch kurz darauf pflegte triumphierend und mit viel Blech und Tamtam die Sonne wieder hervorzubrechen und sich strahlend zu verbeugen. Das war auch besser so, denn der zur Wohnung gehörende Schirm erwies sich als Ruine. Der Griff war wackelig und brach sofort ab, und als ich den traurigen Rest aufspannen wollte, erwies sich das als unmöglich, denn er schnappte immer wieder zu. Hätte ich dazu noch eine Arie geträllert, wäre es eine perfekte Slapstickeinlage in der Stadt der Oper geworden.

Hier wie überall faszinierten mich Details: ein Plastiktütchen auf dem Asphalt, das wunderbarerweise die Form eines Stöckelschuhs angenommen hatte; der kunstvolle Schatten eines schmiedeeisernen Gitters auf dem strahlenden Blau eines wegen Bauarbeiten verdeckten Fensters; verstreute Lindenblüten auf den mit Graffiti verzierten Bänken am Fluss; eine

kaputte Sonnenbrille am Fuße einer wichtigen und ernst dreinblickenden Statue; ein winziges Hündlein, das in dem Augenblick das Beinchen hob und ins Schwarze traf, als Herrchen seinen Espressobecher auf dem Boden abstellte, um die Leine an der Bank zu befestigen. Die Liste ließe sich beliebig verlängern.
Ich ging mit staunenden Augen umher, blieb stehen und schaute, wenn ich etwas entdeckte, und alle Menschen, die um mich herum waren, blieben auch stehen und schauten nach, was ich denn da wohl entdeckt hatte. Oft begannen sie zu lächeln und Kommentare abzugeben: „Si, e bello! Guarda!" Oder wenn sie jünger waren: „Mitico! Figo", was unserem Jugendslang für „cool, geil" entspricht. Manchmal hatten es die Leute auch eilig. Aber nicht oft. Meistens gehen sie im Schlendergang, aus den Hüften heraus, die Frauen wiegend, die Männer sehr männlich.
Beim abendlichen Blick über die sich in die Flussschleife schmiegende Stadt fragte ich mich einmal mehr, warum der moderne Mensch es fast nur noch zu Schuhschachteln bringt, wenn es um Architektur geht. Der Anblick einer Schönheit wie Verona ist erhebend. Deshalb gehört es auch zum Weltkulturerbe.
Dieses Buch handelt trotz dieser wunderbaren Kulisse nicht von Romeo und Julia; aber es handelt von Liebe, von der ersten bis zur letzten Seite. Und diese Liebe soll nicht tragisch ausgehen, sondern uns alle erheben und glücklich machen. Für alle Zeiten.

DER ANFANG

Gäbe es uns Kinder nicht,
gäbe es keine Menschen.

Wir alle waren einmal Kinder. Wir wurden geboren oder per Operation aus dem Leib der Mutter herausgeholt. Wir alle haben zum ersten Mal „das Licht der Welt" erblickt - viele im Krankenhaus, andere im Schlafzimmer ihrer Wohnung, manche im Auto, im Wald, auf dem Feld, die einen unter freiem Himmel oder in düsteren, stickigen Räumen, die anderen im warmen Tauchbecken. In Deutschland ist die Variationsbreite begrenzter als in anderen Teilen der Erde, wo wir als Kinder oft in schlimmen Situationen und unter ungünstigen Umständen „zur Welt" kommen.
Wir tragen dieses Kind immer in unserem Kopf, unserem Herzen, unserem Körper, unserer Seele – kurz: in unserem ganzen Sein herum. Wir sind und bleiben das ewige Kind. Und deshalb ist es so wichtig, wie unsere Kindheit „verläuft", was wir vorfinden, wem wir begegnen, wie man mit uns umgeht, was man uns vorlebt und lehrt, was man uns verbietet und erlaubt. Und vor allem eines ist wichtig: Werden wir geliebt oder nicht? Viele von uns könnten diese Frage nicht mit einem eindeutigen „Ja" oder „Nein" beantworten. Denn was ist Liebe genau? Wie können wir das definieren, was wir alle so dringend zum Leben brauchen? Denn wir brauchen es nicht zum Überleben. Wir überleben auch ohne Liebe; zwar nur recht und

schlecht, aber wir überleben. Solange man uns relativ regelmäßig etwas zu essen und zu trinken gibt und unsere Gesundheit einigermaßen schützt, überleben wir die Kindheit und treten ins Erwachsenendasein ein, was immer das auch sein mag.

Allerdings entwickeln wir ohne Liebe selten eigene Herzensbildung. Herzensbildung wird mit (von uns allen mehr oder weniger) seelisch empfundener Wärme definiert. Diese „Herzenswärme" wird mit Eigenschaften wie „Herzlichkeit", Zuwendung, Mitgefühl, Weisheit und Gerechtigkeit, Humor, tätiger Nächstenliebe, Respekt und Geduld verbunden. Treffen wir also auf ein „kaltes" oder „kühles" Umfeld, bedeutet das für uns ein Aufwachsen in seelischer Bedürftigkeit. Treffen wir allerdings auf ein hitziges oder überhitztes Umfeld, kann das ebenfalls einen Mangel an Liebe bedeuten. Denn Mangel an Herzensbildung muss nicht zwingend Kälte bedeuten, sondern kann auch flammende Wut und Aggression beinhalten.

Wer bestimmt, welche „Temperatur" unser zukünftiges Familienidyll haben wird? Es sind vorwiegend die Eltern und in zweiter Linie die Erziehungspersonen, die sich mit uns, dem Kind, befassen oder eben nicht befassen. Es kann sein, dass die Mutter, die das Kind zur Welt bringt, ein liebevoller, warmherziger Mensch ist. Es kann sein, dass sie ein liebevoller, warmherziger Mensch war, durch besondere Umstände aber kaltherzig und verschlossen wurde. Es kann sein, dass der Vater ein großzügiger und humorvoller Mensch ist. Es kann aber auch sein, dass er diese Eigenschaften verloren hat, weil er in Situationen geriet, die ihn haben verzweifeln lassen. Vielleicht wird bei Mutter und Vater die ursprüngliche Herzlichkeit hier und dort wieder durchschimmern, womöglich aber auch nicht. Denn das Leben endet ja nicht, wenn aus Mann und Frau ein Elternpaar wird. Im Gegenteil: Es geht nicht nur weiter, sondern wirft neue „Probleme" auf. Denn ein Kind ist ein neuer Mensch mit Bedürfnissen, die man nicht gänzlich ignorieren kann. Selbst bei minimaler Hinwendung zum Kind braucht es, wie gesagt, Essen und Trinken, Schlaf und ein Dach über dem Kopf. Bei maximaler Zuwendung wird es viel mehr bekommen und dies wird viel mehr Zeit in Anspruch nehmen.

Sind also die Eltern oder ein Elternteil selber noch nicht „gerüstet" für das Leben an sich und ohne Kind, werden sie es noch weniger mit einem Kind sein. Wann ist man „gerüstet" für ein Kind? Das sollte man niemals sein. Denn keiner von uns braucht eine Rüstung für den Umgang mit uns, wenn wir klein sind.

Beginnen wir also ganz von vorne: Mit dem „Empfangen" des Kindes.

EMPFÄNGNIS

Wenn ich liebevoll empfangen werde, fühle ich mich willkommen. Wenn ich nicht liebevoll empfangen werde, brauche ich eine extra Portion Liebe, damit ich mich willkommen fühle.

Empfängnis setzt den sexuellen Akt voraus. Die Sexualität oder, (verkürzt und mit einem etwas anderen Anklang), der Sex wird in unserer Gesellschaft nicht nur groß, sondern riesig geschrieben. Am „Sex" kommt keiner vorbei, der lesen und schreiben kann; noch nicht mal der, der „nur" sehen kann – und das können die meisten von uns sehr früh. Wir als Kinder bekommen sofort den Eindruck, dass das, was Männer mit Frauen machen und umgekehrt, von fundamentaler Bedeutung ist und so früh wie möglich nachgeahmt werden sollte. Nur so wird man ein gültiges Mitglied der Gesellschaft werden, mitreden können und geachtet sein.
So weit, so gut. Ist Sex so wichtig oder wird er nur für so wichtig gehalten, weil er lange Zeit unterdrückt und verschämt bis verklemmt gelebt wurde? Verweist er anderes auf den zweiten Platz, weil das Verbotene, das endlich erlaubt wurde, immer noch auf dem ersten Platz sitzt und winkt? Ja und nein. Denn immer schon hat er im Leben der Menschen nicht nur Geige, sondern

„die erste Geige gespielt." Sex gibt den Ton an, wenn Menschen zusammen kommen, auch wenn sie es gar nicht merken.
Ursprünglich dient Sexualität der Vervielfältigung der Menschheit, dem Erhalt der Spezies, wie Fachleute es so schön formulieren. In religiösen Gemeinschaften wird dieser Aspekt auch stets hervorgehoben. In unreligiösen Gemeinschaften nicht. Was ist richtig? Welche Bewertung sollen wir der Sexualität geben, um nicht unter Druck zu geraten und zu verzweifeln, wenn alles um sie herum und mit ihr nicht klappt? Oder wenn Sex eingefordert wird, mit physischer oder psychischer Gewalt? Wie können wir, die ehemaligen Kinder, mit einem Phänomen umgehen, das uns zunächst als „reine" und „unschuldige" Lust an der Berührung und dann als Streben nach einem körperlichen Reflex innewohnt, der sich einstellt, wenn man sich „geschickt" berührt oder geschickt berührt wird?
Wichtig ist die Hinwendung zum Reinen, Unschuldigen als Ausgangspunkt für eine erfüllte und liebevolle Sexualität. Sie kann sich zum phantasievollen Spiel entwickeln, denn wir Menschen sind verspielte und erfindungsreiche Wesen, die sich nicht gerne langweilen. Aber jegliche seelische Aufwallung eines Menschen, der ohne Liebe ist, also egoistisch, kalt und distanziert, wird beim sexuellen Akt in Beherrschung und Unterdrückung oder Unterwerfung und Manipulation münden; es wird aus dem Hass, der Wut, der Enttäuschung,

Verzweiflung, Resignation heraus „geliebt." Es kann sich hieraus neben dem Entsetzen und dem Empfinden der Kälte eine Scheinverbundenheit einstellen, die aber schnell wieder in sich zusammenfällt. Wie jeder sich dazu stellt, ob er ein unverkrampftes Verhältnis zu seinem eigenen Körper hat und Sinnlichkeit genießen kann oder nicht und wie wichtig jemandem die Verbindung Liebe und Sexualität ist, spielt für die Empfängnis eine große Rolle, denn sie definiert den seelischen Ausgangszustand.

Viele Paare leben eine „normale" Sexualität. Was heißt das? Es ist ein Zusammensein, das viele erfüllt: einige mit noch mehr Liebe und Wärme, andere mit Zweifeln. Diese Zweifel beziehen sich auf Körper, Seele und Geist. Viele Frauen mögen ihren Köper nicht und können sich deshalb nicht entspannen. Einige denken unsicher an ihren Körper und wie sie wohl in ihm beim Akt aussehen. Viele können sich nicht „fallenlassen", haben das Vertrauen zum Partner nicht so, wie sie es gerne hätten. Viele Männer sind verunsichert, weil sie, trotz aller Aufgeklärtheit durch die Schulen und Medien, nicht wirklich wissen, was in den Frauen vorgeht und was diese wirklich wollen. Und selbst wenn eine Frau sexuelle Wünsche äußert, kann dies bei ihr (trotz Erfüllung) später Gewissensbisse und Zweifel auslösen.

Hier geht es um das Reich der Phantasie. Die „schmutzigen" Phantasien „geilen auf", aber ist das gut so? Frauen fragen sich das öfter als Männer, die diese Gedankenbilder häufig normal

finden. Frauen finden sie oft heikel. Die Frauen, die signalisieren, dass sie diese nicht heikel finden, finden sie vielleicht doch heikel, erobern aber eine besondere Position in der Männerwelt, wenn sie sich in die „geile" Welt hineinbegeben. Oder sie finden sie wirklich nicht heikel. Und viele Männer finden sie heikel und suchen gleichzeitig das Ideal der Frau, das Reine und Lustvolle. Es gibt nichts, was es nicht gibt auf diesem klugen Planeten, der sich mit Menschen herumschlagen muss, von denen leider manche auf seinem Pelz herumhüpfen wie bekiffte oder psychopathische Flöhe. Wie weit kann man sich hineinbegeben, ohne Schaden zu nehmen? Es gab eine Zeit, in der Masturbation als Auslöser für Geisteskrankheit galt. Wie findet das ehemalige Kind, das in uns schlummert oder aktiv ist, den Weg durch dieses Dickicht aus Lust und Schmerz, Erfüllung und Versagung, Vereinigung und Entfremdung? Und was, wenn, über alle vergebliche oder erfolgreiche Lusterfüllung und Kondomgebrauch hinaus, sich ein Kind einstellt? Was dann?
Auch hier gilt es wieder zu differenzieren. Viele Paare wünschen sich ein Baby. Sobald der Kinderwunsch im Raum steht, empfängt das Geistwesen, das noch unverkörpert ist, ein Signal. Manchmal reagiert es sofort, manchmal lässt es sich Zeit. Und manchmal reagiert es einfach nicht, und das Paar muss daran arbeiten. Das allein ist schon eine Belastung für beide. Die Erleichterung ist dann groß, wenn das Kind auf diesem oder jenem Wege gezeugt und geboren werden kann.

Wichtig ist jetzt schon daran zu denken, dass wir alle aus Schwingungen bestehen. Wir sind Felder, die beeinflussbar sind und die mittels Gedanken und Gefühlen Frequenzen ausstrahlen, die wiederum andere Felder von Menschen beeinflussen. Alles, was wir denken und fühlen, wird übermittelt; es bleibt nichts nur bei uns, weil wir alle Sender und Empfänger zugleich sind.

Der Mensch mit einer „guten" Ausstrahlung hat einen höheren Frequenzbereich als der Mensch mit einer „schlechten Ausstrahlung." Gut und schlecht definieren alle, die danach befragt werden, als: Man spürt einem Menschen an, ob er gute Gedanken in sich trägt, also liebevoll, warm, herzlich, respektvoll, weise und geduldig ist oder ob er Wut, Hass, Ärger und Neid mit sich herumschleppt. Warum spüren wir dies? Weil wir „Antennen" dafür haben, auf welcher Frequenz jemand sendet.

Da wir alle strahlen (besonders angenehm und hochfrequent, wenn wir wie Instrumente „gut gestimmt" sind und darüber hinaus noch gute Menschen), spüren auch die Wesen, die wir im Körper empfangen werden, ob die Frequenz zu ihnen passt oder nicht. Sehr viele suchen nicht immer die edelste „Heiligen"-Frequenz, weil sie selber noch nicht so weit entwickelt sind. Deshalb gilt für die meisten von uns: Wir alle machen Fehler, keiner ist perfekt und das ist in Ordnung so. Wir wollen nur spielen und nebenbei den Planeten in ein großes Paradies verwandeln. Wie das zusammengehen soll, ist noch unklar, aber der Plan ist gut.

Nun sitzen nicht alle Wesen, die sich auf der Erde verkörpern wollen, nebeneinander wie die Spatzen auf der kosmischen Planetenpostleitung und sichten die gebärfähigen Frauen unter den 7,4 Milliarden Menschen. Es ist vielmehr so, dass wir im Laufe der aufeinanderfolgenden Erdenleben immer wieder auf dieselben Wesen „unserer" Gruppe zurückgreifen, von denen immer einige verkörpert und andere unverkörpert sind. Die Gruppe umfasst etwa eine Anzahl von 30 Personen, mit denen wir immer wieder zusammentreffen, hier und dort, also im Diesseits wie im sogenannten Jenseits. Wir treten als Mütter oder Väter auf, Kinder, Tanten oder Onkel, Freunde, Geschäftspartner, Konkurrenten, Feinde, Liebende und Hassende. Deshalb bedeutet die Tatsache, dass wir uns unsere Eltern aussuchen, nicht immer, dass wir uns „gut" mit ihnen „verstehen." Manchmal wollen wir als Kinder dazulernen, indem wir uns in Widerspruch setzen, manchmal gilt es, alte Themen zu klären und manchmal haben wir die Aufgabe, unsere „Eltern" weiterzuschieben auf eine neue und bessere, sprich liebevollere Ebene. Wir als „Eltern" könnten also von Beginn an mit den Wesen kommunizieren und sie mit unserer Liebe anziehen, sogar noch bevor sie sich entschlossen haben, sich bei uns zu verkörpern. Man sollte aber keinen Druck ausüben, selbst wenn man noch so ungeduldig auf das Kind wartet. Manches lässt sich nicht erzwingen; anderes schon, aber dann kommt nichts Gutes dabei heraus. Fassen wir als Lichtwesen den Entschluss zur Verkörperung, fliegen wir womöglich noch lange im Universum herum und sammeln die letzten Instruktionen unseres Engels ein, der uns auf unserer Abenteuerfahrt ins Irdische wieder begleiten wird. Es ist dann von Wesen zu Wesen unterschiedlich, wann wir uns endgültig auf den embryonalen Körper einlassen.

Es gibt immer einen Grund dafür, wenn sich dieser Prozess verzögert. Es ist aber nie als Bestrafung gemeint, wenn es nicht sofort klappt. Da wir mehrmals leben, liegen die Gründe für eine Verweigerung oftmals in einem der früheren Leben. Wir müssen dann damit rechnen, dass wir uns im Zusammenhang mit Babys im Allgemeinen oder mit einem Wesen im Besonderen in irgendeiner Weise fehlverhalten haben. Hier ist es gut, sich mit dem „Kind" in Verbindung zu setzen und um Verzeihung zu bitten. In jedem Falle ist es gut, so liebevoll wie möglich zu sein. Manchmal brauchen wir die von uns als grausam empfundene „Hilfe", da uns durch die Verweigerung bewusster werden kann, was ein Kind bedeutet und wie wichtig für den gesamten Verlauf dieses neuen Lebens unsere bedingungslose Liebe ist. Manchmal wird uns also Zeit gegeben, „in uns zu gehen", uns zu betrachten und dort zu korrigieren, wo wir womöglich noch kleingeistig, engherzig, neidisch, verantwortungslos und feige sind. Wir sind dies ja nicht, weil wir böse sein wollen, sondern weil wir

durch unsere speziellen und manchmal lieblosen Lebensverläufe enttäuscht und verhärtet sind.
Verweigert sich das Kind ganz und gar ist es möglich und denkbar, aus dieser hohen und erkenntnisreichen Geistesverfassung heraus ein Kind anzunehmen, das sich sonst ohne Liebe und ohne Bezugspersonen „durchschlagen" müsste. Auch hier würde man nicht vom Zufall in dem Sinne sprechen, dass ein beliebiges und mit uns vollkommen unverbundenes Wesen von uns aufgenommen wird, sondern eines, das zu uns geführt wird (im Sinne von „Zu-Fall.") Das bedeutet, dass von höherer Stelle dafür gesorgt wird, dass ein uns verbundenes Wesen auf andere Weise als durch Schwangerschaft und Geburt zu uns gelangen kann. Dies gilt auch für Adoptionen quer über den Globus. Man soll nicht meinen, man versündige sich am Kind, wenn man es aus seiner Kultur und Umgebung zu sich holt. Für dieses Kind und den zukünftigen Erwachsenen ist es ein Heimholen zu den geliebten Wesen, die es schon lange kennt und gleichzeitig ein Bekenntnis zu zwei Kulturen. Im Zuge der Menschenentwicklung wird es sowieso immer nötiger werden, den Begriff der Volks- und Länderzugehörigkeit zu ersetzen durch ein Bekenntnis zum Menschsein auf dem Planeten Erde.
Es herrschen viele Vorurteile und Ängste in Bezug auf Adoptionen. Man hört Horrorgeschichten von angenommenen und adoptierten Kindern, die den Eltern das Leben zur Hölle machen und

völlig „aus dem Ruder laufen." Das heißt aber nicht, dass ein „eigenes" (seltsames Wort für ein nur ausgeliehenes Himmelswesen) Kind keine Probleme gemacht hätte. Gestern sah ich im Arte-Journal eine Hamburgerin aus gutsituierter Mittelschicht, die darüber schockiert war, dass ihr Sohn sich der IS angeschlossen hat. „Es kann jeden treffen, aus allen Schichten", sagte sie und hatte Recht; nicht nur mit diesem speziellen Thema, sondern mit der Erkenntnis, dass nie etwas garantiert ist. Ob ein Kind sich bei uns wohlfühlt, ob wir alles „richtig" machen oder ob alles schief geht, kann man vorher nicht wissen. Leben ist Risiko, nicht nur beim Kinderkriegen. Aber dort eben auch.

Wenn wir ein Kind in Liebe empfangen, haben wir eine Grundlage gelegt, die lebenslänglich nachwirkt und geistig/seelisch ernährt. Spürten wir als Mütter den Zeitpunkt nicht, wann das Kind empfangen wurde, macht das dem Kind nichts aus. Wie gesagt: Nicht alle müssen Christus werden. :-) Da wir alle Lichtwesen sind und uns Liebe im unverkörperten Zustand selbstverständlich ist, sind wir sehr mächtig, wenn wir uns in der Materie und im menschlichen Körper an diese Liebe erinnern, uns ihrer bedienen und sie nie wieder aufgeben. Selbst wenn wir also nicht in idealer Liebe „empfangen" und sogar selbst wenn wir mit „schmutzigen" Phantasien ins irdische Leben geleitet wurden, sind die meisten von uns aufgrund ihrer langjährigen Erfahrung mit dem Menschsein absolut fähig, trotzdem zu lieben und sich geliebt zu fühlen. Schuldgefühle dienen sowieso keinem, weder dem „Schuldigen" noch dem Adressaten unserer Schuldgefühle. Denn sobald wir uns länger im resignierten, beschämten Zustand befinden, verbreiten wir eine „stickige" Atmosphäre, die sich aus unseren Gedanken und Gefühlen ergibt. Wir richten mehr Schaden als Nutzen mit unseren Schuldgefühlen an. Besser und schneller ist es, sein Verhalten zu analysieren und gegebenenfalls zu korrigieren.

Bei Süchten kann das schwierig werden. Denn das Prinzip der Sucht ist die Abhängigkeit. Im sexuellen Bereich kann es eine Abhängigkeit von Praktiken oder Gedanken geben. Hier ist es aber besser, sich und sein Verhalten zunächst abzusegnen mit den Sätzen: „Ich bin gut wie ich bin. Ich habe getan, was ich wollte. Ich wünsche mir ein anderes Verhalten. Ich möchte so sein, dass ich mich vollständig lieben kann."

Dann notiere man sich, was genau man ändern möchte und schreibt auf, wie das Neue, Anstrebenswerte aussehen soll. Das Neue kann man sich mit Sätzen einprägen. Denn das Prinzip der Prägung ist die Wiederholung. Wenn wir uns das, was wir wahrhaftig anstreben, immer wieder sagen, wird unser System sich nach und nach umstrukturieren. Man bedenke, dass Gedanken und Gefühle sich nicht nur sprichwörtlich, sondern ganz reell in unser Bewusstsein und unseren Körper einprägen. Der Aufbau und die Beschaffenheit der Zellen verändern sich je nach Bewusstseinszustand. Deshalb unterscheidet sich die Zellstruktur eines lebenslang meditierenden Mönchs von der eines aggressiven Kriminellen, vorausgesetzt es handelt sich um einen reifen, fortgeschrittenen Meditierenden und einen noch nicht zur Liebe bekehrten Straftäter. Jeder Gedanke der Liebe bessert den Menschen also nicht nur mental und seelisch, sondern auch physisch.

Wir als Kinder geben unseren zukünftigen Eltern also schon sehr früh die Möglichkeit, sich zu „veredeln." Und wir als Eltern geben unseren zukünftigen Kindern die Möglichkeit, sich zu verkörpern. Beide Teile arbeiten Hand in Hand. Wer die Empfängnis eines Kindes als „Unfall" und nicht als „Zu-Fall" empfindet, spürt dieses geheime Einverständnis nicht. Es kann daran liegen, dass das Kind „ungelegen" kommt; womöglich ist man als Mutter zu jung, zu unerfahren, lebt in ungewissen Umständen, studiert oder befindet sich in der Ausbildung, liebt den Kindesvater nicht oder ist am Ende sogar genötigt oder vergewaltigt worden. Womöglich hat man schon zu viele Kinder und traut sich eine neue Geburt nicht mehr zu. Womöglich ist man dem Gesellschaftsdruck „aufgesessen" und will lieber ungebunden und „frei" sein (auch wenn man seine Freiheit womöglich nicht wirklich genießen und leben kann, weil man nicht weiß, was frei sein bedeutet). Es gibt so viele Ablehnungsgründe wie unwillige Mütter, und jede von ihnen hat für sich Recht; denn sobald das Kind da ist, wird es konfrontiert mit den Ablehnungsgründen. Und auch wenn man der Mutter gut zugeredet hat und sie sich vielleicht einsichtig gab, geht diese Einsicht nicht zwangsläufig auf eine tiefgreifende Erkenntnis zurück, die es ihr ermöglichen würde, das Kind wirklich willkommen zu heißen.

In früheren Zeiten war dies sehr häufig der Fall. Die sogenannten „früheren Zeiten" spielen für uns Heutige eine übergroße Rolle. Denn die vielfachen Mütter aus Kriegs- und Notzeiten, die mit Distanz und Härte „Behandelten", mit Forderungen Überhäuften – all die Frauen, die wir zu unseren Vorfahrinnen zählen, haben unsere Großmütter und Mütter und diese wiederum uns geprägt. Und wir prägen unsere Kinder.

Wer von unseren Großmüttern und Müttern war wirklich willkommen? Die einen schon, die anderen nicht. Welche Sorgen machten sich diese Mütter? Stand ein Krieg bevor? Inflation? Hungerwinter? War genug Geld da, genug Platz, genug Zeit, um sich um das Kind kümmern zu können, das man im Leibe trug? Lebte der Vater noch? War er kriegsversehrt oder noch in Gefangenschaft? In welchem Zustand kehrte er heim?

All das prägt uns schon, bevor wir unseren ersten Schrei von uns geben. Trotzdem kommen wir immer wieder. Und das ist der springende Punkt. Auch wenn wir als werdende Eltern das Ideal der täglich gelebten Liebe nicht zustande bringen, nicht immer humorvoll reagieren können, herumschreien, weil uns etwas ärgert oder ungeduldig an jemandem oder etwas zerren, weil er, sie oder es nicht schnell genug geht, sind unsere Kinder doch nicht nachtragend. Auch wenn sie alles, was wir oft unreflektiert von uns geben, vor der Empfängnis und während ihrer Zeit im Mutterleib hören und spüren, werden sie uns trotzdem lieben und liebesfähig bleiben. Wenn wir unseren „Job" nicht ganz „vermasseln."

SCHWANGERSCHAFT

Ich baue mir mein Haus in dir. Danke, Mama.

Während wir als Kinder im Leib unserer Mutter wachsen und gedeihen und immer mehr beginnen, herumzuplantschen und unseren Raum auszuloten, ist die Mutter damit beschäftigt, den Prozess emotional, gedanklich und körperlich zu verarbeiten, sich korrekt zu verhalten, damit dem Baby nichts passiert und den äußeren Raum vorzubereiten, den das Kind dann ebenfalls ausfüllen darf.
Was bedeutet: Sich korrekt verhalten, damit dem Baby nichts passiert?
Es wird viel geschrieben und geraten, es wird viel gewarnt und vorgeschlagen. Wichtig ist es, sich auch in diesem Dschungel zurechtzufinden und zu behaupten. Zu allererst und immer wieder neu ist wichtig, was die werdende Mutter denkt und fühlt. Da wir hochsensitive Systeme sind, die auf Schwingungen basieren, können wir, wenn wir es zulassen und das nötige Vertrauen aufbringen, ideale Empfänger von Botschaften werden, die nicht immer Ver-laut-barungen sein können. Denn wir Kinder im Mutterleib sprechen zwar, doch wir tun es inwendig mittels unserer Gedanken. Wir „funken" Wohlbehagen oder Missfallen, je nachdem ob sich die Mutter selber wohlfühlt oder nicht. Wir funken auch, was wir gerne von der Mutter gegessen und als Flüssignahrung weitergeleitet haben möchten.

Wir orientieren uns dabei an den Bedürfnissen unseres wachsenden Körpers. Wenn sich die werdende Mutter bedingungslos an dem orientiert, was sie als „richtig" und „erwünscht" empfindet und worauf sie so richtig Lust bekommt, dann verhält sie sich aus unserer Sicht, nämlich der des Babys, mehr als korrekt. Sie zeigt uns damit ihre Liebe und ihr Vertrauen und mischt sich nicht in das ein, was sie ja vom Kopf her gar nicht wissen kann.

Der berühmte siebte Sinn, der einhergeht mit dem berühmten und viel zitierten Bauchgefühl, ist eine Umschreibung dieses Sensors, den wir alle haben, nicht nur Mütter und Väter, sondern Menschen im Allgemeinen. Mittels dieses Sensors können wir auch perfekte Entscheidungen für uns selber treffen. Einzige Bedingung ist, dass wir uns bedingungslos und in vollkommenem Vertrauen nach dem richten, was wir als richtig empfinden; und zwar im allersten Reflex, wenn die Gedanken noch keine Zeit hatten, Einspruch zu erheben. Da wir erzogen und geprägt wurden, hängt es zu sehr von unserem gesellschaftlichen Kontext ab, ob es uns ohne Hohn und Spott erlaubt oder sogar empfohlen wird, diesem siebten Sinn folgen zu dürfen. Deshalb müssen wir momentan noch die Gedanken übergehen und uns dem ersten Reflex anvertrauen. Die „innere Stimme", die uns befiehlt: „Mach dies, mach das, entschuldige dich, geh links, geh rechts, ruf an, schweige, sprich es an, besuch den Opa, halt Abstand" usw. – diese innere Stimme behält Recht.

Jeder, der dies ausprobiert hat, erfährt es immer wieder. Auch in brenzligen Situationen hilft dieses Wissen, das uns anleiten wird, genau das Richtige zu tun.
Wenn wir dies schon beherzigen, wenn das Kind in unserem Leib umherschwimmt, wird die Kommunikation auch mittels des Sensors funktionieren, sobald das Kind auf der Welt ist. Es wurde Müttern immer schon diese geheime Kommunikationsfähigkeit mit ihren Kindern nachgesagt. Nur in den letzten Jahrzehnten hat dies gelitten, weil die Mütter verunsichert wurden und die Gesellschaft im Laufe des zunehmenden Materialismus' versachlichte.
Deshalb der Rat: Falls Sie Mutter werden, hören Sie auf sich und auf Ihr Kind. Vertrauen Sie beiden gleichermaßen. Als werdende Mütter können wir auch auf den Arzt hören, den Partner, die Mutter, die Schwester, die Freundin, die Mutter des Partners, die Oma, das Internet, die Illustrierten. Alle haben Recht und das Recht dazu, ihre Meinung abzugeben. Die einen haben viel Erfahrung, die anderen wenig oder gar keine, aber alle meinen es gut. Wir können uns das zusammensuchen, was wir gebrauchen können. Wenn wir unser erstes Kind „bekommen", sind wir unsicher und freuen uns über alle Hinweise, die uns die Unsicherheit nehmen können. Es ist absolut nützlich, das eine oder andere aufzunehmen, sich zu merken, empfohlene Dinge zu kaufen oder sich Verhaltensweisen vorzunehmen. Doch über allem muss der eigene Instinkt stehen. Auf ihn

kann man sich verlassen, wenn man diesem Instinkt die Chance gibt, die er verdient. Man geht kein Risiko ein – im Gegenteil!

Also: Was die Ernährung während der Schwangerschaft angeht empfehle ich eine gesunde Mischkost, die die Mutter selber auch mag. Bloß keine gesunde Kost, die die Mutter nur dem Kind zuliebe „reinwürgt." Man kann Gesundheit nicht durch gesunde Ernährung erzwingen. Gesund ist man, wenn man mit sich eins ist, sich keine Sorgen macht, nicht grübelt, sich nicht anzweifelt, nicht wütend oder unzufrieden ist, nicht ungeduldig und aufbrausend reagiert und agiert, nicht meckerig und grollend mit sich und den anderen umgeht und in diesem Zusammenhang das isst, worauf man Lust hat.

Ein „gesunder veganer Snack" kann den Menschen, der so etwas nicht mag, in den Abgrund treiben. Ist dieser Mensch eine Frau und gerade schwanger, wird das Kind definitiv mehr leiden, als wenn diese Mutter genussvoll eine Pommes mit Mayo zu sich nähme.

Im Prinzip gilt natürlich: Nicht alles, was wir genussvoll zu uns nehmen, ist ideal für ein Embryo. Alkohol ist zu meiden sowie Zigaretten und Joints. Sehr kleine Mengen Bier oder Wein (möglichst in Bio-Qualität) sind möglich, aber sollten selten und dann in wirklich geringem Maße genossen werden. Der Fleischverbrauch sollte sich global sowieso verringern. Auch hier würde gelten (nicht nur für Schwangere): Wenn Fleisch gegessen wird, dann in geringer Menge und guter

Qualität; oder schwungvoller ausgedrückt: Kleine Portion, große Qualität. Dazu so viel Gemüse und Obst, wie gemocht wird. Obst und Gemüse kann dem Organismus auch zu viel werden. Der Gesundheitswert eines Nahrungsmittels hängt nicht nur von seiner Qualität und Beschaffenheit, sondern auch von der Menge ab. Der Spruch: Weniger ist mehr! sei allen ans Herz gelegt. Die beliebten Smoothies zum Beispiel enthalten so viel Obst und Gemüse, dass der Körper danach eine Weile braucht, um wieder mit dem Leben „klarzukommen."

Ich, das ungeborene Kind, gewöhne mich entweder an die Glücksgefühle, die meine Mutter bekommt, wenn sie isst, oder ich erinnere mich an ihre Unglücksgefühle, ihren Missmut. Ich bin ein geistiges Wesen und nehme schon sehr genau wahr, was da „abspielt." Ich verstehe viel mehr vom Zusammenhang Essen-Glück-Unglück, als „alle Welt" ahnt. Da ich mein Essen von meiner Mutter bekomme und zusätzlich in ihr wohne und ihr Energiefeld teile, bin ich sie. Und sie ist ich. Wir gleichen uns einander an. Ist sie traurig, bin ich es auch. Lege ich es darauf an, sie fröhlich zu machen, reagiert sie und wird fröhlich. Das ist manchmal regelrecht Arbeit.

Bevor ich meine Nahrung in Flüssigform bekomme, spüre ich, in welchem Zustand meine Mutter das Essen zu sich nimmt. Manchmal isst sie vielleicht, ohne Hunger zu haben und um ihre Traurigkeit zu übertünchen. In dem Augenblick, wo sie isst, schimmert es dann ein wenig in ihr. Es

ist ein „Fast-Glück", was ich da spüre, ein Ersatz-Glück. Das Feld hebt sich dann, es schwingt höher, ist heller und bunter. Aber nur kurz, dann sackt es wieder ab. Nur, weil ich klein scheine und als Embryo auftrete, heißt das nicht, dass ich nichts weiß. Ich spüre es also genau, wenn meine Mutter Essen und Glück koppelt. Oder sagen wir nicht: Glück, sondern kurzes Wohlbefinden. Oder sagen wir besser: kurze Abwesenheit von Traurigkeit und Verlorenheit. Das trifft es.
Wann schimmert dieses Gefühl noch auf? Ich höre und spüre, dass meine Mutter sich wohl fühlt, wenn eine liebevolle Stimme zu ihr spricht. Wenn sie Musik hört. Wenn sie sich an Wohlfühlorten befindet; ich höre dann Vögel singen und den Wind rauschen. Wären wir nur einmal auf der Erde, hätte ich keine Ahnung, was das sein soll: ein Vogel. Aber ich weiß es, weil ich die Erde kenne.
Meine Mutter verkrampft sich, wenn sie beschimpft wird. Wenn die Stimmen lauter werden, weiß ich, dass das Feld sich verdunkeln wird. Ich schwimme dann in Dissonanz, solange, bis sich die Lage wieder beruhigt hat. Dann wird es entweder heller oder es bleibt dunkel, wenn nämlich meine Mutter traurig bleibt und verärgert oder verzweifelt. Dann kann es sein, dass viel Nahrung kommt. Ich mag nicht so viel Nahrung, aber meiner Mutter zuliebe, nehme ich sie an. Meine Mutter weiß und will auch nicht, dass sie mich hier schon beeinflusst und meine Nahrungsgewohnheiten festlegt. Ich kopple ja

als Baby schon die Möglichkeit, Nahrung als Trost bei Traurigkeit wahrzunehmen. Andere Babys koppeln das Gegenteil: Keine Nahrung bei Traurigkeit. Aber auch bei ihnen gilt: Je mehr Dissonanz außen, desto mehr Dissonanz innen.
Schlimme Wutausbrüche lieben wir Babys nicht, weder im Leib noch draußen. Wir lieben keine Hektik, keinen Stress, keine laute, aggressive Musik, keine Szenen, bei denen der eine den anderen beschuldigt. Wir lieben Sanftes, Harmonisches, Klares, Unverstelltes, Reines. Wir lieben Echtes. Wenn die Mutter sich aufrichtig freut, lacht, wenn sie liebt und sich geliebt fühlt, schwimmen wir in goldenem Schimmerwasser. Manchmal fliegen Farbbläschen durch unser Bewusstsein. Sie schillern wie Seifenblasen. Glaubt nicht, dass man nichts sieht, nur weil man im Mutterleib schwimmt. Wir sehen inwendig, mit inneren Augen. Und wir bekommen ALLES mit.
Das soll nicht bedrohlich klingen. Es ist einfach so wie es ist. Und ihr wisst es doch alle. Ich bin ein zauberisches Wesen und komme von irgendwoher. Ihr wisst meistens nicht, woher ich komme. Ihr fragt auch nicht allzu beharrlich nach. Hauptsache ich bin da. Wenn ich erwünscht bin natürlich. Bin ich nicht erwünscht, ist es euch sowieso egal, ob ich etwas mitbekomme oder nicht. Ihr redet dann über mich wie ein lästiges Ding. Wenn ihr mich nicht gleich schon ignoriert. Ihr wisst dann so wenig. Das tut mir aufrichtig Leid. Für mich wird es auch nicht schön sein.

Aber ich weiß, was ich tue. Ich kenne euch ja schon lange; und was ich alles schon „angestellt" habe, würde auch einige Bücherseiten füllen. Also nehme ich es euch nicht übel. Ich komme um zu lernen und lehren. Ich will mithelfen, diesen Planeten zu verschönern. Im Grunde war er auch ohne uns als menschliche Bewohner schon schön. Also sollte ich besser sagen: Ich will mithelfen, diesen Planeten zu verändern. Wenn wir uns zusammentun, der Planet und wir als Bewohner, kann eine neue, wunderbare Variante entstehen. Aber nur, wenn wir uns zu wahren Menschen veredelt haben. Solange wir noch etliche unter uns haben, die Kriege führen und Macht über andere ergreifen wollen, wird unser Plan nicht auszuführen sein. Wir brauchen alle gebündelten Kräfte, um die Liebe in allen Gemütern zu installieren. Ich bin dabei! Hier bin ich! Ich will mit anpacken und gestalten! Freut ihr euch, dass ich da bin?"

In dem Wort Gemüt, das unser geistiges und seelisches Empfindungsvermögen kennzeichnet, stecken zwei Worte, die wir brauchen, um die Liebe leben zu können: Den Mut und die Mütter. Den Mut brauchen wir, um uns von den Unreifen und Lieblosen nicht unterkriegen zu lassen. Die Mütter brauchen wir, um wiederkommen zu können. Gibt es Streit und die Mutter wird von ihrem Partner angeschrien oder regt sich selber über irgendetwas/jemanden auf, verwandelt sich das friedliche Meer, in dem ich als Kind schaukele, in einen Ozean mit unruhig auf- und abwippenden

Wellen und, falls es noch schlimmer kommt, in ein sturmgepeitschtes Chaos. Ja, auch das ist natürlich Vorbereitung auf die Erde. Obwohl wir dies als Babys nicht mögen, nehmen wir es hin und gewöhnen uns sogar daran, wenn es öfter vorkommt. Wir brauchen das Chaos dann später regelrecht, damit wir uns heimisch fühlen.

Es gibt so viel zu sagen. Nur noch dies: Der sexuelle Akt erzeugt so viel konzentrierte Energie, dass ein Wirbel entsteht, der uns ins Feld der Materialisierung zieht. Diese Energie ist sehr mächtig, aber neutral. Mutter und Vater färben diese neutrale Kraft durch ihre Gedanken und Gefühle. Wenn sie die sexuelle Kraft benutzen, während wir schon im Mutterleib schwimmen, sollten sie sorgsam damit umgehen. Es ist nichts dagegen einzuwenden, wenn es sorgsam geschieht, vielleicht auch schon voller Vorfreude auf das neue Leben. Dann finden auch wir es schön. Wenn aber unsere Mutter dies nicht möchte, mögen wir es auch nicht.

GEBURT

Wenn du keine Angst hast, hab' ich auch keine.

Der Geburtsvorgang kann extrem beunruhigend für Mutter und Kind sein, vor allem, wenn die Mutter nicht weiß, was auf sie zukommt. Denn die Geburt kann umso unproblematischer verlaufen, je weniger Angst die Mutter verspürt und somit auf das Kind überträgt. Wichtig ist also auch hier wieder das absolute Vertrauen, die Liebe und Vorfreude auf das Kind. Alles andere darf unwichtig sein. Je mehr die Mutter ihr Bewusstsein allein darauf fokussiert, desto weniger blockiert sie den Fluss der Energie. Je gemütlicher und vertrauenerweckender das Umfeld, desto leichter fällt es den beiden, sich auf dieses unumgängliche Abenteuer einzulassen.
Wir als Kinder müssen uns entweder durch den engen Geburtsgang pressen oder werden (aus nicht immer fundierten Gründen) durch den „Kaiserschnitt" aus dem Mutterleib herausgeholt. Die „natürliche" Geburt zieht Mutter und Kind in einen Strudel. Mit den Vorwehen, die oft schon im letzten Drittel der Schwangerschaft als ein undefiniertes Ziehen im Unterleib, Rückenschmerzen und anderen leichten Symptomen zu spüren sind, bereitet sich die Gebärmutter auf die Geburt vor. Gleichzeitig wird das Kind nach und nach in Richtung Geburtskanal gedrückt. Zum Ende der Schwangerschaft nimmt die Wehentätigkeit zu, ohne schon die Geburt

anzukündigen. Der Muskel trainiert sich selber, um im entscheidenden Augenblick nicht zu versagen. Wehen schmerzen, aber wenn man von vorneherein in den Schmerz hineingeht und ihn weder flieht noch ablehnt, wird man wesentlich leichter mit ihm zurechtkommen. Natürlich kann man sich eine PDA (Periduralanästhesie) geben lassen, doch neben den Risiken, die dies birgt, bringt man sich auch um die Erfahrung, die überstandener Schmerz mit sich bringt, eine Erfahrung, die reifen lässt und mitfühlender macht. Wenn der Schmerz zu groß wird, reagiert zudem die „Apotheke" in unserem Kopf und regt die Produktion von Angst- und Schmerzhemmern in unserem Körper an. Manche Frauen spüren dies als Überflutung mit Glückshormonen.

Die „echten" Wehen kommen regelmäßig und dauern im Schnitt vierzig bis sechzig Sekunden an. Solange noch etwa zwanzig Minuten zwischen den Wehenwellen bleiben, hat man noch Zeit. Sobald sie alle zehn Minuten regelmäßig kommen, wird das Kind sich auf den Weg machen. Ist eine Hebamme mit der Hausgeburt betraut, wird sie Mutter und Kind wahrscheinlich in einem warmen Bad vorbereiten und auf entspannende Musik oder andere Methoden zurückgreifen, die den Vorgang so schön und stressfrei wie möglich gestalten. Auch in den Krankenhäusern hat sich vieles verändert, wobei dort noch oft auf maschinelle Unterstützung und Überprüfung zur Risikominderung zurückgegriffen wird, was zu mehr Stress bei der Frau führen kann. Aber egal wofür man sich entscheidet - wichtig ist es, das Ziel im Auge zu behalten.

Dasselbe gilt für den Kaiserschnitt. Jede dritte Frau in Deutschland entscheidet sich inzwischen für ihn, weil er nicht mehr, wie noch weit bis ins 19. Jahrhundert hinein, für eine Mehrzahl der Frauen tödlich verlief. Die Nachteile sind jedoch oft noch unbekannt: Die Frauen leiden viel häufiger und länger an Depressionen, es können bei späteren Operationen Komplikationen auftreten, es kann Verwachsungen im Unterleib geben. Das Kind wird häufig etwas zu früh geholt und leidet öfter an Atemwegserkrankungen und Infektionen, Asthma, Diabetes, Magenproblemen aufgrund einer veränderten Darmflora, da es nicht, wie bei der natürlichen Geburt, mit wichtigen Abwehrbakterien im Geburtskanal versorgt wird. Wenn sich eine Frau aber für den Kaiserschnitt entschieden hat, (egal ob aus notwendigen Gründen, Ängsten, Zweifeln oder Bequemlichkeit), ist es wichtig, diese Entscheidung im Nachhinein vollkommen abzusegnen und sich keine Vorwürfe zu machen! Vorwürfe schaden Mutter und Kind. Und sie schaden dem Partner und den vielleicht schon vorhandenen Geschwistern. Was vorbei ist, ist vorbei. Das muss für alle gelten. Denn ein Kind bedeutet Gegenwart und Zukunft. Die Vergangenheit will sich hier nicht aufdrängen. Sie tritt, wie es sich für sie gehört, in den Hintergrund. Also: keine Schuldgefühle, was auch immer entschieden wurde! Stattdessen Analyse und Entscheidungen, um Gegenwart und

Zukunft optimal, also liebevoll zu gestalten.
Wenn wir keine Angst vor der Geburt haben, auch wenn wir wissen, dass sie nicht schmerzfrei ist, verläuft sie auf jeden Fall leichter und unproblematischer. Denn wir helfen unbewusst und bewusst viel stärker mit. Wir signalisieren dem Kind, dass es willkommen ist und wir uns darauf freuen, es nicht nur zu fühlen, sondern auch zu sehen. Die Beinchen, mit denen es uns von innen heraus angestupst hat, werden dann die kleinen pummeligen Minibeinchen und Minifüßchen sein, die wir in Händen halten können.

Wir alle sind so oder so auf die Welt gekommen; die einen mit Komplikationen, die anderen völlig problemlos. Der Akt der Geburt kann uns fürs Leben traumatisieren, wenn wir mit der Saugglocke geholt wurden oder fast an unserer Nabelschnur erstickten, aber auch, wenn die Mutter uns ablehnt oder nicht beachtet. Doch wenn jeder von uns bewusst mit dem Wissen umgeht, dass das Leben auf der Erde kostbar ist und das Opfer sich auf jeden Fall lohnt, dann können wir unsere Perspektive ändern. Natürlich stehen wir für uns selber im Mittelpunkt. Das müssen wir auch, denn wir sind Einzelwesen, die sich in einem individuellen Körper niederlassen. Unser Schmerz ist unser Schmerz, den andere nicht fühlen können. Sie können versuchen, ihn mitzufühlen, aber es ist und bleibt unser persönlicher Schmerz, unsere persönliche Wut und Enttäuschung, unsere Trauer und Einsamkeit.

Wenn diese Gefühle durch die Geburt ausgelöst wurden, können wir uns ein Leben lang damit beschäftigen, verlieren aber den Geschmack am und für das Leben, das sich durch uns und mit uns entwickeln möchte.

Wer jetzt schwanger ist, kann davon profitieren, dass wir uns weiterentwickelt haben, sichere Methoden benutzen, liebevoller im Umgang mit den Gebärenden geworden sind und nicht mehr davon ausgehen, dass Babys keinen Schmerz verspüren. Doch auch die Mütter, die schon Kinder haben, können davon ausgehen, dass jede liebevolle Regung, jede Hinwendung zum Kind, jedes Lächeln, jede Umarmung den Schmerz heilt, der vielleicht verursacht wurde, ohne dass man es wusste oder wollte. Oft sind wir so mit uns selber beschäftigt, dass wir nicht über uns hinweg auf eine andere Person sehen können, auch wenn diese Person noch so klein ist. Der Schmerz, den wir fühlen, kann unser ganzes Spektrum ausfüllen und uns unfähig für das Mitgefühl machen. Doch sobald wir das erkannt haben, können wir alles rückgängig machen. Die Mutter, die das Kind bei der Geburt nicht sehen will oder wollte, es ablehnt, sogar hasst, kann, wenn sie den Erkenntnisprozess zur Liebe durchlaufen hat, sich dem inzwischen erwachsenen Kind zuwenden und ihm sagen:

„Bitte verzeih mir, dass ich dich nicht annehmen konnte. Ich war völlig überfordert. Ich habe dich nicht gesehen. Mein Leben lang habe ich mir deswegen Vorwürfe gemacht."

Es kann auch sein, dass wir ehrlicherweise sagen müssen: „Erst seit ein paar Monaten oder Wochen ist mir bewusst geworden, wie sehr du gelitten haben musst, aber ich habe deinen Schmerz einfach nicht gespürt. Ich war so in meinen Problemen versunken, dass ich meinte, nicht anders handeln zu können."
Das Wissen um Vorgänge dieser Art, die Erkenntnis, dass Mütter manchmal einfach keine Liebe für ihr Kind aufbringen können, macht uns weiser und demütiger. Denn das Kind, das der Mutter vorwirft, sie habe sein Leben ruiniert, wird sich in diesen Vorwürfen verfangen und selber nicht zur Liebe gelangen können. Es hilft nichts: Jeder einzelne von uns muss sich selber für die Liebe entscheiden. Wenn die Mutter das Kind liebt und annimmt, ist von Anfang an viel gewonnen. Wenn die Mutter das Kind nicht liebt und annimmt, ist viel verloren, aber nicht alles.
Bei einer gelungenen Geburt empfangen Mutter und Vater das Kind; es darf auf dem Bauch der Mutter liegen, ihren Herzschlag von außen pochen hören, es darf sie berühren und anschauen. Die Eltern schauen auf das Kind, berühren es und reden mit ihm. Das Licht ist nicht grell, sondern angenehm warm und gedämpft, die Raumtemperatur ist angenehm, keine Sofort-Mehrfachimpfungen werden durchgeführt und keine Untersuchungen auf kalten Metallspülblechen. Das Kind wird nicht sofort zur Beobachtung auf die Säuglingsstation transportiert, die Einheit Mutter-Kind wird

respektiert. Es sei denn, es gäbe Anlass zu ernsten Befürchtungen um Gesundheitsschäden. Mutter und Kind werden nach den Anstrengungen und Aufregungen mit reiner Liebe belohnt. So haben wir alle es natürlich am liebsten.

DER ÜBERGANG: DIE ERSTEN TAGE AUS UNSERER SICHT ALS KIND

Dieser Planet ist zwar klein, aber ich bin es auch.

Manche behaupten: „Keiner hat mich gefragt, ob ich geboren werden wollte." Das ist nicht ganz korrekt. Wir wissen sehr wohl, worauf wir uns einlassen. Viele von uns haben es sogar schon etliche Male getan. Wie schon erwähnt schließen wir eine Art Pakt mit anderen Lichtwesen, die sich ebenfalls entschlossen haben, in die Inkarnationsreihe auf der Erde einzusteigen. Wir bewegen uns mit dieser Gruppe (die trotzdem immer offen für Neuzugänge ist) durch die „Zeit" oder sagen wir: Durch das, was wir auf der Erde Zeit nennen, um Anhaltspunkte für unser Gehirn zu schaffen, das extra für das Erfassen irdischer Gesetzmäßigkeiten konstruiert ist und weniger für den Umgang mit universellen Fragen und planetarischen Erkenntnissen. Eine Steuererklärung wäre für die Bewohner der Venus unverstädnlich und ein Quell großer Belustigung. Man würde eher auf dem Saturn ein gewisses Maß an Verständnis dafür aufbringen können. Aber auf den anderen Planeten herrschen natürlich ganz andere Verhältnisse, die ein daran angepasstes Umgehen mit Zeit und Raum erfordern.

Wir haben meistens alles oder vieles von unseren vorhergehenden Leben vergessen, wenn wir auf dem Weg durch den Geburtskanal sind. Der Grund dafür ist, dass wir mächtiger sein können, wenn wir alles in Erinnerung behalten, aber uns dann auch nicht wirklich auf die Materie und ihre Probleme einlassen, sondern distanzierter bleiben. Wir werden uns dann über jemanden wundern, der furchtbar an Liebeskummer leidet oder aus seiner Heimat vertrieben wird. Als mächtige Lichtwesen würden wir in die Gefühle gar nicht so tief einsteigen, weil wir wüssten, dass alles nur ein Spiel ist. Es verhält sich zueinander wie der Psychologe in seiner Praxis, der mit Paaren und ihren Problemen zu tun hat, sie von außen betrachtet und ihnen Ratschläge erteilt zum selben Psychologen, der nach Hause zu seiner Frau zurückkehrt, von ihr schon mit Vorwürfen oder Angriffen empfangen wird und nicht distanziert bleiben kann.

Erinnerung könnte auch bewirken, dass wir statt in die Distanz in zu große Nähe zu den Gefühlen gingen. Die Erinnerungen an überstandenes Leid, eigenes Fehlverhalten, die Todesarten, denen man zum Opfer gefallen ist (jedes unserer Leben endet ja mit dem Tod, der nicht immer friedlich lächelnd und mit gefalteten Händen im Bett abläuft) könnten uns völlig verwirren und von einem Schock in den nächsten jagen. Menschen, die wir von früher her kannten, würden wir in ihren neuen „Rollen" nicht akzeptieren, sondern sie auf die alten festlegen und fragen: „Sag mal, warum hast du eigentlich damals...?" Die einen Orte würden uns in Panik versetzen, die anderen in Glückseligkeit. Wir wären immer auf der Suche nach der Vergangenheit, nach Spuren gelebter

Liebe oder ungelöster Emotionen. Deshalb vergessen wir. Die, die sich erinnern, tun dies entweder in vollem Bewusstsein und um zu helfen oder sie tun es unbewusst. Erinnerung sickert dann in Träumen oder Lichtblitzen durch, ein Ort oder Land kommt vage bekannt vor, das eine Land samt Sprache wird dem anderen vorgezogen, Menschen werden wiedererkannt: „Haben wir uns nicht schon irgendwo mal gesehen? Mir ist, als würden wir uns kennen." (Das kann natürlich auch eine charmante Art der Annäherung sein). Manch einer, der sich ungewollt/unbewusst erinnert, wird vom Umfeld nicht verstanden und findet sich in der Psychiatrie wieder.

Drogenmissbrauch ist in diesem Zusammenhang sehr destruktiv. Drogen öffnen die Schleusen der Erinnerung, ohne dem Gehirn die Möglichkeit zu geben, Erinnerung und externe Einwirkungen zu sichten und ordnen. Chaos entsteht und vergrößert sich, je öfter man sich allem öffnet, was herumschwirrt. Man kann das Chaos nur wieder los werden, wenn man die Drogen weglässt und in das wahre Mysterium einsteigt, nämlich in sich selber und die Wunder, die man in sich entdecken und nach außen mit-teilen kann. Das ist wahres Glück, das „High-Gefühl", nach dem der Drogen- oder sagen wir besser: Liebessüchtige wirklich sucht. Das zum Thema Erinnerung.

Unsere Aufgabe auf der Erde ist, sie von innen zu durchleuchten und zum Strahlen zu bringen. Alles auf dieser Erde, was leuchtet und strahlt, hilft uns dabei. Alles auf dieser Erde, was dunkel ist, fest und schwer, verlangsamt den Erleuchtungsprozess. In jedem Reich gibt es diese Spanne zwischen hell und dunkel. Im Steinreich sind die Erleuchteten die Edelsteine. Je klarer sie sind, je reiner und farbintensiver, desto höher entwickelt. Im Pflanzenreich sind es die Blüten- und Fruchtträger, die sich in den oberen Etagen der Entwicklung aufhalten. Sie kommunizieren untereinander, halten sich durch selbst produzierte Chemikalien gesund, definieren ihre Reviere und warnen einander über große Distanzen vor anrückenden Schädlingen. Die Flora ist kollektiv weiter entwickelt als das Reich der Mineralien. Im Tierreich geht es noch eine Stufe „höher" in Richtung Bewusstsein und Wahlmöglichkeit. Es gibt die Tiere, die vernichten, um zu leben und die, die aufbauen und helfen. Hier beginnt man schon, Höherentwicklungen innerhalb der Gattung beobachten zu können. Ein wilder Hund oder Wolf ist intelligent und hat sehr gute, instinktgebundene Eigenschaften. Er reißt schwächere und für ihn genießbare Tiere, um zu überleben. Der Haushund, der dies nicht mehr nötig hat, kann andere und menschenähnlichere Verhaltens-, Denk- und Fühlweisen entwickeln. Im Zusammensein mit einem guten Menschen kann er zunehmend Herz und Geist entwickeln, auch wenn er dadurch nicht gleich zum Menschen wird. Ein schlechter Mensch hingegen würde den Hund verderben, das Schlechteste und Böseste in ihm anregen und ihn verschlagen, aggressiv und hinterhältig werden lassen.

So geht es mit allen Tieren, von denen bekanntermaßen unter anderem die Delphine, Adler, Pferde und bisher unentdeckte „Fabelwesen" zu den hochentwickelten Spezies gehören. In der Tiefsee sind Forscher gerade damit beschäftigt, regelrechte „Monsterchen" aufzuspüren. Immer neue abenteuerliche Formen und Farben konfrontieren die Wissenschaftler mit der Unendlichkeit der Variationsmöglichkeiten im Meer, in den Wäldern und unter der Erde. Bekannt ist auch inzwischen, dass sich beispielsweise auf jedem Quadratkilometer Regenwald jeweils andere, optimal an genau diesen Fleck Erde angepasste Lebewesen und Pflanzen befinden. Und wir reden hier nur von einem Planeten unter unendlich vielen in einem unendlich großen Universum, das sich keineswegs auf dem Weg in die Selbstvernichtung befindet; weder jetzt noch in einer Millionen Jahren.

Unendlich bedeutet unendlich, ewig bedeutet ewig, unsterblich bedeutet unsterblich. So weit kann unser Gehirn zumindest theoretisch denken und dies nachvollziehen. Das Schöpferwesen Gott, dem die Namen egal sind, mit denen man es/ihn/sie bezeichnet und in dessen Namen seltsamerweise Kriege geführt werden, macht keine Fehler. Mit uns, die in etwa so seine Geschöpfe sind wie unsere Kinder unsere Geschöpfe sind, hat der „große Geist" unendlich viele Möglichkeiten erschaffen, wie Schöpfung immer wieder neu geschehen und „Altes" verwandelt und variiert werden kann.

Das heißt: Wir wissen vor der Geburt, dass wir geboren werden wollen. Selbst wenn wir uns im letzten Leben fehlverhalten haben, ist es keineswegs so, dass ein rächender Gott uns dazu zwingt, unsere Fehler wieder „gut" zu machen. Wir selber sind es, die dies entschieden haben. Denn sobald wir aus dem Körper wieder aussteigen und somit „gestorben" sind, beginnt unsere interne Überprüfung dessen, was wir geleistet oder was wir uns geleistet haben. Dort, wo wir gut waren, liebevoll, mitfühlend, gerecht und umsichtig, fühlen wir die Freude der Menschen, denen wir damit geholfen haben, auch besser und liebevoller zu werden. Dort, wo wir gehasst haben, grausam waren, neidisch, ungerecht, kleinlich, geizig, starrsinnig, werden wir am eigenen (Licht-) Leib spüren, wie schlecht sich die anderen dabei gefühlt haben, wie verletzt und traurig sie waren, wie ungerecht sie sich behandelt fühlten und wie sie vielleicht durch unser Tun in Verzweiflung oder Rachegelüste trudelten.

Die Verantwortung für das, was wir getan haben, kann man Karma nennen. Doch der uralte vedische Karmabegriff umfasst auch modernere Irrlehren, nach denen ein Mensch, der sich fehlverhält, als Ameise wiedergeboren werden kann (ein Unding an Behauptung, die ja auch gleich mehrere lustige Bücher auf den europäischen Markt gespült hat). Rückentwicklungssprünge dieser Größenordnung sind ausgeschlossen und werden benutzt, um Menschen gefügig zu machen. Auch das Kastenwesen, dem in Indien größte Ungerechtigkeit im Umgang mit vielen, teils hoch entwickelten Menschen zuzuschreiben ist, gehört in den Bereich der allzu menschlichen Verstrickung, des Hochmuts, der Machtausübung und chronischen Weigerung, die Liebe anzunehmen, die in jedem Herzen wohnen kann, wenn sie von dort nicht immer wieder konsequent vertrieben wird.

Wenn wir also wieder auf die Erde kommen, haben wir entweder etwas wiedergutzumachen oder wir wollen etwas gut machen. Im ersten Fall werden wir uns Möglichkeiten suchen, wie wir den Menschen Liebe schenken können, oft genau den Menschen, an denen wir uns versündigt hatten. Je nach Schwere unserer Vergehen kann es sein, dass wir dabei leiden müssen, doch tief in uns ruht das Wissen um den Nutzen dieses Leids, denn es wäscht uns rein, indem es uns fühlen lässt, was Liebe und was Hass ist, was Wärme ist und Kälte, was Lüge und was Wahrheit. Im zweiten Fall kehren wir zurück (manche von uns sogar mehrmals, wenn auch in größeren Abständen), um den anderen dabei zu helfen, die Illusion der Machtlosigkeit abzuwerfen und in die Erkenntnis ihrer selbst zu treten. Dafür ist es wichtig, sich auf der Erde auszukennen. Diese „Menschen" haben also entweder schon viele Inkarnationen hinter sich oder sie kommen von einem Planeten, auf dem das Wissen um die Erde und ihre Gesetzmäßigkeiten so vollendet wie möglich gelehrt worden sind. Mittels unserer großen Geisteskraft (ich spreche nicht von unserem irdischen Gehirn) können wir ALLES im Kosmos erfassen und uns darauf einstellen. Und doch wird man es immer bemerken, ob jemand sich wirklich auskennt oder ob er zum ersten Mal hier ist. Egal, welche „Vergangenheit" wir „Babys" mitbringen – keiner von uns bildet sich im originalen Zustand etwas auf seine Herkunft oder Verfahrensweise ein, denn wir alle sind eine große Gemeinschaft. Keiner ist besser oder schlechter als der andere. Wir alle sind Geistwesen. Viele befinden sich kurz vor der Erkenntnis ihrer selbst. Es ist kein Weg, sondern ein Rückweg zu sich und dem eingeborenen Wissen. Das Wissen ist deshalb eingeboren, weil es sich in jedem Körper, den wir bewohnen, manifestieren will und kann. Dies kann geschehen, wenn wir es sich manifestieren lassen und nicht durch unsachgemäße Einmischung (Zweifel, Ängste, Besserwisserei, Hochmut) behindern.

Wir kommen also, weil wir es so wollen. Welchen Weg wir gehen, bestimmen wir ebenfalls. Ob es eine leichte oder schwere Geburt wird, ob wir durch Kaiserschnitt entbunden werden, ob wir behindert zur Welt kommen, hängt mit unseren Entschlüssen und mit denen der Eltern zusammen. Kommen wir mit der Behinderung, dann ist es für alle Beteiligten hilfreich und wird ein Quell der Bereicherung für uns alle sein können. Auch hier geht es wieder um bedingungslose Liebe und Annahme. Oft habe ich genau diese Haltung bei Eltern von behinderten Kindern beobachten können, was mich sehr glücklich gestimmt hat. Je weniger wir fragen, wer unsere Liebe „verdient" hat und wer nicht, desto umfassender kann diese Liebe sich in uns ausbreiten. Denn unsere eingeschränkte Sicht erlaubt es uns meistens nicht, beurteilen zu können, was warum passiert. Da jeder Mensch im Laufe seines Lebens unzählige folgenreiche Entscheidungen trifft, die sich wiederum mit den unzähligen Entscheidungen anderer Menschen verstricken, ist es nahezu unmöglich, den Überblick zu behalten. Wenn jeder einzelne von uns bedenkt, wie oft er etwas getan oder gesagt und den Inhalt oder Vorgang noch nicht einmal bemerkt oder erinnert hat, dann wird das Ausmaß des menschlichen Mit- und Durcheinanders noch nachvollziehbarer. Es folgen beispielhafte Möglichkeiten, wie wir vielleicht angekommen und empfangen worden sind:

Beispiel 1: „Ich habe mich durch den Geburtskanal gekämpft. Es war schwer! Mein Kopf wurde gequetscht, ich wurde gezogen, geschoben, ich weiß nicht mehr, was wann passiert ist! Ein Strudel nicht kontrollierbarer Energie hat mich schließlich gefasst und aus dem warmen Dunkel herausgerissen. Es ist hell und kalt, viel kälter, als ich es gewohnt bin. Man packt mich, hebt mich hoch, schlägt mich. Ich schreie. Ich höre die Stimme meiner Mutter. Sie klingt anders als vorher, etwas schärfer, aber das macht mir nichts. Ich erkenne diese Stimme. Ich will zu ihr, doch ich pendle noch in der Luft. Dann reibt man an mir herum, etwas sticht mich. Ich schreie.

Schließlich, irgendwann, liege ich auf dem Bauch meiner Mutter und fühle sie. Ich bin erschöpft. Sie ist erschöpft. Mag sie mich? Immerhin höre ich ihr Herz pochen. Das beruhigt mich. Ich glaube, alles ist gut, oder?"

Beispiel 2: „Ich habe den schweren Teil hinter mich gebracht (s.o.) und lande in warmem Wasser. Ich darf wieder schwimmen, nachdem ein unwiderstehlicher Sog mich aus meinem dunklen Nass herausgerissen hatte. Ich paddle herum und freue mich. Das ist gar nicht so schlecht. Nach einer Weile fühle ich mich von jemandem, der es gut mit mir meint, hochgehoben und erblicke warmes, honiggoldenes Licht. Und schon liege ich auf dem Bauch meiner Mutter. Alles ist warm und lindelicht. Ich höre das Herz meiner Mutter pochen. Es ist jetzt viel leiser, aber ich erkenne den Rhythmus. Meine Mutter spricht zu mir. Wenn sie flüstert oder ganz leise spricht, kann ich sie gut verstehen. Ich höre auch meinen Vater. Er ist sehr bewegt. Er streichelt mich vorsichtig. Das fühlt sich für mich gut an. Meine Mutter riecht wunderbar. Ich fühle mich geliebt."

(Hat die Mutter zu Hause oder in einem speziellen Geburtshaus entbunden, sind die Voraussetzungen meistens ideal, es sei denn, es ist keine Liebe da. Menschen, die wirklich lieben können, gibt es überall. Deshalb kann das alles natürlich auch im Krankenhaus viel besser ablaufen).

Beispiel 3: „Ich werde aus dem Bauch meiner Mutter geholt. Sie hat nichts dazu gesagt, auch jetzt höre ich sie nicht. Ich bin ziemlich allein hier draußen. Es ging alles so plötzlich. Gerade noch schwamm ich im warmen Dunkel, und plötzlich steht meine Welt Kopf. Ich fühle mich allein und ohnmächtig. Auch wenn Menschen hier sind, die es gut meinen. Das spüre ich. Aber ich brauche den Herzschlag meiner Mutter, der meinem Dasein als kleiner Mensch Rhythmus gab. Und ich brauche ihre Nähe, ihre Stimme. Ich bin verunsichert. Wenn so plötzlich so viel passieren kann, dann ist das Leben ziemlich unsicher. Ob demnächst wieder etwas Unvorhersehbares geschieht? Ob ich wieder aus meiner Sicherheit geholt und von meiner Mutter getrennt werde? Was erwartet mich? Ich habe Angst vor dem Leben."

Zum dritten Beispiel möchte ich hinzufügen: Es gibt neue Methoden (Brigitte Meißner, „Rebonding"), um das Trauma von Mutter und Kind nach einem Kaiserschnitt zu lindern. Mutter und Kind dürfen die Geburt nacherleben, das Kind wird auf den Bauch gelegt, als sei es gerade erst geboren worden, die Stationen werden so gut wie möglich nachgeholt, gemeinsame Bäder knüpfen das Band zwischen Mutter und Kind wieder enger. Der Vater oder ein naher Angehöriger ist oft auch da, während die Mutter noch betäubt ist, und kann eine Beziehung zum Kind aufbauen und es auffangen. In den ersten Tagen ist sowieso Ruhe, Nähe, Wärme, Berührung, Ansprache, all dies in größtmöglicher Liebe, das Beste und Schönste, was wir unseren Kindern schenken können!

Es kann nun sein, dass wir mit unserer Mutter

einige Tage lang im Krankenhaus bleiben. Wir werden womöglich immer mal wieder auf die Säuglingsstation gebracht, damit unsere Mutter sich ausruhen kann. Das ist ein guter Grund, für uns aber nicht gut genug. Wir wollen gar nicht von ihr getrennt werden, aus welchen Gründen auch immer. Und wenn es trotzdem geschieht, dann bedeutet das für uns: Wir müssen uns damit abfinden. Auch später müssen wir uns mit Trennungen abfinden, aber diese erste Trennung von der Mutter beinhaltet alle späteren Trennungen. Man kann das leider nicht immer vermeiden. Besonders bei problematischen und zu frühen Geburten ist es sogar angeraten und unvermeidlich. Aber mit dem Wissen, das diese Trennung vom Kind als traumatisch abgespeichert wurde, können wir es später trösten, mit unserer „süßen" Liebe umgeben, ihm Sicherheit geben und es das „Bittere" vergessen lassen. Vor allem, wenn das Kind krank ist und vielleicht eine Woche oder länger auf die Kinderstation muss, ist es ganz wichtig, dass die Mutter nicht verzweifelt und leidend an ihr Kind denkt, sondern ihm Liebe schickt, so viel Liebe wie möglich. Denn dem Kind wird es schwerer gemacht, weil es die Mutter immer spürt, egal, ob sie neben ihm steht oder 1000 Kilometer entfernt ist. Die Verbindung liebender Menschen funktioniert auch über weite Entfernungen.

Was, wenn die Mutter allein ist? Wenn sie sich entweder vom Kindesvater getrennt hat, nie mit ihm zusammen war oder von ihm verlassen wurde? Vielleicht sind auch nicht immer Verwandte zur Stelle, oder es bestehen keine engen Bindungen, sondern, im Gegenteil, Zerwürfnisse, die selbst vor einer Geburt und einem Neubeginn nicht Halt machen. Dann gibt es fast immer neben den Hebammen und anderen professionellen Helfern Menschen im Umfeld, die sich um die Mutter kümmern. Ist auch dies nicht der Fall, soll sich die Mutter auf keinen Fall sagen: „Ich bin allein. Niemand hilft mir. Ich bin vollkommen überfordert. Es hat alles keinen Sinn." Denn schon allein dieses kleine zauberische Wesen, das zu ihr gekommen ist (wohlgemerkt zu ihr und zu niemand anderem) ist das nächste und beste und schönste Wesen, das es gibt und wird ihr so viel Liebe entgegenbringen, dass es kaum zum Aushalten ist! Die Liebe eines Kindes ist überwältigend und zunächst vollkommen unerschütterlich.

Natürlich gibt es Anforderungen, die es der Mutter in diesem Extremfall viel schwerer machen, alleine zurechtzukommen. Auch eine Mutter, die auf die Hilfe ihrer Nächsten zurückgreifen kann, ist erschöpft vom Stillen, Wickeln, in den Schlaf Singen, Beruhigen, wenn das Baby Bauchschmerzen oder, schlimmer noch, wenn es undefinierte Schmerzen hat, deren Ursache sie nicht sofort erkennt. Manche Babys wollen oder können nicht schlafen, sind unruhig, machen die Nächte zu Tagen und schreien ununterbrochen. Das alles kann passieren. Trotzdem gilt immer und überall die Devise: Liebe ist das beste Heilmittel.

Was bedeutet Liebe im Zusammenhang mit einem dauerschreienden Baby? Sollte man es schütteln, bis es endlich aufhört? Oder schreien lassen? Es anschreien, dass es vor Schreck verstummt? Soll man ihm Schlafmittel verabreichen?

Sie lachen vielleicht jetzt (das hoffe ich wenigstens), aber das alles wird und wurde natürlich gemacht. Sehr häufig sogar. Liebe wäre in diesem Falle: Geduld und Zeit. Geduld, die wir aufbringen, um uns nicht selber zu entkräften; um uns zu sagen, dass wir ganz ruhig atmen wollen, uns entspannen, uns gut zureden, damit uns alles besser gelingt. Und Zeit, die wir dem Kind gerne und ohne Druck widmen. Indes: Zeit ist nicht gleich Zeit. Es kommt auf die Qualität an. Ich kann stundenlang bei meinem Kind hocken und an alles mögliche denken, grübeln, mir Sorgen machen, telefonieren, auf meinem Handy herumtippen, lesen, in Illustrierten herumblättern, mich langweilen. All das ist keine Zeit, die ich dem Kind widme. Es kann damit nichts anfangen. Entweder sind wir beim Kind und das Kind kann unsere Präsenz spüren oder wir sind für das Kind nicht da. Eine grübelnde, abgelenkte Mutter hat dem Kind keine An-Wesenheit, sondern ihre Ab-Wesenheit geschenkt. Sie könnte dann besser in ein anderes Zimmer oder zum Einkaufen gehen.

Wenn ich anwesend bin, dann sehe, höre, rieche ich das Kind. Ich berühre es, trage es auf meinen Armen, singe ihm etwas vor, spreche mit ihm. Wir schauen einander in die Augen. Das Kind lacht vielleicht schon. Auf jeden Fall strahlt es

aus seiner inneren sonnigen Liebesquelle heraus. Wenn ich etwas anderes machen möchte, sage ich das dem Kind. Ich erzähle ihm, was ich tun möchte und kündige an, dass ich dann und dann wiederkomme. Es kann sein, dass ich mich weiterhin in seiner Nähe aufhalte, es kann sein, dass ich das Haus oder die Wohnung verlasse. Das ist egal. Wichtig ist, dass ich dem Kind meinen Respekt erweise und meine Abwesenheit ankündige. Denn zur Erinnerung: Wir Babys sind nicht klein und dumm – wir tun nur so.
Zurück zum dauerschreienden Baby. Ein Beispiel wäre also: „Ich als Baby habe die Geburt gerade erst hinter mir. Ich muss das alles erst einmal verdauen, so wie sich mein ganzer Körper von oben bis unten gerade umstellen muss. Ich hatte Vollpension gebucht und jetzt habe ich nur noch ein Bett und die Hoffnung auf Verpflegung. Vorher musste ich mich um nichts kümmern. Meine Mama hatte alles für mich geregelt. Und jetzt muss ich atmen und schlucken und diesen komischen kleinen Körper, der plötzlich so schwer an mir herunterhängt, unter meine Kontrolle bringen. Außerdem habe ich so seltsame Dinger an den Armen und Beinen. Die sollen mir helfen, zu greifen und zu laufen. Was bitte ist das alles? Ich habe keine Ahnung. Mir schwant da etwas von früher, aber ich weiß es nicht mehr genau. Ich habe keine Lust auf diese Herausforderung. Ich schreie erst einmal eine Runde, auch wenn es ziemlich anstrengend ist. Vielleicht hilft es ja. Später kann ich es ‚Frustabbau' nennen."

Eine Variante zum Thema ‚dauerschreiendes Baby': „Ich schreie, weil ich nicht mehr weiß, wer ich bin. Kann es mir jemand erklären? Was mache ich hier eigentlich?" Wir können ganz normal mit einem Baby reden. Wenn wir immer im Kopf haben, dass Babys uralte, sehr weise Wesen sind, vergessen wir die respektvolle Ansprache nie und erklären ihm, was es auf der Erde macht und was es alles zu entdecken gibt. Wir nehmen das Wesen so ernst, wie wir es sollten und bleiben dabei im Herzen und in der Ansprache so leicht, herzlich und humorvoll, wie wir es können.

Eine weitere Variante: „Ich fühle mich nicht immer wohl, vor allem wenn sich meine Mama nicht wohlfühlt. Macht sie sich Sorgen, hat sie Ängste und Zweifel, ob sie es mit mir schaffen wird? Wenn ja, dann schreie ich, vor allem wenn sie nichts sagt und nicht um Hilfe bittet. Bei anderen Sachen schreit sie los. Wenn Papa nicht das Richtige eingekauft hat oder die Wohnung dreckig gemacht hat oder weil sie ihn nicht mag oder sich vielleicht selbst nicht ausstehen kann. Aber ich weiß sehr wohl, dass sie aus Angst schreit. Warum gibt sie ihre Ängste und Zweifel nicht zu? Weil sie sie für falsch hält. Sie denkt, sie sollte keine Zweifel und Ängste haben und nur aus lauter Liebe bestehen und sich vollkommen mir, dem Baby, hingeben und alle ihre Bedürfnisse zurückstellen. Sie hat aber eigene Bedürfnisse. Ich habe sehr genau mitbekommen, dass sie sich nicht nur über mich gefreut hat. Ich habe ihre Gedanken gehört. ‚Ich bin doch selber noch ein

Kind. Wie soll ich denn nun Mutter sein? Ich weiß doch selber nicht, wohin ich gehöre, warum ich hier bin und was ich eigentlich machen soll.' Deshalb schreie ich für sie, damit sie aufhört, sich Sorgen zu machen. Leider versteht sie mich nicht."
Als Mutter kann ich so darauf reagieren: Ich rede mit mir selbst und beruhige mich. Ich sage mir, dass ich eine gute Mutter bin und dass ich alles richtig machen werde. Ich nehme mir vor, alles vom Herzen her zu bestimmen. Ich will liebevoll und sanft sein und ganz viel Geduld haben. Wenn ich traurig und unsicher werde und anfange zu grübeln, rede ich mir gut zu und sage mir: „Es wird alles gut. Ich kann das. Ich liebe mein Kind und es liebt mich. Ich bemühe mich, keine Angst zu haben, sondern ganz viel Vertrauen. Nichts wird dieses Vertrauen erschüttern. Ich glaube an das Kind, an meinen Partner (wenn es einen gibt), an die Liebe, an mich. Ich bin ganz ruhig. Mein Herz ist voller Licht und Liebe." Ich versuche, mit meinem Partner über meine wahren Gefühle und Gedanken zu reden und lasse mich (wenn das möglich ist) beraten und trösten.
Eine weitere Variante, was im dauerschreienden Baby vor sich geht: „Es kann sein, dass meine Mama sich von meinem Papa und mein Papa sich von meiner Mama nicht geliebt fühlt, dass ihre Ehe wackelt, dass sie sich gegenseitig ständig kritisieren, die Schuld für irgendetwas, das schief gelaufen ist, ständig hin- und herschieben, dass sie unzufrieden mit sich und dem anderen sind.

Es kann auch sein, dass nur der eine unzufrieden ist und der andere nicht. Ich kann da erst einmal nichts machen. Ich werde es zwar versuchen, aber mich dabei voraussichtlich verschleißen. Denn ich kann die beiden noch so sehr anstrahlen, es hilft nichts. Sie reagieren einfach nicht darauf und werden durch mich offensichtlich nicht an ihre Liebe erinnert. Ich lächle und strahle und spreche zu ihren Herzen. Aber es nützt nichts. Ich versuche es mal mit Schreien."

Als Mutter und Vater ist es dann wichtig, sich um die Partnerschaft zu kümmern. Das ist aber erst der zweite Schritt. Der erste Schritt muss immer zu uns selber führen. Denn wenn ich dazu neige, mich zu kritisieren, werde ich es auch bei meinem Partner machen. Und wenn ich dazu neige, mich anzuzweifeln, werde ich auch meinen Partner anzweifeln. Und wenn er mich kritisiert und anzweifelt, wird es meine Schmerzpunkte aktivieren und ich werde ausrasten oder tagelang beleidigt und wütend sein, weil ich weiß, dass ich nicht so bin, wie ich sein möchte, nämlich ein Mensch voller Liebe und innerer Schönheit.

Um aus den Selbstanklagen herauszukommen, sollten wir daran denken, dass wir das Ergebnis von Prägung und Erziehung sind. Was man uns vorgemacht hat, haben wir nachgemacht, um geliebt und anerkannt zu sein. Deshalb möchte ich, das Baby, dir als Mutter und Vater erklären, warum ihr viel mehr Probleme mit mir habt, als ihr haben müsstet. Es könnte nämlich alles ganz einfach sein.

PRÄGUNG UND ERZIEHUNG IM ALLGEMEINEN

Ich mach' dir alles nach.

Wenn ich mich als Baby bei euch verkörpere, dann mache ich euch ALLES nach. Ihr seid euch dessen nicht bewusst. Ihr denkt, ich sei ein Gemisch aus Genen und Familienerinnerung. Aber es ist so: Ich bediene mich der Gene nur. Ich bin ein vollkommenes, selbstbestimmtes Wesen, das schon Erfahrungen gesammelt hat. Ich komme wieder und frische nicht nur mein bisheriges Wissen auf, sondern will mehr lernen und mehr zum Ganzen dazugeben. Um in diesem Körper auf der Erde zu überleben bin ich bereit, meinem Selbsterhaltungstrieb eine Weile zu folgen und zwar so lange, bis ich aus eigener Kraft lebensfähig bin.

Wenn ich geboren werde und aufwachse, schaue ich euch genau zu. Es ist nicht nur das, was ihr mir beibringen wollt, sondern auch und vor allem das, was ihr mir vorlebt, was ich imitiere. Im Prinzip will ich so werden wie ihr, denn ich liebe und bewundere euch. Wenn ihr euch auch liebt, mache ich das nach. Wenn ihr euch nicht liebt, mache ich das auch nach. Wenn ihr mir das Schwimmen beibringt und mir zeigt, dass ihr es auch könnt, mache ich alles nach. Ich imitiere eure Sprechweise und eure Kommunikationsformen. Schreit ihr euch gegenseitig an, mache ich das nach. Geht ihr respektvoll, humorvoll und zärtlich miteinan-

der um, mache ich das nach. Lügt ihr, lüge ich auch. Sprecht ihr die Wahrheit, spreche ich auch die Wahrheit.
Bin ich ein Mädchen, möchte ich so werden wie du, Mama. Bin ich ein Junge, möchte ich so werden wie du, Papa. Dafür gebe ich alles. Vor allem aber möchte ich geliebt werden. Dafür gebe ich manchmal mein eigentliches Vorhaben auf und verzettele mich darin, unbedingt eure Liebe erringen zu wollen und verstehe einmal mehr nicht, dass nur der lieben kann, der sich selbst liebt. Wenn ihr dies wisst, dann macht ihr zwei Dinge:
Erstens: Ihr übt selber, so liebevoll wie möglich zu sein und mir nur Dinge vorzumachen, die ihr selber auch gut findet. Wenn ihr dies nicht schafft, dann verzweifelt nicht, wenn ich euch das nachmache, was ihr selber nicht gut findet. Wenn ich es euch dann wieder vormache, seid bitte nicht böse, sondern versteht, warum ich es tue.
Zweitens: Bitte leitet mich an, ich selber zu bleiben. Ich liebe euch und möchte euch nah sein. Die Wahrheit ist aber, dass ich ein neuer Mensch bin, der seine Eigenarten hat. Ich habe besondere Fähigkeiten und vielleicht auch besondere Unarten. Ich weiß das noch nicht so genau. Aber ich bin, genau wie ihr, zum Lernen der Liebe hier. Auf jedem Planeten gibt es in diesem Zusammenhang andere Anforderungen. Hier auf der Erde ist es die Anforderung, die dunkle, schwere Materie hell und leuchtend zu machen und in ihr (dem Körper) die Liebe zu leben. Helft mir bitte, mich

nicht verbiegen zu müssen, um euch zu helfen. Denn niemand kann jemandem befehlen sich zu mögen. Das muss der Mensch selber tun. Wenn er es aus verschiedenen, nachvollziehbaren Gründen nicht kann, sollte er nachschauen, warum er es nicht zu können glaubt. Denn jeder hier ist ein liebenswertes Lichtwesen.
Wenn ihr euch Folgendes einmal anschauen wollt und euch Notizen dazu macht, dann kann euch das in ein vollkommen anderes Bewusstsein helfen. Immer wieder bitten wir Neuzugänge unsere Eltern nämlich, uns nur zu begleiten und nicht zu verformen, doch allzu oft hört man nicht auf uns. Deshalb drehen sich viele von uns im Kreis.
Hier nun die Vorgehensweise, wie ihr euch frei machen könnt von dem, was euch verformt und, bewusst oder unbewusst, zur Anpassung gezwungen hat.

Wenn du eine Frau bist:

Schreib dir in Stichpunkten alles auf, was dir zu deiner Mutter einfällt, Charaktereigenschaften, Verhaltensweisen, Erziehungsprinzipien, Wiederholungssätze. Bei den Verhaltensweisen kann man ruhig in die Einzelheiten gehen und versuchen, sich an Situationen zu erinnern, die uns sagen, wie jemand denkt und fühlt und strukturiert ist. Schau auf Situationen wie: Familienfeiern, Reisen, Umgang mit Geld, Spontanität, Verhältnis zu Risiken, Kommunikationsformen (Schuldzuweisungen,

Kritik, vielleicht kann man es ihr nie Recht machen?) Eine Mutter, die Angst vor Verarmung hat, wird mit Geld knauserig umgehen. Auch eine Mutter, die nicht geliebt wurde, könnte mit Geld knausern. Eine Mutter, die immer getadelt wurde, will es richtig machen. Oder sie macht es absichtlich so, wie sie es will, auch wenn es unlogisch ist. Eine Mutter kann immer mit ihren Geschwistern oder anderen Mädchen verglichen worden sein, um sie zu Ehrgeiz und Höchstleistung anzuhalten. Daraufhin will sie immer die Beste sein und Recht haben. Das alles wird sich negativ auswirken, wenn sie prägt und erzieht. Denn wir als Kinder werden darunter genauso leiden wie sie es als Kind getan hat, werden es aber trotzdem imitieren und im Netz der Prägung kleben bleiben.

Wenn alles bedacht und notiert ist, geh jeden Punkt durch und frag dich, was du von ihr übernommen hast. Mach einen Kreis um das, was u findest. Geh gewissenhaft vor, auch wenn dir manches nicht gefällt. Dann geh ein drittes Mal durch, schau dir die Kreise an und frag dich, was du von dem, was darin steht, behalten möchtest und was nicht. Was du rauswirfst, weil es nicht zu dir passt, streiche durch.

Das ist ein starkes Signal an dein Unterbewusstsein. Es versteht nur Symbole, keine abstrakten Vorhaben. Du wirst danach in Situationen, in denen du dich sonst reflexartig wie deine Mutter verhalten hast, eine Stimme aus deinem Unterbewusstsein hören, die sagt: „Halt, das hast

Du rausgeworfen, das ist nicht mehr aktuell." Daraufhin kannst du reagieren, wie Du als Originalperson handeln willst.

Mach dann dasselbe mit dem Vater. Geh alles so durch wie bei der Mutter und sortiere aus, was nicht stimmig ist. Schreib auch das auf, was du für ihn machst oder früher gemacht hast, damit er sich besser fühlte und du von ihm besser gesehen wurdest. Oft verbiegt man sich dabei, nur um wahrgenommen oder, im besten Falle, geliebt zu werden. Auch wenn es nichts nützt, dass man sich anpasst, man tut es doch. Schreib auch, wenn es nötig ist, das auf, was dir durch ihn geschehen ist. Das ist dann wichtig für deine Beziehung zu Männern überhaupt, denn unbewusst übertragen wir alles, was wir durch den Vater erlebt haben auf alle Männer. Geh wieder alles durch und reinige dein System von dem, was du nicht darin behalten willst.

Der dritte Schritt: Schau dir die Ehe Deiner Eltern an. Wie ist die Stellung deiner Mutter und die deines Vaters? Lieben/liebten sie sich? Sieht/sah man das? Wie funktionierte die Kommunikation? Gab es klare, authentische Aussagen oder Schuldzuweisungen? Wir wurden Konflikte ausgetragen? Herrschte Vertrauen oder Misstrauen, Harmonie oder Disharmonie? Was sagen/sagten sie übereinander, wenn der andere nicht da ist/war? Und wie und wo hat sich das alles auf deine Beziehung ausgewirkt? Wirf auch hier das aus dem System, was nicht zu dir gehört.

Wenn du ein Mann bist:

Schreib dir in Stichpunkten alles auf, was dir zu Deinem Vater, deinem natürlichen Vorbild, einfällt, Charaktereigenschaften, Verhaltensweisen, Erziehungsprinzipien, Wiederholungssätze. Bei den Verhaltensweisen kann man ruhig in die Einzelheiten gehen und versuchen, sich an Situationen zu erinnern, die uns sagen, wie jemand denkt und fühlt und strukturiert ist. Schau auf Situationen wie: Familienfeiern, Reisen, Umgang mit Geld, Spontanität, Verhältnis zu Risiken, Kommunikationsformen (Schuldzuweisungen, Kritik, vielleicht kann man es ihm nie Recht machen?) Ein Vater, der Angst vor Verarmung hat, wird mit Geld knauserig umgehen. Auch ein Vater, der nicht geliebt wurde, könnte mit Geld knausern. Ein Vater, der immer getadelt wurde, will es richtig machen. Oder er macht es absichtlich so, wie er es will, auch wenn es unlogisch ist. Ein Vater kann immer mit seinen Geschwistern oder anderen Jungen verglichen worden sein, um ihn zu Ehrgeiz und Höchstleistung anzuhalten. Daraufhin will er immer der Beste sein und Recht haben. Das alles wird sich negativ auswirken, wenn er prägt und erzieht. Denn wir als Kinder werden darunter genauso leiden wie er es als Kind getan hat, werden es aber trotzdem imitieren und im Netz der Prägung kleben bleiben.

Wenn alles bedacht und notiert ist, geh jeden Punkt durch und frag dich, was du von deinem

Vater übernommen hast. Mach einen Kreis um das, was du findest. Geh gewissenhaft vor, auch wenn dir manches nicht gefällt. Dann geh ein drittes Mal durch, schau dir die Kreise an und frag dich, was du von dem, was darin steht, behalten möchtest und was nicht. Was du rauswirfst, weil es nicht zu dir passt, streiche durch.
Das ist ein starkes Signal an dein Unterbewusstsein. Es versteht nur Symbole, keine abstrakten Vorhaben. Du wirst danach in Situationen, in denen du dich sonst reflexartig wie dein Vater verhalten hast, eine Stimme aus deinem Unterbewusstsein hören, die sagt: „Halt, das hast du rausgeworfen, das ist nicht mehr aktuell." Daraufhin kannst du reagieren, wie du als Originalperson handeln willst.
Mach dann dasselbe mit der Mutter. Geh alles so durch wie beim Vater und sortiere aus, was nicht stimmig ist. Schreib auch das auf, was du für sie machst oder früher gemacht hast, damit sie sich besser fühlte und du von ihr besser gesehen wurdest. Oft verbiegt man sich dabei, nur um wahrgenommen oder, im besten Falle, geliebt zu werden. Auch wenn es nichts nützt, dass man sich anpasst, man tut es doch. Die Beziehung zur Mutter prägt deine Beziehung zu Frauen. Unbewusst suchst du sie in jeder Frau und erwartest Kompensation für das von ihr nicht Gegebene. Geh wieder alles durch und reinige dein System von dem, was du nicht darin behalten willst.

Der dritte Schritt: Schau dir die Ehe deiner Eltern an. Wie ist die Stellung deiner Mutter und die deines Vaters? Lieben/liebten sie sich? Sieht/sah man das? Wie funktionierte die Kommunikation? Gab es klare, authentische Aussagen oder Schuldzuweisungen? Wie wurden Konflikte ausgetragen? Herrschte Vertrauen oder Misstrauen, Harmonie oder Disharmonie? Was sagen/sagten sie übereinander, wenn der andere nicht da ist/war? usw. Frage dich, was du in deine Beziehungsführung übernommen hast und was du davon rauswerfen möchtest, damit du demnächst echte Partnerschaften und echte Liebe leben kannst.

DIE ERSTEN TAGE
DER FRISCHGEBACKENEN ELTERN

*Wie kann man nur so klein sein
und doch so stark?*

Ich als Vater schwebe normalerweise auf Wolke Sieben. Ein Baby, von mir gezeugt! Ohne mich gäbe es dich nicht. Du bist ein Wunder, so hübsch und perfekt, dabei so winzig klein. In deinem Blick sehe ich das Wiedererkennen meiner Person, denn ich habe ja auch mit dir gesprochen, als du noch im Bauch der Mutter schwammst, oder zumindest habe ich zu deiner Mutter geredet und du hast zugehört und deshalb erkennst du jetzt meine Stimme und das dazugehörige Wesen, das du vorher „nur" erspürt hast. Ich habe auch gesehen, wie du dich im Bauch von deiner Mama bewegt hast. Die Bauchdecke beulte sich aus, und manchmal gab es einen kleinen Stoß, wenn du sie von innen getreten hast. Zuerst hat Mama gelacht und gesagt, dass es sich wie ein winzig kleines Käferbeintreten anfühlen würde. Doch später konntest du ganz schön zulangen, und ich habe Scherze darüber gemacht, dass du mal ein großer Fußballer werden würdest. Erinnerst du dich?
Manchmal kommen bei mir Unsicherheiten auf wie: ‚Werde ich alles richtig machen? Kann ich die Familie erhalten? Wird auf lange Sicht genug Geld da sein? Wenn schon Kinder da sind – schaffe ich es beruflich durchzuhalten?' Kannst du das verstehen?" Nein. Für das Kind sind diese

Fragen nebensächlich. Es versteht davon nichts. Es will nur leben und geliebt werden. Es bringt aber viel Energie mit, die zur Sicherung des Haushalts beiträgt, wenn man es zulässt.
Wenn ich als Mutter ein Kind zur Welt gebracht habe, gibt es verschiedene Reaktionsmöglichkeiten. Es kann sein, dass ich vor lauter Glückseligkeit die Welt umarmen möchte, in die sich mein Kind gewagt hat. Ich gehe wie auf Wolken und jedes Lächeln, jeder Blick aus diesen zauberisch uralten, weisen und doch so unternehmungslustigen, frischen Augen wirkt wie ein Belebungstrank. Jeder Tag ist für mich ein Geschenk, ein Abenteuer. Immer neu und anders präsentiert sich dieses Geschöpf, das gleichermaßen ein Rätsel ist und eine Offenbarung. Was wird dieses Kind sagen, wenn es sprechen kann? Wie wird es sich entwickeln, wofür begeistern? Wer ist dieses Wesen, das sich mich ausgesucht hat? Jeder Entwicklungsschritt, sei er auch noch so klein, kann mir neue Energie geben. Das Wunder Leben ist ein Dauergeschenk für den, der es empfangen kann.
Die Kraft, die für das Stillen und Herumtragen des Kindes benötigt wird, erneuert sich von allein durch die Freude, die das Kind schenkt. Das Stillen sei hiermit empfohlen, denn es versorgt das Kind mit idealer Nahrung samt wichtigen Abwehrstoffen und fördert die Nähe zwischen Mutter und Kind. Es gibt beiden das Gefühl, alles richtig zu machen. Je ruhiger wir das Ganze angehen lassen, desto besser. Wenn wir

uns keine Sorgen machen, keine Ängste in dem Sinne entwickeln, das Stillen könne bei uns aus unerfindlichen Gründen vielleicht nicht klappen, dann ist der Organismus entspannt und macht einfach das, wozu er konstruiert wurde. Nach einem Kaiserschnitt kann es sein, dass die Milch etwas später (etwa einen Tag) einschießt. Stillen an sich ist aber sehr einfach. Das Kind erinnert sich auch sehr schnell wieder daran, wie es saugen muss, um an die Milch zu gelangen. Die Mutter kann sich darauf verlassen und muss sich nicht unter Druck setzen.

Ist Stillen nicht möglich, gibt es Fläschchennahrung. Auch hier ist es wichtig, das, was passiert, vollkommen abzusegnen und sich keine Vorwürfe zu machen. Ich kann oder will nicht stillen? Dann ist das eben so und ist gut. Habe ich mich gegen das Stillen entschieden, bekomme aber Gewissensbisse, weil ich meine, es sei eigentlich besser für das Kind gewesen, gestillt worden zu sein (vor allem, wenn das Kind später irgendwelche Unzufriedenheits- oder Krankheitssymptome entwickelt), leidet das Kind mehr, als wenn man ihm einfach vollkommene Liebe und Präsenz schenkt. Das ist nicht an den Stillvorgang allein gebunden. Man kann beim Nähren mit dem Fläschchen eine große Nähe erzeugen und empfinden. Wenn sich Mutter und Kind, Vater und Kind oder die jeweilige Bezugsperson und das Kind beim Nähren in die Augen schauen, werden Botschaften ausgetauscht. Der Erwachsene signalisiert: „Ich bin für dich da. Ich liebe dich. Ich beschütze und ernähre dich. Hab keine Angst, niemand wird dir etwas tun." Das Kind signalisiert: „Ich vertraue dir ganz und gar. Ich gebe mich in deine Obhut. Ich liebe dich und will dir ein gutes Kind sein."

Es kann aber viele Gründe dafür geben, dass ich als Mutter nicht so gut aufgestellt bin. Es kann sein, dass die Geburt schwer war und mich erschöpft hat. Es kann sein, dass meine Verhältnisse ungeklärt sind und ich und das Kind nicht abgesichert sind. Es kann sein, dass ich schon Kinder habe und nicht weiß, ob ich allen gerecht werden kann. Das Kind kann ungewollt sein und mich an dem hindern, was ich eigentlich vorhatte. Ich wollte vielleicht endlich etwas nur für mich tun, und nun muss ich für jemand anderen sorgen.

Ich kann mit diesen Gedanken in eine Depression und Kraftlosigkeit sacken. Die hormonelle Umstellung des Körpers kann mich seelisch und geistig so mitnehmen, dass ich für kurze Zeit den Überblick verliere und alles für sinnlos und zu schwer empfinde. Ich fühle mich verletzlich, überfordert und gänzlich unfähig, meinen zukünftigen Pflichten nachzukommen. In mir gärt ein Opfergefühl. Nie fragt mich jemand, was ich brauche, immer muss ich für alle da sein. Aus dem stolzen: „Ohne mich läuft nichts!" wird ein überfordertes, resigniertes: „Ohne mich läuft ja nichts."

In diesem Zusammenhang ist die Überprüfung der Prägung sehr hilfreich. Denn die hohe Anforderung gekoppelt mit der Ehre, für alles immer zuständig und unverzichtbar zu sein, haben wir von unseren Müttern und Großmüttern und Urgroßmüttern vermittelt bekommen. Wenn wir uns hier neu definieren à la: „Ich tue, was ich kann und versuche, es gerne zu tun. Wenn ich etwas nicht mehr schaffe, bitte ich um Hilfe!" kommen wir direkt aus dem stillen und leidenden Opfertum heraus und sind mitten im idealen Familienleben, wo der eine den anderen unterstützt.

Es kann natürlich auch sein, dass meine Ehe unsicher ist und wackelt oder dass entweder ich mir unsicher geworden bin oder mein Partner. Vielleicht fühlt er sich vernachlässigt und denkt sich: „Alles muss sich nun immer uns Kind drehen, und wo bleibe ich? Immer wieder wird an meine Verantwortung appelliert, aber wo bleibe ich mit meinen Bedürfnissen nach Liebe und Nähe?"

Mütter reagieren oft gereizt auf diese männliche Klage. Sie fühlen sich ohnehin schon überfordert, hatten still gelitten (siehe oben) und nun kommt auch noch der Mann wie ein Junge dahergetänzelt und beschwert sich, dass die „Mami" keine Zeit mehr für ihn habe. Der Mann versteht die feindselige Reaktion der Frau nicht, weil er sich in diesem Falle keiner Schuld bewusst ist. Er war doch schon so geduldig und verständnisvoll gewesen. Ihm sei ans Herz gelegt, sich ein wenig mehr in Geduld zu üben und sich erst einmal weiter über die Anwesenheit der Thronfolgerin und/oder des Thronfolgers zu freuen. Der Frau sei ans Herz gelegt, die Position des Mannes zu verstehen und nachzufühlen, ihn verständnis-

und respektvoll zu behandeln, ihm für seine Hilfe zu danken und sich ruhig und zeitig zu äußern statt gereizt zu reagieren oder in innerem Klagen zu verharren. Wichtig ist in dieser Phase mehr denn je, den Kopf „auszuschalten", damit er nicht wie ein Radio ständig irgendwelche Gedanken vor sich hinplärrt, die die Mutter noch gereizter und kraftloser werden lassen. Zuverlässige Stressauslöser- und Kraftschwundgedanken sind: „Hat er mal wieder nicht..? Jetzt muss ich das auch noch machen! Er denkt wohl, ich... Wie soll ich das bloß alles schaffen? Ich kann nicht mehr." Und in Bezug auf das Kind (besonders in der Nacht): „Schreit es schon wieder? Ich kann einfach nicht mehr."

Hierbei ist zu bedenken, dass unser Energiereservoir eigentlich unerschöpflich ist. Da wir aus Frequenzen bestehen und das unendliche Universum ebenfalls, sind genügend natürliche Ressourcen vorhanden. Unser raffiniert ausgeklügeltes, aber von oft unsicheren Vorbildern geprägtes System funktioniert so:

a) Ich befehle mir etwas und tue es. Daraufhin bin ich von Stolz und Kraft erfüllt.

b) Ich befehle mir etwas und tue es nicht. Daraufhin bekomme ich ein schlechtes Gewissen und verliere Kraft.

c) Ich befehle mir etwas, das ich nicht schaffen kann. Daraufhin fange ich gar nicht erst an und bekomme ein schlechtes Gewissen. Dazu gesellen sich Zweifel und Ängste, da ich nicht funktioniert habe. Ich verliere Kraft.

d) Ich befehle mir etwas, hinter dem ich nicht stehe, aber tun soll. Daraufhin kann ich es nicht tun, habe aber ein schlechtes Gewissen und Angst vor den Konsequenzen. Ich verliere Kraft.

e) Ich befehle mir etwas, ohne es zu bemerken (durch ungefilterte, chaotische Gedankenflüsse). Daraufhin tue ich etwas, von dem ich nicht weiß, warum ich es tue. Ich werde unsicher, bekomme Angst und bin verwirrt. Ich verliere Kraft.

All diesen Beispielen ist gemein, dass die Kommandozentrale im Kopf (im Idealfall ist sie mit dem Herzen gekoppelt) Handlungsanweisungen funkt, die unser System entweder in kraftvolle Tätigkeit umwandelt oder in schuldbewusste Tatenlosigkeit oder Handlung (und allem, was dazwischenliegt).

Wir können das System besser nutzen, wenn wir von den Kommandos unserer Vorfahren abweichen. Wenn wir es genau betrachten, dann brauchen wir gar keine Kommandos. Wir (als ewige Kinder) sind freiwillig hier, leben gerne und sehen Arbeit nicht von vornherein als Sklavenfron, sondern als Abenteuer an. Deshalb machen wir viele Dinge gerne und teilen sie nicht in die Fächer „angenehm" und „unangenehm" ein.

Wir können uns also schlicht und einfach das sagen, was wir möchten. In diesem Zusammenhang ist Ermutigung besser als Entmutigung. Wenn ich also etwas tun möchte, dann sage ich mir: „Ich werde jetzt dies oder das tun. Es wird Spaß machen und erfolgreich sein. Ich freue ich darauf."

Wenn ich müde bin, aber noch etwas erledigen möchte, kann ich mir schlicht und einfach sagen: „Ich bin ganz wach und munter. Ich habe jede Menge Kraft. Ich werde jetzt noch dies und das tun, bevor ich mich ausruhe."
Eine frischgebackene Mutter könnte sagen :
„Ich bin wach und munter. Wenn mein Baby mich ruft, bin ich da. Es ist mir egal, ob es Tag oder Nacht ist."
Auch wenn ich schon wieder berufstätig bin und keiner für das Baby sorgen kann, falls es nachts schreit, kann ich so vorgehen. Denn es macht die Sache nicht besser, wenn ich grolle, verzweifelt bin oder mich als Opfer fühle. Es macht die Sache schlimmer. Und das Baby wird noch mehr schreien, weil es meine Verzweiflung und Kraftlosigkeit spürt und darauf aufmerksam machen will. Und je mehr und je lauter das Baby schreit, desto verzweifelter werde ich reagieren. Das kann zum Zusammenbruch der Mutter führen. Oder zum Gewaltausbruch.
Deshalb ist es in jedem Falle besser sich zu sagen: „Ich bin wach und munter. Ich liebe mein Kind und bin immer für es da. Ich stehe jetzt auf und nehme es in die Arme und herze und küsse es. Ich habe jede Menge Kraft und brauche meinen Schlaf jetzt nicht."
Ebenso kann der Vater vorgehen, wenn er mit der Betreuung des Kindes beauftragt ist. Man kann es natürlich auch im Beruf nutzen. Und in der Freizeit. Einfach überall. Es funktioniert.

PRÄGUNG

Was du machst, mache ich auch.
Aber schimpf mich bitte deswegen nicht aus.

Alles, was wir dem Kind vormachen, macht es nach. Wir als Kinder lernen durch Nachahmung. So wie die kleine Giraffe von der großen die Meisterung des Lebens lernt, so lernen wir ebenfalls. Die „Erwachsenen" scheinen optimal angepasst zu sein. Der Beweis dafür ist, dass sie immer noch leben. Also lohnt sich die Nachahmung, zumindest vom Standpunkt der Materie aus. Denn die Materie, unser Köper, hat nur das eine Interesse: Überleben. Alles andere ist unwichtig. Nur wenn der Mensch im Körper überlebt, überlebt auch die Materie, aus der der Körper aufgebaut ist. Der Bewohner des Körpers, das Geistwesen, überlebt natürlich immer wieder den Zerfall des Körpers. Sobald das Leben auf der Erde beendet ist, steigt das Geistwesen aus dem Körper heraus. So gesehen ist er ein nicht zahlender Mieter. Oder anders gesehen: Er zahlt mit Verlusten. Und doch gewinnt er.
Der Verlust besteht in einer Verringerung von Erinnerung und Wahrnehmungsfähigkeit; dazu kommt die durch die Anziehungskraft der Erde erzeugte Schwere und Unbeweglichkeit im Gegensatz zu unserer normalen Beweglichkeit und Leichtigkeit außerhalb eines materiellen Körpers. Der Gewinn besteht in Erfahrung und Lustgewinn durch den Aufbau des Seelenanteils mit allen Ge-

fühlsmöglichkeiten. Das Ziel, die hohe Frequenz der Liebe in den Körpern zu installieren, gehört ebenfalls in diesen Bereich; denn wir als Liebende fühlen uns am wohlsten in diesem Frequenzfeld und sehen es als Aufwertung an, so viel und so viele wie möglich in dieses Feld zu transportieren oder besser: höher zu transponieren (im Musikalischen bedeutet das, das Musikstück in einen höheren klingenden Bereich zu schieben, in diesem Falle: die Schwingung zu erhöhen).

Unser großes Ziel, auf der Erde das Paradies zu errichten und, kosmisch gesehen, einen Ort des Friedens, der Freiheit und Bildung, der Weisheit und Schönheit zu erschaffen, treibt uns vorwärts und lässt uns die Mühen der Inkarnationen nicht scheuen. Immer wieder neu wagen wir uns in das Abenteuer und riskieren dabei im Prinzip nicht so viel wie man fürchten könnte. Denn die Erkenntnis, dass wir nur aus unserer Liebesfülle heraus spielen - (denn wir müssten kein Paradies auf der Erde errichten) - gibt uns die Sicherheit, die wir für das Wagnis brauchen. Wären wir sterblich, wäre alles sinnlos. Denn wie soll man etwas aufbauen, irdisch weise und verantwortlich handeln lernen, wenn man nur in die erste Klasse gehen darf. Wären wir alle nur Erstklässler oder gar Analphabeten, die es überhaupt nicht bis in die „Schule" gebracht haben, sähe die Erde nicht so aus wie sie aussieht. All die Genies, die Hochbegabten, die Wissenschaftler, Mediziner, Künstler, die Erfinder und Philosophen und all die Menschen, die alltäglich kleine und große

Wunder vollbringen, könnte es gar nicht geben, es sei denn, man ginge davon aus, sie seien intergalaktische Touristen, die, von anderen Planeten kommend, den dummen und sterblichen Eintagsmenschlein immer mal wieder ein wenig auf die Sprünge hülfen.

Wir sind also bei jeder Geburt mit dem Aufbau des Körpers beschäftigt. Er muss gedehnt und gestreckt werden, wir richten uns in ihm ein, vernetzen uns mit dem Gehirn und den Organen und strukturieren die Materie, in die wir einziehen, nach unseren spezifischen Gesetzen. Denn sehr offensichtlich baut nicht jedes Geistwesen denselben Körper auf. Es geht nicht nur um die Gene, um das Aussehen, die Beschaffenheit, die durch die Familienlinie vorgegeben ist, sondern auch um das energetische Feld. Im Laufe unserer Entwicklung hat sich dieses Feld, Ausdruck all dessen, was wir denken und fühlen und je erlebt haben, verändert und (meistens) erhöht und verfeinert.

Deshalb reisen wir mit dieser „Familie" durch die Zeit. Denn um einander die Möglichkeit zur Inkarnation zu geben, muss die Frequenz stimmen. Man kann nicht beliebig in jedes Feld inkarnieren. Wenn nichts zusammen passt, wird es ununterbrochen funken. Manchmal passiert das, wenn ein Geistwesen entscheidet, in ein fremdes Feld zu gehen. Das sind dann die großen Widerständler, Revoluzzer innerhalb der Familien, die alles „aufmischen" und, für alle unerklärlicherweise, immer dagegen sind.

Warum entscheiden sich manche dafür, wo sie doch viel angenehmer und problemloser in bekannten Feldern weilen und wirken könnten? Weil es möglich ist. Weil es „Spaß" machen kann, wenn man kämpferisch aufgestellt ist. So wie es ja nicht wenigen Geistwesen Spaß macht, sich auf der Erde als Kriegsfürsten und Tyrannen zu gebärden. Es wird wenig Liebe dabei herauskommen und großen Ärger nach sich ziehen, wenn dieses Wesen wieder aus dem Körper des Tyrannen aussteigt, aber manchen ist der Preis nicht zu hoch. Im Universum ist alles möglich. Daran müssen wir uns als Menschen immer mehr gewöhnen. Denn das Universum rückt näher zusammmen. So wie uns die Erde als Planet im Weltall im Laufe der letzten Jahrhunderte immer näherrückte und die Menschen sich zunehmend als irdische Rasse (mit unzähligen „nationalen" Varianten) empfinden lernen, so werden uns die Planeten in unserem Sonnensystem näherrücken und ihre Geheimnisse Schritt für Schritt offenbaren. Und jede neue Generation mit den zum Teil „alten" Seelen (alt in Bezug auf die Anzahl der Erdinkarnationen und die dabei erlangte Frequenzhöhe in Form von Liebe und somit Weisheit oder mit einem sehr konsequenten Beharren auf dunklen Frequenzen) wird mehr vom Kosmos verstehen und sich besser darin bewegen können als die vorhergehenden Pioniere.

Komme ich als Baby auf die Welt, trage ich das gesamte Wissen um meine „Vergangenheit" in mir.

Ich habe Vergangenheit in Anführungszeichen gesetzt, weil die Zeit, die wir hier auf der Erde haben und das Gefühl für Vergangenheit, Gegenwart und Zukunft spezifisch irdisch ist und nicht übertragbar auf andere Planeten. Diese unterliegen ihren eigenen Gesetzen. Das ist vergleichbar mit dem Umgang mit der Zeit eines (sich bewusst von der „Zivilisation" abgewandten) Stammes im Regenwald im Vergleich zu dem eines Geschäftsmannes in Frankfurt.

Meistens nützt mir mein kosmisches Wissen in dem Augenblick der Geburt wenig. Und auch danach geht es um „profane" Dinge wie Aufwachsen, Essen, Trinken, Verdauen, Entleeren, Schlafen, Wachen. Ich schlage mich mit den Phänomenen Kälte, Hitze, Nähe, Distanz, Lautstärke, Schwäche, Traurigkeit, Angst, Wut, Ungeduld herum und bin damit erst einmal vollauf beschäftigt. Um all dies in eine überschaubare Ordnung zu bringen, schaue ich auf meine Eltern.

Bin ich ein Mädchen, nehme ich mir die Mutter zum Vorbild, bin ich ein Junge den Vater. Beide werden idealisiert. Die Mutter ist die Königin, der Vater der König. Das gilt auch, wenn Geschwister da sind, es sei denn, Mutter und/oder Vater haben keine Zeit und eins der Geschwister, Oma, Opa, Tante, Onkel, Pflegemutter, Pflegevater usw. übernehmen die Rolle des Prägenden. Man lebt mir das Reagieren vor, das Agieren, das Sprechen, Essen und Trinken, Krabbeln und Gehen. Mein Geist erinnert sich daran und kann früher oder später alles wieder synchronisieren. (Wer zum ersten Mal auf der Erde ist, wird natürlich viel länger für alles brauchen).

Wenn meine Mutter gelassen und geduldig ist, werde ich als Mädchen auch dazu neigen, gelassen und geduldig mit der Welt, den Menschen und Dingen umzugehen. Selbst wenn ich ein feuriges Temperament habe und meine Mutter ein wässriges, werde ich zunächst versuchen, so wie sie zu sein. Schreit sie viel herum, werde ich mit Lust auch schreien. Spricht sie sanft und verständnisvoll, begreife ich, dass man so und nicht anders miteinander kommuniziert. Wird viel oder wenig gesprochen? Werde ich ausgelacht, wenn ich über diese seltsamen Gefühlsanwandlungen spreche, die in der Seele entstehen und den Körper erfassen, leichter oder schwerer machen, blockieren oder in Flammen versetzen können? Oder hört man mir zu, zeigt Verständnis, gibt Hinweise und Unterstützung? Werde ich gezwungen, etwas zu tun, was ich nicht tun möchte oder lässt man mir die Freiheit, es selber zu entscheiden? Ist das System gerecht, in das ich geboren wurde, oder ist es ungerecht? Wird jemand bevorzugt, ohne es verdient zu haben und der andere benachteiligt, ohne etwas anders gemacht zu haben als der Bevorzugte? Wird viel gemeckert, kritisiert? Sucht man in meiner Familie immer nach einem Schuldigen, um ihm die Verantwortung aufzubürden, wenn etwas schief gelaufen ist? Oder übernimmt jeder die Verantwortung für sein eigenes Tun? Wird gelogen oder sagt man in meiner Familie was

man denkt und fühlt? Tut man das, was man angekündigt hat oder redet man sich heraus und erfindet Gründe, warum man nicht tätig werden konnte? Fügt man Verletzungen zu oder heilt man, wenn jemandem etwas zugestoßen ist?
All dies und noch viel mehr lerne ich bereits im Mutterleib und noch intensiver in meinen ersten Lebensjahren. Ich lerne eifrig, denn ich bin neugierig, kraftvoll, unternehmungslustig und risikobereit. Das Wissen um meine Unsterblichkeit und wahre Macht wohnt noch in mir, allerdings schlummert es in meinem Unter-Bewusstsein, das nicht aktiv, sondern passiv zur Verfügung steht. Ich habe somit im aktiven Bewusstsein vergessen, dass die Verkörperten dazu neigen, sich von der Sterblichkeitsangst der Materie überwältigen zu lassen. Daher rührt ihre Neigung, mich als Kleinkind ständig zu warnen, zu verfolgen und mit Hinweisen auf die Gefahren zu überschütten. Habe ich ein freundliches und anpassungsfähiges Naturell, werde ich ihre Angst schnell übernehmen und mich nur noch zögerlich auf Neues zubewegen, da es mich ja verletzen oder töten könnte. Ich entwickele womöglich Angst vor Feuer, Erde, Luft und Wasser, vor kleinen und großen Tieren, vor unbekannten Menschen und Autos, Schwimmen, Fahrradfahren, Kindergartenbesuch, Schule, Ausbildung, Prüfungen und dem Leben überhaupt. Es gilt: Je ängstlicher die Eltern, desto ängstlicher die Kinder.
Je ängstlicher der Mensch ist, desto unsicherer bewegt er sich durchs Leben. Je unsicherer er

sich durchs Leben bewegt, desto öfter geschieht ihm etwas. Wer mich als Kind also sicher machen will, ängstigt sich nicht um mich, sondern bringt mir einfach ganz ruhig und gelassen den Umgang mit der Materie bei.

Dass Feuer heiß ist und mich verbrennen kann, kann ich gut nachvollziehen. Ich will es ja nur wissen. Ich will keine Angst vor dem Feuer haben müssen. Denn soweit ich aus meinen Vorleben vielleicht noch weiß, kann Feuer auch wärmen, Nahrung erhitzen und genießbar machen und Maschinen antreiben. Dass Erde mich verschütten kann, nehme ich zur Kenntnis und weiß dann auch wieder, dass sie uns trägt und ernährt. Dass Luft sich in Form eines Wirbels in die Häuser verbeißen und sie abdecken kann, Bäume entwurzelt und womöglich Chaos anrichtet, nehme ich zur Kenntnis und weiß dann auch wieder, dass wir ohne sie nicht atmen können, in ihr fliegen und sie in Form von linden Frühlingswinden lieben. Dass wir im Wasser ertrinken können, nehme ich zur Kenntnis. Und weiß dann auch wieder, dass wir ohne Wasser keine Vegetation hätten, zusammen mit allen lebendigen Kreaturen verdursten müssten und nie das Hochgefühl kennen würden, vom Wasser getragen, umspült und gereinigt zu werden.

Ich will ja nur lernen und ausprobieren. Ich will mich nicht in Gefahr bringen. Um beides zu vereinen, brauche ich Information und Anleitung, aber keine panische Angst, laute Schreckensrufe, Kommandos, zornige Schimpftiraden (die ja nur meinem „Schutz" dienen sollen und mich von weiterem „Unfug" abhalten sollen). Erklärt es mir einfach. Wenn euch mein Tun Angst macht, bleibt bei mir und beobachtet das Ganze wohlwollend. Greift ein, wenn es wirklich gefährlich ist. Aber greift nicht hektisch ein. Wenn ihr seht, worauf etwas hinausläuft, ist es für mich besser, ihr greift ein wenig früher ein und dafür ruhig und gelassen. Gebt mir dazu eine Erklärung. Wenn ich auf meinem Tun beharre, erklärt mir mit Nachdruck, dass dies nicht von euch geduldet wird, da ihr die Konsequenzen meines Tuns besser überblicken könnt als ich, der nur etwas vergesslich herumspielt und alles ausprobieren will.

Ich werde euch immer dafür dankbar sein, dass ihr euch diese Zeit für mich nehmen wollt. Ich danke euch.

SCHLAF

Haltet ihr es für sinnvoll, dass ich so viel schlafe?
Ich bin doch nicht zum Schlafen hergekommen!

Von Anfang an ist der Schlaf für Eltern und Kinder ein zentrales Thema. Es soll tatsächlich Babys geben, die nachts schlafen. Das ist schön. Es gibt aber viele Babys, die das nicht tun. Sie erzeugen somit einen chronischen Schlafmangel beim Betreuungspersonal. Wenn die Mutter mit verquollenen Augen und verrutschtem Bademantel am Frühstückstisch hängt und kein Wort mehr herausbringt, weil sie eine Millionen Schlaflieder gesungen hat, weiß der unbeteiligte Beobachter, der über alle Informationen verfügt, dass in diesem Haushalt das Baby nicht schläft. (Verfügt er nicht über alle Informationen, müsste er Drogen oder Alkohol vermuten). Der Berufstätige des Haushalts, nehmen wir zum Beispiel den Mann, sitzt womöglich wortkarg hinter seinem Schreibtisch und reagiert langsamer als sonst, dafür leicht gereizt. Die Kolleginnen und Kollegen wissen natürlich: „Aha, junger Vater, Schlafmangel."
Im Bauch der Mutter herrscht immer angenehme Dunkelheit. Ob ich als Baby schlafe oder nicht, geht erstens keinen etwas an und zweitens merkt es sowieso niemand. Denn weder schaue ich heraus und verkünde es, noch schaut jemand zu mir hinein und sieht es. Wenn meine Mama zum Ultraschall geht, wird auf meinen Schlaf auch keine Rücksicht genommen. Ich nehme das,

obwohl es mich stört, nicht wirklich übel, weil ich mich danach in meiner Paradieshöhle wieder sicher und ungestört fühlen und schlafen kann, wann und wie lange ich will. Obwohl ich, ehrlich gesagt, nicht genau weiß, was Schlaf ist. Ich bin einfach da und schwimme herum. So gesehen bin ich in Mamas Bauch selbstbestimmt, wenn man davon absieht, dass alles für mich getan wird außer Wachsen und Gedeihen. Das muss ich selber machen oder besser: etwas in mir bewirkt, dass ich wachse und gedeihe. Es ist mein Geist, der das befiehlt. Der Rest von mir tut es einfach.
Sobald ich draußen bin, geht man mir auf die Nerven mit Schlafen. Woher soll ich denn wissen, wann ich was machen soll? Ich habe keine Ahnung und will einfach nur wieder in den Bauch meiner Mama. Da war es warm und weich und dunkel, und man ließ mich in Ruhe.
Na gut. Schlafen. Ich soll einen Vierstundenrhythmus entwickeln, wenn ich gestillt werde. Aha. Ich kann aber die Uhr noch nicht lesen. Im Moment ist es hier draußen auch dunkel, schön dunkel. Ich habe so ein grässliches Ziehen im Bauch. Und im Herzen. Mein Körper will Nahrung, meine Seele will Nähe. Wo ist Mama? Wo ist Essen? Ich schreie.
„Na, Kleiner, willst du mal wieder nicht schlafen? Was hast du denn bloß wieder?"
Von „nicht wollen" kann keine Rede sein! Was ich habe? Ich habe Hunger! Hunger nach Futter und Liebe. Ich gewöhne mich nur langsam an regelmäßige Zeiten. Ich gewöhne mich

schneller an regelmäßige Zeiten, wenn man nicht gereizt und „sauer" mit mir umgeht. Ich bitte Mama und Papa um eine schöne und sanfte Eingewöhnungszeit in den All-Tag. Ihr werdet schon sehen, dass ihr damit nichts falsch macht. Denn ich habe viel, mehr und noch mehr Liebe in mir, die will ich euch alle schenken. Wenn ich schreie und man mich schüttelt, schreie ich noch lauter. Wenn man mich anbrüllt, brülle ich noch lauter. Es kann sein, dass ich kurz vor Schreck verstumme, aber nur zum Luftholen und um noch lauter als vorher zu werden. Denn meine Stimme ist das einzige, was mich erhält. Wäre ich immer still, bestünde die Gefahr zu verhungern. Ich habe das Geschrei auch noch nicht völlig unter Kontrolle. Es ist mehr der Erhaltungstrieb in mir, der es in Gang setzt. Steht der Nahrungspegel zu tief – zack, geht's los mit der Sirene. Sorry. :-)
Wenn ich weder angebrüllt noch geschüttelt (noch umgebracht) werde, gewöhne ich mich an die erwünschten Regelmäßigkeiten. Ich lerne, dass etwas passiert, wenn ich meine Stimme erhebe. Habe ich Bauchschmerzen, wird etwas dagegen unternommen. Mama oder Papa heben mich hoch und lassen mich Bäuerchen machen. Es tut gut, wenn die Luft mit einem lustigen Knall aus meinem Mund hopst. Im Bauch ist das niedliche Bäuerchen nämlich wie ein Messer. Auch wenn ich Zähne bekomme, schreie ich. Es tut weh. Was soll ich machen? Wenn ich schreie, mache ich mir Luft. Werdet nicht hektisch, ich bitte euch, bleibt einfach ruhig und tut etwas! Ihr könnt mir

zum Beispiel ein paar Kügelchen Chamomilla D 12 geben. Das beruhigt mich und hilft beim Zahnen. Bei Verletzungen aller Art hilft Arnica Montana. (Mein/euer Arzt weiß Bescheid).
Werde ich regelmäßig zum Schweigen gebracht, werde ich später auch eher schweigen als reden. Wenn ihr, Mama und Papa, nicht hektisch reagiert, wenn ich losbrülle, sondern ganz ruhig nach Lösungen sucht oder einfach nur da seid, mich in den Arm nehmt und mit mir redet - (singen finde ich auch super schön!) -bin ich euch auch dafür mein Leben lang dankbar.

DIE ROLLE DER MUTTER

Mama ist die Beste!

Es ist nicht selbstverständlich, dass die Mutter Zeit für ihr Kind/ihre Kinder hat. Wir leben in einer Gesellschaft, die sich zunehmend vom Kind abwendet. Die Frau ist gleichberechtigt und wird von Anfang an dazu erzogen, genau wie der Mann einen Beruf anzustreben, der ja meistens nicht mehr, wie früher, mit körperlicher Höchstanstrengung verbunden ist. Vergessen sind die Zeiten, in denen viele Frauen arbeiten mussten, um sich und ihre Familien irgendwie über Wasser zu halten, selbst wenn auch der Mann arbeitete. Doch im kollektiven Unbewussten werden beide Dinge miteinander vermischt. Befreiung der selbstbewussten Frau zur Arbeit (das klingt sozialistisch) vermengt sich mit: „Du sollst tätig sein und dich stetig rühren, leg die Hände nicht in den Schoß, sitz nicht faul herum und starre Löcher in die Luft, reiß dich gefälligst mal zusammen, schlapp machen gilt nicht, hast du nicht genug zu tun?" Heraus kommt aus diesem Mischmasch eine seltsame Regel: Die Frau, die keinen Beruf anstrebt, gilt als bequem. „Was? Sie will Hausfrau und Mutter werden? Wie bequem. So gut möchte ich es auch mal haben." Seltsame Reaktion. Man hört sie immer wieder.
So gut möchten es die anderen Frauen auch haben? Was soll das genau heißen? Sie fänden es also selber gut, Mütter sein zu dürfen und Zeit für

ihre Kinder zu haben? Sie müssten sich nicht mit der Unsicherheit herumschlagen, was sie denn „mal werden wollen." Was wird man beruflich eigentlich? Mehr oder weniger Mensch? Definieren wir uns über den Beruf? Die Arbeit? Den Gelderwerb? Manche tun es. Es sind diejenigen, die für etwas brennen. Diejenigen, die sich flammend für einen Bereich interessieren und etwas dazu beitragen wollen, dass mehr Wissen entsteht. Oder diejenigen, die mithelfen, die Gesellschaft funktionieren zu lassen. Da gibt es unzählige Berufe, in denen dies nötig und möglich ist. Wenn aber jemand nicht für etwas brennt?

Woher kommt der Zwang, einen Beruf ausüben zu müssen, um gesellschaftlich anerkannt zu sein? Der Impuls zum Gegenentwurf früherer Frauenbilder stammt aus den Zeiten, wo Frauen nicht berufstätig sein sollten und durften, um gesellschaftlich anerkannt zu sein. Doch in einer Zeit und einem Land, in dem es nicht mehr einen Modestil, sondern alle Modestile gibt, in dem man Essen aus aller Welt bekommt und nicht nur Stielmus und Sauerkraut, in einem Land, in dem wir frei sagen und tun dürfen, was wir wollen, muss es doch möglich sein, sich nicht nur für Mutterschaft zu entscheiden, sondern auch für das Mutter Sein!

Das ist auch Arbeit! :-) (Man könnte sie „hart" nennen, wenn die Kinder nicht so unglaublich wunderbar wären.)

Wer soll uns als kleine Kinder denn aufziehen und prägen? Wer soll sich denn die Zeit nehmen, die wir brauchen, um unsere Erfahrungen zu machen, dabei geschützt und begleitet zu sein? Wer liest uns vor? Wer singt mit uns Kinderlieder? Wer schmiedet mit uns Reime und erfindet komische Sachen? Wer bastelt mit uns und geht mit uns in die Natur? Sollen wir wirklich mit 0 in der Krippe landen und von zweifellos netten und gut ausgebildeten Erzieherinnen aufgepäppelt werden? Sollen wir uns, zusammen mit anderen kleinen Kindern, von diesen Frauen prägen lassen? Wir können uns gerne ein Beispiel an ihnen nehmen, auch wenn sie nicht immer Zeit für uns alle haben. Wir werden das mehr oder weniger willig mitmachen, aber lieber wären wir bei der Mutter. Wir brauchen ihren Duft, ihren Herzschlag, ihre Stimme, ihr Lachen. Als wir noch im Mutterleib lebten, waren wir einander so nah! Wir brauchen etwas Zeit, um uns an all das Neue, Alte, Halb- oder Ganzvergessene zu erinnern und wieder selbstständig zu werden.

Die Mütter von heute brauchen mehr Selbstbewusstsein und Eigenständigkeit. Wenn sich eine Frau für die Familie entscheidet, soll das nicht länger herabgewürdigt werden. Es ist eine Entscheidung, die respektiert und gutgeheißen werden soll. Und es ist ein Beruf. Es bedeutet Arbeit. Aber es ist eine schöne Arbeit. Für sie kann man sich begeistern, ohne gleich Erzieherin im Kindergarten werden zu müssen! Man kann dasselbe auch für seine eigenen Kinder tun, wenn es finanziell machbar ist. (Ich spreche hier noch nicht von den Nöten der Alleinerziehenden).

Im Ernst: Ist es weniger wert, sich um einen Menschen zu kümmern als an der Kasse zu sitzen und Geld einzunehmen? Nur weil man für das eine „Lohn" bekommt und für das andere nicht? Auf welchem Planeten leben wir?
Natürlich auf der Erde, diesem armen Planeten, der uns herzlich Verarmte mit sich herumschleppen muss. :-)
Der Vorgang von Zeugung, Empfängnis und Geburt ist magisch und den meisten vollkommen unverständlich! Es ist das höchste Mysterium überhaupt! Und keiner kümmert sich so recht darum. Man findet es selbstverständlich und beginnt erst, darüber nachzudenken, wenn man ein Kind haben will und es nicht sofort bekommt.
Es gilt: Wenn wir etwas nicht bekommen, steigt es für uns im Wert. Wir können uns glücklich schätzen, dass unser Interesse an der Erdinkarnation größer ist als unser Groll auf diejenigen, die uns nicht haben wollten, uns nicht schätzten, schlecht behandelten und zum Teil sogar umbrachten. Da wir selber in den Kreis der Wiedergeburt eingeschleust sind, ist es ja sogar wahrscheinlich, dass auch wir, die wir jetzt Babys sind, in früheren Zeiten Kinder nicht besonders hoch geschätzt haben, obwohl wir jede Inkarnation als Kind beginnen.
Die Erde ohne Widersprüche wäre ein anderer Planet. Trotzdem gilt es, den Überblick zu bewahren. Deshalb rate ich allen Müttern, die nicht nur Mütter werden, sondern auch sein wollen: Schenkt euch und dem Kind/den Kindern

LIEBE und ZEIT! Das ist das Schönste und Beste und Großherzigste, was ihr tun könnt.

Denkt immer daran, dass ihr das große Vorbild seid. Kinder nehmen es nicht übel, wenn ihr mal nicht „gut drauf" seid (stammt dieser Begriff eigentlich aus dem Drogenmilieu?) Sie verzeihen eigentlich alles und sind immer wieder bereit, von neuem zu beginnen und vorbehaltlos ihre Liebe zu geben. Deshalb sollt ihr nicht grübeln, was ihr alles falsch gemacht habt oder eventuell falsch machen werdet, sondern euch immer wieder neu fragen: „Was sagt mein Herz dazu? Was fühlt sich richtig an?" Wenn das Herz jubelt, sich entspannt, euch Tränen der Rührung in die Augen treibt, weil alles so schön und richtig und gut ist, dann befindet ihr euch auf dem richtigen Weg. Und die Kinder, die zu euch kommen, haben das große Los gezogen!

DIE ROLLE DES VATERS

Papa ist der Beste!

Für den Vater, der doch der Erzeuger des Wunders ist, bleibt in den ersten Tagen und oft auch in den Wochen danach wenig Zeit und Aufmerksamkeit. Die Frau ist noch erschöpft und meistens absorbiert von ihrer neuen Aufgabe. Sind schon Kinder vorhanden, ist der Vater damit betraut, auf diese Kinder aufzupassen und ihnen die „Konkurrenz" schmackhaft zu machen. Wer hier echte Vaterliebe aufbringt, wird seine Sprösslinge samt Ehefrau und Neuzugang glücklich machen können. Es kommt natürlich auch vor, dass man die Partnerin nicht zufriedenstellt, in ihren Augen immer alles falsch macht, dass man korrigiert und zurechtgewiesen wird und, wenn man aufbegehrt, darauf hingewiesen wird, man habe sich schließlich zurückzunehmen, andere Dinge seien jetzt wichtiger.
Der Mann kommt in dieser Zeit meistens zu kurz. Haremsbefürworter führen genau diese Zeit ins Feld, wenn sie von der Vielweiberei schwärmen. Ihnen sei indes warnend gesagt: Eine Horde Frauen kann unangenehm werden, sogar unangenehmer als eine frischgebackene Mutter.
Der Mann muss also viel Verständnis und viel Geduld aufbringen. Das sind sehr löbliche Eigenschaften und nützen nicht nur in diesem Falle, sondern immer und überall. Natürlich ist man als Vater auch sehr stolz auf den Nachwuchs.

Man ist gespannt auf seine Lebensäußerungen, Neigungen und Fähigkeiten. Man wird an sich selbst erinnert und sogar aufgefordert, verspielte Qualitäten wieder aufleben zu lassen. Ein verspielter Vater, der mit den Kindern herumtobt, ist meistens erwünscht. Nur nicht immer.
Mütter beklagen sich nämlich oft über Väter, die selber noch Jungs sind, keine Verantwortung übernehmen, nicht verlässlich sind, nur herumspielen und das Unangenehme abschieben. Man kann dazu sagen: Besser ein Mann, der noch verspielt sein kann als einer, der staubtrocken ist, sich nur für seinen Beruf interessiert und im Urlaub für den Arbeitgeber erreichbar ist. :-)
Der vielgescholtene Junge im Mann, das „zusätzliche" Kind für die „erwachsene" Frau, ist oft ein Symptom für die allgemeine Unzufriedenheit der Frau. Hier gilt es herauszufinden: „Ist sie unzufrieden mit sich oder mit ihm?" Oft ist sie unzufrieden mit sich. Aber nicht immer. Oder nicht immer nur mit sich, sondern auch mit ihm.
Bekommt man als Mann bei Vorwürfen also ernste Bedenken und schwant einem, dass man vielleicht doch mehr Verantwortung im Prozess „Familienprojekt" übernehmen sollte, kann man sich Notizen machen und der Frau eine Liste überreichen, auf der man die Pflichten geschrieben hat, die man ab jetzt freiwillig übernehmen will. Das alles muss im rechten Maß geschehen und darf nicht zu einem Hickhack führen, wer was getan oder nicht getan hat und wer was tun sollte oder auch nicht. Bedenken wir, dass wir

mit all unserem Tun IMMER das Vorbild für unseren Nachwuchs sind, auch wenn sie/er noch so klein ist. Wir können dieses Wissen nutzen und uns noch mehr bemühen, nicht nur an Wochenenden und in den Ferien, sondern auch im Alltag liebevoll, geduldig und respektvoll miteinander umzugehen.

Ist die Frau auch berufstätig, wird diese Arbeitsteilung umso notwendiger. Für kleine Kinder ist es, ehrlich gesagt, einfacher und schöner, wenn einer zu Hause bleibt und immer für sie da ist. Natürlich werden sie sich daran gewöhnen, wenn beide Elternteile arbeiten, aber sie hätten lieber jemanden bei sich, auf den sie immer zählen können und der ihnen das Leben, besonders in den ersten Jahren, geduldig erklärt. Dies kann natürlich eine andere Person als Mutter oder Vater übernehmen. In früheren Zeiten gab es die Ammen, die eine große Rolle im Leben der (zumindest finanziell bessergestellten) Kinder spielten. Die Ammen wurden geliebt, zu ihnen wurde meist eine engere Bindung aufgebaut als zu den Müttern, die angehalten waren, gut auszusehen, sich in der Erziehung ernst und streng zu geben, Harfe oder Klavier zu spielen und Teegesellschaften auszurichten. In finanziell schlechter gestellten Familien bekam die Mutter so viel Nachwuchs, dass sie sich um keins der Kinder richtig kümmern konnte, sondern immer das Nächstältere damit beauftragte, für das Jüngere zu sorgen. Viele Kinder starben, viele Mütter starben. Insofern haben wir jetzt eine Luxussituation. Ja, wir können und dürfen arbeiten, so wie es in vielen europäischen Ländern gehandhabt wird. Aber wir sollten es nicht übertreiben und die Kinder nicht mit 0 in die Krippe schieben und sie im Alter von 18 aus der Ganztagesschule (fertig gebacken, aber vielleicht verbrannt) wieder herausholen.

Entscheidet sich der Mann dafür, über die Elternzeit hinaus bei dem Kind/den Kindern zu bleiben, freuen sich diese ebenso wie wenn die Mutter zu Hause bleibt. Kinder lieben beide Elternteile, und man muss schon viel falsch machen, um sich diese Kindesliebe zu verscherzen. Die Aufgaben für Mutter oder Vater sind: wickeln, stillen/füttern/Fläschchen geben, warten, bis das Kind schläft, Bäuerchen machen lassen, Schreien akustisch erdulden und nicht ausflippen, den Grund des Weinens aufgrund von ersichtlichem Schmerz ergründen, das Kind samt Kleidung und vielleicht Wiege/Bettchen säubern, mit ihm lachen, ihm vorsprechen, damit es die Sprache lernt, ihm vorsingen, damit es seine Musik und seinen Rhythmus entwickelt und darüber hinaus: geduldig sein, geduldig sein, geduldig sein.

Es kann, wie schon gesagt, zu Schlafmangel kommen. Ist einer von beiden berufstätig, möge der aufstehen, der nicht berufstätig ist. Denn zum Beruf „Mutter-Vater-Sein" gehört das nächtliche Aufstehen. Es möge sich kein Ungerechtigkeitsgefühl einschleichen bei dem, der nicht weiterschlafen darf. Arbeitsteilung ist Arbeitsteilung. Je zufriedener wir mit dem Teil der Arbeit sind,

den wir uns zu übernehmen entschlossen haben, desto leichter geht er uns von der Hand. Und jeder soll für das respektiert werden, was er tut. Es ist nicht das eine leichter oder schwerer als das andere. Wir erfinden meistens die Einteilungen in unserem Kopf, ob etwas schwer oder leicht ist. Deshalb können wir uns so programmieren: Alles, was wir tun müssen, machen wir gerne, weil es sinnvoll ist. Und somit fällt es uns sofort leichter.
Du als Vater bist unersetzlich. Du bist das große Vorbild für deinen Jungen, du bist das große Vorbild für dein Mädchen. Wie du dich verhältst, will sich das Kind auch verhalten und es will dir gefallen und dir nahe sein. Es will dir in die Augen schauen und dir seine Liebe zeigen. Es will, dass du stolz auf es bist; nicht, weil es etwas Besonders sagt oder tut, sondern weil es dein Kind ist. Achte deshalb darauf, keine starren Vor-Stellungen von ihm zu haben oder zu entwickeln.
Unsere Eltern hatten oft Vorstellungen von uns. Diese Vorstellungen sind statisch und legen uns womöglich auf etwas fest, was wir als Kinder nicht sind oder sein wollen. Höchstwahrscheinlich versuchen wir trotzdem, diesen Vorstellungen zu entsprechen und mühen uns damit ab, so zu sein, wie man uns haben will. Doch dazu müssen wir uns ver-stellen, verbiegen, anpassen und verlieren uns dabei selber. Das verurteilt uns entweder zu einem Leben, in dem wir uns fremd sind oder zu einem mühsamen Wieder-Ent-Deckungsprozess, bei dem wir die schwere Decke nach und nach

von uns schieben müssen, die aus den elterlichen Vorstellungen, Wünschen, Projektionen und dem Wunsch gewebt ist, mit einem exemplarischen Kind gut oder besser vor den anderen dazustehen oder ein Kind zu haben, dem es „mal besser geht" als einem selbst.

Du als Vater bist unersetzlich. Du bist der Held deines Kindes, der König im System, der Vormacher und Alleskönner. Wenn du dies weißt, dann widmest du dich deinem Kind, sobald du die Zeit dafür hast. Du bist ganz bei ihm und schaust ihm zu, begleitest es und hilfst ihm, wenn es deine Hilfe wünscht. Du greifst nicht immer und überall ein, bevor das Kind es selbst versucht hat. Dein Kind will die Welt um es herum erobern. Dazu braucht es Er-Fahrung. Die Erfahrung beinhaltet den Mut, etwas zu wagen, den ersten Schritt, die Möglichkeit des Irrtums und entweder den Erfolg bei der Lösung eines Problems oder einer Aufgabe oder den Misserfolg, der zur notwendigen Korrektur führt. Beobachte dein Kind bei diesem Abenteuer. Greife nur ein, wenn es nötig ist, um das Kind zu schützen oder wenn das Kind dies wünscht. Sonst bleib einfach dabei, schau zu und sichere es ab.

Obwohl du der Held und Alleskönner für dein Kind bist, erliege nicht der Versuchung, immer den Alleskönner zu „geben." Gesteh Fehler oder Unwissen ein, wenn du selbst etwas „falsch" gemacht hast oder nicht weißt. Mach das mit einem Lachen. Dein Kind wird von Anfang an wissen, dass Nichtwissen keine Schande ist, dass man da-

rüber lachen und sich „auf die Schippe" nehmen kann und im Folgenden versuchen darf, es besser zu machen oder sich das fehlende Wissen anzueignen.
Wenn du dies als Vater beherzigst, wirst du nie in die verzweifelte Lage kommen, vorhandenes Nichtwissen durch nichtssagende Sprüche zu übertünchen oder Fehlerhaftes von dir zu geben, was du eventuell später korrigieren musst. Lebe deinem Kind vor, dass man mit Wissen so umgeht: wir lernen durch imitieren, ausprobieren, Erzählungen lauschen, miteinander reden, Erfahrungen austauschen, durch Bücher und Filme.
Zeig deinem Kind, dass man immer dazulernen kann. Sei selber wissgierig, geistig und körperlich beweglich so wie früher, als du ein Junge warst. Tausch dich mit dem Kind aus. Erzähle ihm, was du denkst und fühlst. Mach ihm vor, wie man Gefühle ausspricht. Beweise ihm, dass man mit dir über alles reden kann. Hüte dich vor Sprüchen und Sätzen, die „man so sagt." Früher waren das Aussprüche wie:
„Ein Indianer kennt keinen Schmerz. Reiß dich zusammen. Stell dich nicht an. Reden ist Silber, Schweigen ist Gold. Du hast zwei linke Hände. Ganz der Vater. Ganz die Mutter. Aus dir wird nie was. Du hast mich enttäuscht. Du bist dumm wie Stroh. Nimm dir ein Beispiel an deinem Bruder/an deiner Schwester. Früher hättest du das nie getan. Ich verstehe dich nicht. Du bist ein Buch mit sieben Siegeln. Mach den Mund auf. Spuck es endlich aus. Halt die Klappe! Wenn man so blöd

ist wie du, wird man es nicht weit bringen. Siehst du! Hab ich doch gleich gesagt. Hättest du mal auf mich gehört."

In ländlichen Gegenden kommen noch die uralten Volksweisheiten dazu, die einerseits stimmen, andererseits die Kinder aber „nerven" und das Gegenteil vom Erwünschten bringen können: „Es ist noch kein Meister vom Himmel gefallen. Ohne Fleiß keinen Preis. Schuster, bleib bei deinen Leisten."

Wenn du deinem Kind Disziplin und Freude an der Arbeit vorlebst, sind diese Sprüche überflüssig. Im günstigen Falle wird das Kind lachen, im ungünstigen opponieren und sich aufregen, weil es dich, den Vater und Helden, doch schon nach besten Kräften nachahmt.

Es gibt andere Sprüche: „Wie man in den Wald ruft, so schallt es heraus." Und: „Wer andern eine Grube gräbt, fällt selbst hinein."

Diese Sprüche werden kaum noch gebraucht, enthalten aber so viel Wahrheit, dass ich hier kurz darauf eingehen will: Was wir sind, wird vom anderen wahr-genommen. Wir kommunizieren unaufhörlich. Nicht nur durch Worte, Gesten und Blicke, sondern durch Gedanken und Gefühle. All das wird ständig mit-ge-teilt. Wir teilen die Gefühle und Gedanken desjenigen, der neben oder vor uns steht oder intensiv an uns denkt. Warum? Weil wir aus Schwingungen bestehen und diese Schwingungen einander durchdringen. Da sie Botschaften enthalten, werden sie von uns unbewusst entziffert. Je erfahrener ein Mensch im Umgang mit dem Entziffern nonverbaler Botschaften ist, desto weniger irrt er sich; je unerfahrener, desto mehr Missverständnisse kommen vor.

Deshalb ist der Spruch vom Wald nicht nur so zu verstehen, dass wir mit erhobener Stimme rufen. Wir können auch mental rufen. Wer zum Beispiel innerlich um Hilfe ruft, wird nur von demjenigen gehört, der so etwas zu hören imstande ist. Der Spruch meint folgende spezifische Situation: Wenn ich mich den Mitmenschen gegenüber freundlich verhalte, verhalten sie sich mir gegenüber auch freundlich. Wenn ich unfreundlich bin, kommt postwendend Unfreundlichkeit zurück. Es handelt sich also nicht nur um ein Rufen, sondern auch um ein Verhalten und, das ist sehr wichtig, um ein Denken und Fühlen. Wenn ich mich nämlich scheinbar freundlich zeige, von der Person, die ich gerade anlächle aber nichts halte und sie vielleicht sogar verabscheue, wird diese Person das spüren und darauf auf derselben Ebene reagieren. Man nennt dies: Falsch sein. Ich tue so, als sei ich gut, freundlich und wohlwollend und bin in Wirklichkeit das Gegenteil. Ich mache mich lustig über die Person, die ich anlächle und finde sie „abgrundtief dämlich" oder mag sie ganz und gar nicht.

Das falsche Lächeln wird von nahezu jedem erkannt. Nur die „Naiven", Gutmeinenden fallen darauf herein, weil sie von sich ausgehen und nie etwas Böses von jemandem annehmen oder über ihn denken würden. Der Naive wird zu Unrecht gescholten und lächerlich gemacht. Er/sie ist rein und noch nicht an das Böse, Zwiespältige, Hinterlistige gewöhnt und muss erst „dazulernen", um sich schützen zu können. Insofern könnte man Christus auch naiv nennen. Er ist es aber deshalb nicht, weil er im Unterschied zu den Unerfahrenen das Böse kennt und sieht und die Menschen trotzdem liebt. Er ist ein Naiver nur in dem Sinne, dass er rein bleibt und sich nicht davon abbringen lässt.

Lebe deinem Kind als Vater vor, wie man nicht nur gut von anderen spricht sondern auch denkt. Löse dich von der Kritik als Mittel der Selbstdarstellung und –aufwertung. Ich werde kein besserer Mensch, indem ich einen anderen kritisiere. Ich werde nur ein besserer Mensch, wenn ich mich bessere. Bessern heißt: Respektvoll mit mir und den Menschen um mich herum umgehen, seine Andersartigkeit tolerieren, davon ausgehen, dass jeder in seinem Universum lebt und sich von dort aus gesehen logisch verhält. Zeige deinem Kind, wie es sich selbst erkennen und seine eigene Position finden kann. Es wird dann auch fähig sein, die Position anderer zu verstehen und darauf angemessen zu reagieren. Wer sich nicht kennt und mag, wird aus dieser Ablehnung heraus um sich schlagen – mit Worten und Taten oder mit Schweigen, Abkehr, Rückzug.

Lebe deinem Kind vor, anderen nicht bewusst zu schaden. Beobachte im Nachhinein dein eigenes Leben. Analysiere, wann du jemandem absichtlich geschadet hast und was sich für dich daraus ergeben hat. Du wirst erkennen, dass alles zu uns zurückkommt. Nichts bleibt ungesühnt. Das ist nicht im Sinne von Bestrafung zu sehen, sondern im Sinne einer energetischen Gesetzmäßigkeit: Alles hat seine Folgen und alles, was wir aussenden, kommt zu uns zurück.

Kinder begreifen dies sehr schnell, weil sie aus dem Reich der Liebe und des Lichts stammen. Sie tun sich eher schwer damit, das System der Nichtliebe zu begreifen und umzusetzen. Die einen lernen schneller die Gesetze des Egoismus', die anderen langsamer, einige lernen sie nie. Diese werden vielleicht von der Gesellschaft zunächst nicht verstanden und dann aber vielleicht hoch verehrt. Bis dahin muss jedes dieser „Kinder" aber eine große Selbstsicherheit erlangt haben, um sich nicht von der allgemeinen Lieblosigkeit beeinflussen zu lassen.

VERBOTE

Verbote sind schmerzlos, wenn sie sinnhaft sind.
Nur sinnlose Verbote tun weh.

Viele von uns wurden mit vielen Verboten „groß." Dies ist ein Widerspruch in sich selbst. Wenn wir nicht selber ausprobieren dürfen, was Leben bedeutet und immer wieder zurückgehalten werden, etwas zu tun, was uns interessiert, können wir innerlich nicht wachsen. Im Gegenteil: Man bekommt uns klein, und dann machen wir uns selber klein und geraten eher in Gefahr, als wenn wir innerlich hätten wachsen und wirklich groß werden dürfen. Verbote werden oft zu unserem Schutz ausgesprochen.

Die Botschaft des Verbots ist ein sich Querstellen zu dem, was jemand will. Geschieht dies nicht nur aus purer Tyrannei, sondern in wohlmeinender Absicht und als Bote der Sinnhaftigkeit, wird das Verbot vom Zurückgehaltenen etwas weicher wahrgenommen. Und doch muss man sich auf Elternseite Verbote gut überlegt haben und sollte nicht übertreiben. Wenn ich als Mutter oder Vater ein Verbot ausspreche, muss es „Hand und Fuß" haben, darf also nicht „hinken." Und sage ich „nein", lasse es dann aber doch zu, dass das Kind sich über das Verbot hinwegsetzt, muss ich damit rechnen, dass es beim nächsten „Nein" auch nicht in meinem Sinne reagiert.

Kleine Kinder sind noch unerfahren und geraten, sobald sie mobil werden, in für sie unüberblickbare Gefahren. Sie können aus dem Kinderstuhl oder von der Treppe kippen, etwas Giftiges oder Ungenießbares in sich hineinstopfen, mit Glastüren kollidieren, von schweren oder spitzen Gegenständen, an denen sie ziehen und mit denen sie hantieren, verwundet werden, sich an Kerzenflammen verbrennen oder mit kochendem Wasser verbrühen. Die Gefahrenliste ist schier unendlich.

Deshalb ist es wichtig, das kleine Kind dezent zu begleiten, wenn es auf Entdeckungstour geht. Hier wird wieder einmal deutlich, wie wichtig der Faktor Zeit im Zusammenhang mit Elternschaft ist. Hat die Mutter, der Vater oder die Bezugsperson Zeit, kann das Kind gefahrlos experimentieren. Nähert es sich einer Gefahrenquelle, geht man in die Hocke oder krabbelt auf allen Vieren zu dem Kind und sagt ganz ruhig: „Nein. Aua."

Das Kind hält dann inne und schaut erstaunt. Wenn es seinen Weg fortsetzt, müssen wir insistieren und wiederholen: „Nein, aua." Womöglich müssen wir es schließlich auf den Arm nehmen und von der Gefahrenquelle wegtragen, weil es noch zu klein ist, um zu begreifen, worin die Gefahr liegt. Es wird sich aber merken, dass sein Bewegungsfluss immer dort ins Stocken gerät, wo die Information: „Nein, aua" gegeben wird.

Es ist also ungemein wichtig, dass wir nicht jeden Blumentopf und jeden scharfkantigen Grashalm mit dem „Nein, aua" koppeln. Nur wenn aus Sicht des Erwachsenen echte Verletzungsgefahr besteht, sollte man darauf zurückkommen. Denn sonst entsteht im Bewusstsein des Kindes das Bild einer unglaublich gefährlichen Welt, in der man kaum unverletzt ein Knie vor das andere setzen kann. Deshalb ist es auch wichtig, in normalen Situationen der Lebensforschung ruhig zu bleiben und nicht panisch zu schreien oder rufen, sobald das Kind im Begriff ist, irgendetwas zu tun, was gefährlich werden könnte. Ruhe im Angesicht der Krise ist gleichzeitig die Befriedung der Krise und gibt Raum für Erklärungen oder sanfte Korrekturen. Nur in Extremsituationen werden wir schnell reagieren müssen und können uns nicht um Ruhe und Gelassenheit kümmern.

Einem älteren Kind kann man zunehmend erklären, warum etwas gefährlich ist und wie man die Gefahr umgehen kann oder mit ihr umgehen lernt. Wenn es fragt, warum etwas gefährlich ist, sollte man nie sagen: „Weil ich es so sage", sondern: „Es ist gefährlich, weil..." Und dann muss unbedingt eine logische und fundierte Erklärung folgen. Man kann sie kindgerecht vereinfachen, sie muss aber logisch und sachlich richtig sein. Wir sollen unsere Kinder ernst nehmen und sie respektieren, indem wir ihnen die Wahrheit sagen, die logischen Zusammenhänge erklären und ihren Geist füttern.

Die ängstliche Frage, ob etwas erlaubt sei oder nicht, klingt in vielen von uns nach. Doch unsere Vorfahren waren noch viel häufiger mit Ver- und Geboten konfrontiert. Dass sich aus einer Politik der Unfreiheit Menschen entwickelten, die befehlshörig waren, ist bekannt. Das Bild des guten

Landesvaters, des Fürsten und Königs korrespondierte mit dem väterlichen Bild des lieben Gottes. Ein guter König besaß väterliche Eigenschaften und sorgte für sein Volk. Er und seine Berater trafen die Entscheidungen aus ihrer höheren Sicht und verordneten sie den „Kindern."

Für einen Teil der Bevölkerung war das sicher eine gute Idee, denn ohne Bildung (Geistes- und Herzensbildung) funktioniert eine Demokratie eben auch nicht. Für Wähler, die aus eigennützigen Gründen wählen, oder, wie kürzlich in Österreich geschehen, einen Kandidaten bevorzugen, weil sie ihn mit dem Besitzer einer „angesagten" Billigmarktkette verwechselt haben, ist ein guter König sicher besser. Denn wie wollen Kurz- und Fehlsichtige entscheiden können, was langfristig gut für sie und das Land ist? Für sie ist es zunächst besser, gesagt zu bekommen: „Tu dies, tu das", damit kein Chaos ausbricht, um dann für mehr Geistes- und Herzensbildung zu sorgen. (Wie man unschwer erkennt, sagt sich dies leicht und lässt sich schwer für alle verwirklichen, zumal nicht jeder diese Bildung anstrebt).

Für den anderen Teil der Bevölkerung sind die Befehle: „Tu dies, tu das" verheerend. Sie sind entmündigt und zu Marionetten degradiert, oft ohne es zu bemerken. Die Prägungsmaschinerie der Jugendlichen im Dritten Reich leistete ganze Arbeit. Aber auch der erste Weltkrieg war gut von den Autoritäten vorbereitet worden. Der Krieg wurde glorifiziert, die jungen Männer für ihn immer wieder neu begeistert. Die Jungen spielten mit Zinnsoldaten. Man widersprach nicht oder wenn, dann hinter vorgehaltener Hand, denn es drohte bei „politischer Agitation" die Inhaftierung. Zwischen dem ersten und zweiten Weltkrieg brach Chaos aus. Den „goldenen zwanziger Jahren" folgte die Anarchie der Weimarer Republik. Demokratie wurde geprobt und artete in Straßenkämpfe zwischen rechts und links aus. Es entstanden neben den größeren viele kleine Parteien mit kleinen, begrenzten und nicht immer scharfsichtigen Programmen. Der Ruf nach dem „starken Mann", der den Leuten „endlich mal wieder sagt, wo es langgeht", ist dann sogar nachvollziehbar.

Auch Kaiser Wilhelm hatte durch die Beamten und das Militär den Leuten gesagt, wo es langging. Zur Gründung des deutschen Kaiserreichs hatte der eiserne Kanzler Otto von Bismarck entscheidend beigetragen. Er war glühender Politiker und Anhänger der Monarchie. Politik war immer möglich, denn ein Fürst, König oder Kaiser kann ja nicht allein regieren. Politik wurde vorwiegend von Männern gemacht und beinhaltete stets die militärische, soldatische Note. Nur Befehlshörige sind gute Soldaten. Und nur mithilfe der Soldaten sind die Kriege möglich. Und nur die Soldaten können uns schützen, falls wir von Soldaten angegriffen werden. Eine irdische Wahrheit. Bitter. Befände sich jeder von uns im Christus-Zustand, müsste das keine Wahrheit oder besser: Notwendigkeit sein.

Ältere Menschen wundern sich immer wieder,

wenn man ihnen sagt: „Du musst das nicht tun. Du bist ein freier Mensch." Sie sind anders aufgewachsen. Man sagte den Kindern, was sie tun mussten, und sie taten es. Wenn sie es nicht taten, wurden sie mit Prügeln oder anderen drakonischen Maßnahmen bestraft und gefügig gemacht. Mein Vater wurde zur Disziplinierung mitsamt seinem Bruder in die zwei Fächer einer Kommode geschoben. Dann wurde abgeschlossen, und die beiden, mussten, je nach Tragweite der Vergehen, stundenlang dort „schmoren." Der Älteste, der dann als Soldat mit 19 in Russland starb, wurde von seinem Vater mit nächtlichen Aufenthalten im kalten, dunklen Kohlenkeller reglementiert. Wer den hervorragenden Film „Das weiße Band" gesehen hat, weiß, wie es damals zuging. Solcherart abgehärtet konnten Menschen dann Kriegsverbrechen begehen, weil diese befohlen worden waren.

Mein Vater sah kürzlich den Film „Der Pianist", den ich ihm geschickt hatte. Er sagte: „Dieser Film enthält die Wahrheit. Es ist ein schrecklicher Film, aber auch ein schrecklich guter Film. Ich erinnere mich: viele waren hart und gefühllos. Das waren aber nicht die normalen Soldaten der Wehrmacht, sondern Nazis in grauen Uniformen. Die wurden zu Strafaktionen und bei der Judenvernichtung gezielt eingeschleust und verbreiteten Angst bei den deutschen Soldaten. Wer sich mildtätig zeigte, wurde verhaftet."

Die Angst, sich einem Verbot zu widersetzen, war begründet. Sie konnte zum Tod führen.

Oder zu Folter und vielleicht jahrezehntelanger Gefangenschaft, womöglich Sanktionen gegen die Familie. Niemand wusste, wie lange sich die Nazis an der Macht halten würden. Diese Angst sitzt allen noch in den Knochen. Es ist also nicht nur die „normale" Angst, dass dem aktuellen Kind etwas Konkretes geschehen könnte, die uns Verbote schnell aussprechen lässt, sondern die kollektive erinnerte Angst, die Verbote anstößt, damit „ja nichts Falsches" getan wird, was Schreckliches zur Folge haben könnte.

Befehle – den „Achtundsechzigern" waren sie ein Gräuel. Sie traten an, die alten, verstaubten Autoritäten zu kippen. Das ist ihnen gelungen, wenn auch mit Nebenwirkungen. Immerhin: Erziehung wird heute nicht mehr „eingebläut" (vom mittelhochdeutschen „bliuwen" – schlagen). Die Kinder in den Schulen werden ermutigt, Fehler zu machen. „Hab keine Angst", wird ihnen versprochen, „ich lache dich nicht aus. Was kann schon passieren, wenn du etwas Falsches sagst? Du kannst dann lernen, wie es richtig geht."

Das ist schön. Und dennoch bleibt es ein langer Weg aus der Kollektivprägung: Bloß nichts Falsches sagen oder tun!

FRAGEN

*Ich will dir kein Loch in den Bauch fragen,
ich will nur wissen, was die Welt zusammenhält.*

Je älter das Kind wird, desto empfänglicher ist es für Erklärungen. Sein Geist wird immer reger und verlangt nach Nahrung. „Warum ist dies so und nicht anders? Wie funktioniert es und warum? Wer hat sich das ausgedacht? Ist das immer so? Warum nicht? Warum doch?" Diese Fragen sind extrem wichtig. Und die Antworten darauf ebenfalls.
Kinder brauchen Logik. Sie brauchen und lieben zwar auch Geschichten, müssen aber wissen, dass sie sich auf uns verlassen können, wenn sie eine „echte" Information über die reale Welt haben wollen. Wenn wir dann zu verspielt und lustig antworten, werden wir das Kind verärgern, entmutigen oder kränken. Wir sollten auch nichts erfinden, wenn wir die Antwort selber nicht kennen. Machen wir unseren Kindern etwas vor, werden sie es früher oder später merken und es uns vorwerfen. Also keine Scheu vor echten Antworten auf echte Fragen oder dem Satz: „Das weiß ich leider selber nicht. Wir schauen mal nach, wo wir sie finden können."
Wir sollten nie ungeduldig werden und das Kind abspeisen, weil wir keine Zeit haben. Wir sollten uns immer Zeit nehmen können, um uns dem Kind zuzuwenden und ihm Antworten zu geben. Wir können ihm auch sagen:

„Ich habe jetzt keine Zeit dazu, aber später werde ich es dir erklären."
Sollten auf Endlosfragereien gereizte Elternreaktionen erfolgen, ist das normal. Natürlich sind diese nicht wünschenswert, aber es ist verständlich, wenn eine Mutter bepackt mit Einkaufstüten, das Baby auf der Hüfte, das ältere Kind am Rockzipfel, den Türschlüssel zwischen den Zähnen und unter Zeitdruck, weil sie kochen muss, eventuell gereizt reagiert, wenn das Kind fragt: „Mama, warum fliegen die Vögel und die Menschen nicht? Warum fahren die Autos von alleine, und warum muss man Fahrräder treten? Und warum fressen Vögel Würmer und Kühe Gras? Und warum...?"
Sie sollte dann tief durchatmen, den Schlüssel aus dem Mund nehmen, die Tüten auf die Matte gleiten lassen, das Baby festhalten und zum Kind sagen: „Das erkläre ich dir später. Jetzt kochen wir erst einmal etwas Leckeres, und dann besprechen wir das ganz in Ruhe. Mal doch deine Fragen schon mal auf, damit wir nichts davon vergessen."
Na? Wird das Herz warm dabei? Fühlt man, dass diese Reaktion richtig ist? Ja. Man fühlt es. Alles, was man dazu braucht ist: Zeit, Geduld und Liebe.
Je größer das Kind wird, desto mehr Fragen werden sich ergeben. Wir sollten streng darauf achten, nichts zu behaupten. Was wir nicht wirklich wissen, sollten wir erst selber nachschauen, um dann die Antwort korrekt geben zu können.
Wir können beim kleinen Kind bildlicher sprechen als beim großen, doch im Endeffekt

bleiben wir alle immer Kinder und haben nichts dagegen, anschauliche, bilderreiche Antworten zu bekommen. Die Bilder müssen nur stimmig sein.

Es ist zu beobachten, dass aufwachsende Kinder mit der Zeit immer weniger Fragen stellen. Das scheint nur ein Widerspruch zu sein. Denn sie wollen nicht weniger wissen, je größer sie werden, sondern mehr. Doch die Kinder merken, dass man sich mit Fragen auch lächerlich machen kann. Man zeigt damit Unwissenheit. Und Unwissenheit hat einen schlechten Stand in unserer Gesellschaft. Das hängt natürlich zum einen damit zusammen, dass Bildung von uns allen sehr hoch eingeschätzt wird und zusätzlich eine gute, finanziell abgesicherte Zukunft verspricht. Ein gebildeter Mensch wird zudem hoch geachtet, denn es wird anerkannt, dass Geistesleistungen nicht so ohne weiteres von jedem erbracht werden können. Es gehört Eifer und Disziplin zur Bildung, Eigenschaften, die nicht jeder aufbringen kann, auch wenn es erwünscht ist.

Oft ist auch ein seltsames Verhalten bei gut situierten und gebildeten Eltern zu beobachten, die ihren Kindern spontan die Bildung verwehren. Man stelle sich eine Stunde lang auf den Veroneser Burghügel und beobachte Elternverhalten. Wie oft wird Kindern verwehrt, durch das Fernrohr auf die Stadt zu blicken, nur weil es einen Euro kostet! Wie oft habe ich auch in Deutschland gesehen, wie Mütter ihre Kinder von dem

Buch wegziehen, dass diese haben wollen und ihnen stattdessen ein Eis versprechen. Weil das günstiger ist und obwohl es eindeutig schädlicher ist als ein Buch?

Die Schattenseite der Bildungsverehrung ist die Arroganz gegenüber denjenigen, die weniger wissen. Stellt man eine Frage, gibt man zu, dass man etwas nicht weiß. Oh Gott! Das ist gefährlich und gilt, vermieden zu werden. Entweder stellt man sich also wissend und nickt vielsagend in der Hoffnung, man werde zum Thema nicht weiter befragt oder schweigt und mimt Interesselosigkeit, wo doch eigentlich größtes Interesse besteht!

In den Familien kann dieser Mißstand schon häufig vorkommen. Die Mutter wird vielleicht vom Vater für Unwissenheit in einem oder mehreren Fällen ausgelacht (oder umgekehrt), das älteste Kind von der Mutter oder dem Vater, das jüngere Kind vom älteren, der Nachbarsjunge vom jüngsten Kind und so weiter. Hier beginnt schon das Spiel von Gesichtswahrung und Gesichtsverlust, Konkurrenz und gegeneinander Ausspielen, Positionsgerangel und „Kulturkampf."

In der Schule wird dieses Verhalten dann leider weiter „kultiviert." Die Lehrer sind inzwischen gar nicht mehr die großen „Bösewichte."

Früher schon. Da stellten die Unfähigen unter ihnen die Schüler, die die Antworten nicht wussten, in die Ecke, verabreichten ihnen Kopfnüsse, demütigten sie durch Schläge oder ironische bis zynische Bemerkungen. Heutzutage ermutigen sie die Schüler meistens zu Fragen und kritischer Auseinandersetzung, (wobei ein Schüler sich nur mit etwas kritisch auseinandersetzen sollte, wenn er sich in der Materie auskennt). Doch oft lassen inzwischen die Schüler die gute Leistung eines Mitschülers nicht zu, ohne ironische Bemerkungen zu machen. Der wissbegierige Fragensteller gilt nämlich ganz schnell als Streber. Er kann sich dann aussuchen, ob er die soziale Ausgrenzung wählt oder das Wissen.

DIE CLIQUENBILDUNG

*„Was du machst, mach' ich noch lange nicht.
Es sei denn, es passt zu mir." Das schwarze Schaf*

Hier kommen wir zum Herdentrieb des Menschen. Der Mensch liebt es nicht, allein zu sein. Der erste Schock, nämlich die Trennung von der Mutter durch Geburt und Abnabelung, sitzt uns allen in den Knochen. Dazu kommt das archaische Wissen, dass man in der Gruppe geschützter ist als alleine. Betrachtet man Naturfilme, so sieht man vor jagenden Löwinnen fliehende Antilopenherden, die versuchen, zusammen zu bleiben und nur ja keine Lücke zu öffnen. Die Jäger indes streben genau dies an und versuchen, ein Tier aus der Herde zu isolieren, um es niederreißen zu können.

Unser Unterbewusstsein weiß das noch aus alten Zeiten. Deshalb neigt der Mensch im Allgemeinen zur Cliquenbildung. Da er zivilisiert und keine Antilope ist, bedeutet für ihn die Clique eine Art zweite Familie, der es sich anzupassen gilt. Für manche ist die Clique sogar viel wichtiger als die Familie, wenn es dort gar nicht gelungen ist, ein Heimat- und Schutzgefühl aufzubauen. Doch auch in ganz „normalen" Familien wachsen die Kinder mit dem Bedürfnis auf, zu einer Gruppe dazuzugehören. Der Einzelgänger war schon immer eine „uncoole" Position und wird von den Ausgegrenzten als Schmach und Unglück empfunden. (Ich spreche hier nicht von den passionierten Einzelgängern, die sich in Gruppen unwohl, mangelhaft repräsentiert oder in ihrer Eigenart und Freiheit behindert fühlen).

Die Clique fordert viel und gibt viel. Sie fordert Anpassung, Harmonie, Zusammenhalt, Zeit und größtmögliche Angleichung im Verhalten, der Kleidung, der Meinung, der Kommunikationsformen. Sie gibt dafür Sicherheit, Rückhalt, Interesse und vermeintliche oder echte Wärme. Sie reagiert empfindlich auf Kritik, eigene Meinung, eigenen Stil. Letzteres wird durch Klatsch und Tratsch, lächerlich Machen, Hintergehen des einen durch den anderen und im schlimmsten Falle Abkehr und Isolation abgestraft. Je höher entwickelt eine Clique ist, desto freier dürfen die Einzelwesen sich verhalten. Je weniger entwickelt sie ist, desto archaischer sind die Anpassungsregeln und -forderungen. Cliquen mit extremem Verhaltenskodex beruhen auf Unreife, Wut, Herrschsucht, Projektion, Arroganz – also auf der Basis der mangelnden Selbstliebe der Cliquenanführer.

Wann in der Clique etwas cool oder uncool ist, bestimmen diejenigen, die sich als Anführer begreifen. Ob jemand, der etwas weiß oder wissen will, in seiner Clique angesehen ist oder deswegen lächerlich gemacht wird, hängt mit dem Grad des Selbstbewusstseins der führenden Mitglieder zusammen. Oft werden Kinder und Jugendliche wirklich bewundert für mathematisches oder sprachliches Können, für ihre künstlerischen Fähigkeiten oder Ähnliches.

Jemand, der gut Gitarre spielen und singen kann, besitzt einen hohen Status. Zeichnerische Künste werden geschätzt, Tänzer, Redner, Komiker, aber auch Computerkenntnisse und alles, was „clever" wirkt. Es darf eben nicht etwas sein, wofür der Könner schon durch Erwachsene wie Eltern oder Lehrer öffentlich gelobt wurde. Wichtig bei der Anerkennung ist nicht mehr der Lehrer, sondern die Clique. Es ist aber noch komplizierter:
Eine Schülerin, die immer Einser schreibt, ist nicht unbedingt Königin der Clique, nur weil der Lehrer sie nicht öffentlich gelobt hat. Es spielt eine große Rolle, wie sie selber ihre Leistung beurteilt und ob sie sie glaubhaft herunterspielen kann oder nicht. Wenn rumänische, russische oder chinesische Bewunderer unserer Kultur nach Deutschland kommen, sind sie oft bass erstaunt über die Geringschätzung, mit der wir uns selbst in Bezug auf Wissen und Bildung begegnen. Dass ein Film wie „Fack ju Göthe" (war ganz schön schwer zu schreiben) nicht nur Schüler, sondern auch Lehrer in Begeisterungsstürme versetzt, ist ein trauriges Symptom für diesen Zustand. Die Macht politischer Überzeugungen hat hier zugeschlagen und die typische Cliquen-Gleichmacherei verordnet. Wir sollen Goethe ficken? Wirklich? Warum? Sollten wir nicht vielmehr stolz auf ihn sein? Ach, das ist ein lustiger Film. Ich hatte das gar nicht als lustig erkannt. Vielleicht weil der Humor fehlt?
Es wird also von Anfang an wichtig sein, das Kind selbstsicher werden zu lassen, damit es in

der Welt der Cliquen seine eigene Position und Meinung entwickeln kann und sich nicht aus Unsicherheit und Sehnsucht allem anpasst, was gefordert wird. Eine Gruppe von Freunden kann wirklich hilfreich und schön sein, aber nur, wenn jeder Einzelne einen Stellenwert in der Gruppe besitzt und nicht von den anderen unterjocht wird. Es muss auch möglich sein, unterschiedliche Meinungen zu vertreten und trotzdem oder gerade deswegen befreundet zu sein.

Cliquen können also etwas Gutes oder Schlechtes sein. Wir wissen, dass es sie gibt und dass sie nicht nur in unserem eigenen Leben eine größere oder kleinere Rolle gespielt haben oder noch spielen, sondern auch im Leben unserer Kinder. Wir als Eltern können unsere Kinder ganz ruhig bei diesen Entwicklungen begleiten. Und selbst wenn sie sich einer Gruppe eng anschließen und sich über diese Gruppe definieren, so dürfen wir davon ausgehen, dass dies ein vorübergehender Entwicklungsschritt sein wird. Es sei denn, wir haben sie von uns weg und in die Clique hineingetrieben.

Ist das der Fall, können wir uns selbst überprüfen und uns fragen, was wir richtig und was wir falsch gemacht haben. Woher wissen wir das eigentlich immer so genau? Weil wir ein Ge-Wissen haben. Dieses Gewissen sagt uns, was sich richtig und was sich falsch anfühlt. Es ist derselbe Temperaturmesser, der uns in Filmen sagt, wann wir vor Rührung weinen sollen. Wir weinen, wenn etwas unser Herz berührt. Was berührt unser Herz? Liebe. Und nicht nur romantische Liebe in Form von Liebesfilmen, sondern alle Filme, in denen Menschen liebevoll und somit richtig handeln. Wir sehen ihnen dabei zu, wie sie sich irren, Fehler machen, Unrecht begehen, sich unlogisch oder unmenschlich verhalten, um dann zu erkennen, dass sie sich geirrt haben und daraufhin triumphal zur Liebe zurückkehren. Manchmal müssen sie dabei auf das eine verzichten, das sie als wünschenswert hielten, gewinnen aber dafür etwas anderes, womit sie nicht gerechnet haben. Es geht dabei um die Wiedereinsetzung folgender Eigenschaften: Weisheit, Humor, Wärme und die daraus resultierende richtige Wahl. Das sind Entwicklungsverläufe, mit denen wir uns identifizieren. Wir verstehen, dass wir alle nur das eine wollen und manchmal einfach zu verblendet, ver-zogen, ver-rückt, unsicher, wütend, herzensdumm sind, um das Naheliegende zu tun oder sagen.

STRESS

Immer mit der Ruhe.
Morgen ist auch noch ein Tag.

Stress hat im Erziehungsprozess nichts zu suchen. Auch als Vorbildfunktion taugt er nicht. Wir haben das Wort aus dem Englischen übernommen, wahrscheinlich weil es lautmalerisch noch besser die Schärfe in Verbindung mit dem Druck darstellen kann, den er bei uns auslöst. In früheren Zeiten bedeutete Stress für uns: Ein Löwe will uns fressen, ein feindlicher Stamm will uns überfallen und töten, eine Naturkatastrophe will uns vom Erdboden tilgen. Wir haben deshalb in unserem Körperbewusstsein folgenden Mechanismus eingebaut: Ich habe Stress? Sofort Gehirn abschalten und zu körperlicher Höchstform auflaufen! Und dann: Rennen!!!
Üben wir also Stress/Druck im Examen auf uns aus, könnten wir theoretisch allen Prüfern sofort davonlaufen. Leider wird dies von ihnen nicht gewertschätzt. Stattdessen wollen sie Gehirnleistung sehen, die aber gerade herunter- oder gar ganz abgeschaltet ist; und das, obwohl kein Löwe oder feindlicher Krieger hinter uns herrast. Das sind die Prüfungen, die nicht gut ausgehen.
Stress bedeutet im Allgemeinen Zeitmangel, Überforderung oder beides zugleich. Zeitmangel in Verbindung mit Kindern kann viele Ursachen haben. Zum Beispiel: Ich habe keine Zeit, weil

ich zu viel zu tun habe. Entweder fordert mich Muttersein, Haus/Wohnung und Garten/Balkon und oder es fordert mich Muttersein, Haus/Wohnung, Garten/Balkon und Beruf. (Zum Balkon: Er ist nicht als Diffamierung einer schlappen Frau gemeint, die sich vom Balkon überfordert fühlt. Aber es haben eben nicht alle einen eigenen Garten, und ein schöner Balkon will auch gepflegt sein – siehe Veroneser Schlingpflanzenpracht-Paradiesbalkone.)

Außerdem: Egal, ob ich objektiv gesehen überfordert bin oder nicht – für unser System ist allein ausschlaggebend, wie wir unsere Situation einschätzen. Ich kann mich durch wenig oder viel überfordert fühlen. Wenn mich allerdings schon wenig überfordert, gibt es eine Vorgeschichte, einen Druck, der schon sehr lange auf mich ausgeübt wurde und den ich jetzt nicht mehr oder nicht mehr lange aushalten kann.

Wenn mein System von meiner Kommandozentrale den Satz zugespielt bekommt:

„Ich kann nicht mehr! Mir wird alles zu viel!", schaltet es die meisten Funktionen ab. Denn es wertet jeden Satz, den wir denken oder laut an uns selber richten als Auftrag. Das System versteht also: „Maschinen stopp!"

Daraufhin erfolgt logischerweise ein sofortiger Kräfteabfall, der den Satz, den ich gedacht habe, bestätigt und untermauert.

„Ich kann nicht mehr", ist dann Programm.

Alles, was jetzt von mir verlangt wird, ist unmöglich auszuführen. Stressgedanken können

uns komplett lähmen. Meistens halten wir uns allerdings in einem Zwischenbereich auf. Wir sagen uns: „Mir ist das alles zu viel, aber ich muss ja weitermachen."
Das System reagiert mit gedrosselter Kraft, bricht aber nicht zusammen.
Sage ich mir allerdings: „Ich bin voller Kraft und habe Spaß an dem, was ich tue!" fährt das System hoch und stellt so viel Kraft wie möglich zur Verfügung.
An meinem Arbeitsaufkommen hat sich bis jetzt noch nichts geändert. Es ist gleich geblieben, doch die Kraft, die mein System mir zur Verfügung stellt, ist an das jeweilige Kommando angepasst und unterschiedlich dosiert. Aufbauende Sätze sind somit keine rosa Tünche, die wir auf alles Negative und Gemeine fingerbreit schmieren, damit die hässliche Wahrheit unserer Unfähigkeit oder der Fehlkonstruktion unseres Planeten samt Bewohnern bloß nicht durchschimmert, sondern sie sind Kraftquellen. Je nach Kommando kann ich die Energierichtung vorgeben. Was will ich haben? Ich kann es mir aussuchen! Die Fee, die mir Wünsche erfüllt, wohnt nämlich in meinem Kopf! Sie wohnt in jedem Kopf eines jeden Menschen. Und – das ist die noch bessere Nachricht: Wir bekommen nicht nur drei, sondern unendlich viele Wünsche erfüllt. Wir müssen sie nur zielgerichtet genug denken und dürfen zwei Dinge nicht tun: 1) zweifeln und 2) sich ängstigen. Diese beiden Gefühlsregungen samt Gedankenzustrom sind strengstens verboten! Denn sie wir-

ken wie Sand im Getriebe oder Felsblöcke auf der Autobahn, um die man immer wieder im Schneckentempo herumfahren muss.

Ich bin jetzt also Mutter und habe, sagen wir drei Kinder, davon eins im Säuglingsalter, bin verantwortlich für Haus und Hof (eine Variante zum Garten und Balkon), das mittelalte Kind muss zur Früherziehung in die Musikschule und das Älteste will zur Freundin ins nächste Dorf. Das Baby schreit, weil es zahnt, und die Wäsche muss gewaschen werden. Außerdem verdrecken die Bücher im Regal und müssten dringend abgestaubt werden. Meinen Französischkurs habe ich schon sausen lassen müssen, aber jetzt droht auch der Kinoabend mit meinen Freundinnen wegzusacken, weil ich noch saugen muss, neue Bettwäsche aufziehen und die Erdbeeren zu Marmelade verarbeiten, weil sie sonst vergammeln.

Reicht das oder sollen wir noch eine Schippe draufgeben? Nein, es reicht. Das ist ein normaler Tag im Leben einer Mutter (oder der jeweiligen Erziehungsperson).

Alles kommt jetzt darauf an, wie ich das in meinem Gehirn sortiere. Die meisten Mütter oder Väter würden sagen: Es gibt gute und schlechte Tage. Das bedeutet aber für die Kinder: Mal ist Mama oder Papa gut gelaunt und mal schlecht. Mal kann man mit ihnen lachen, Spaß haben, lernen, fragen, improvisieren und ein andermal kann man das alles nicht, weil man angeschnauzt und zu Ruhe und Disziplin angehalten wird.

Wenn wir ein für allemal im Gehirn installieren: „Ich bin gerne Mutter. Ich bin gerne Vater. Ich bin gerne für alle da. Es macht mir Spaß, alles am Laufen zu halten. Ich fühle mich nützlich. Meine Liebe ist so groß, dass alles hineinpasst. Ich mache einfach eins nach dem anderen", wird immer geügend Kraft für alles abrufbar sein.

Alles bekommt meine Aufmerksamkeit. Putze ich, dann putze ich und denke nicht ununterbrochen über irgendetwas nach. Ich schaue hin, sehe den Dreck, wische ihn weg und freue mich über die wiedererlangte Sauberkeit. In meinem Kopf ist alles ruhig und gut sortiert, denn ich übe gerade eine sinnvolle Tätigkeit aus. Sie wird nicht dadurch sinnlos, dass ich sie in zwei oder drei Tagen wiederholen muss. Es ist nun mal auf der Erde so, dass Dinge schmutzig werden. Wären wir nicht auf spezifische Weise zivilisiert, würden wir den Schmutz und Staub vielleicht sogar lieben, kultivieren und gezielt anbauen.

Es ist nämlich so, dass nicht die reine Handlung des Staubsaugens mich müde macht, (was sollten da erst die Frauen in früheren, staubsaugerlosen Zeiten sagen?), sondern der Gedankenzustrom in meinem Kopf. Entweder bewertet er das, was ich gerade mache, als stumpfsinnige Sklavenarbeit. Oder er ist anderweitig beschäftigt mit allen möglichen Problemen, die ich teilweise gar nicht lösen kann, weil es nicht meine Probleme sind, sondern die anderer Leute. Falls es meine Probleme sind, werde ich sie in dem Augenblick, wo ich staubsauge, ebenfalls nicht lösen können.

Staubsaugen macht Krach, und ich brauche in meinem Kopf eher die innere Anordnung: „Der Krach macht mir nichts aus. Ich danke Gott für die Erfindung des Staubsaugers!"
Koche ich, dann koche ich. Ich konzentriere mich darauf, die Kräuter zu hacken (das ist auch sehr gesund und bringt seltener Verletzungen mit sich), die Gemüse zu schnipseln, den schwarzen Reis, Quinoa oder Amaranth richtig zu behandeln, zu entscheiden, welche Gewürze ich benutze und wie ich das Ganze schließlich auf den Tisch bringe. (Fleischesser, entschuldigt mich bitte, aber ich habe gerade keine Lust dazu, ein Steak zu erwähnen). Bin ich bereit, alles in Keramikschüsselchen zu füllen, was schöner aussieht, aber auch mehr Arbeit beim Spülen macht, oder stelle ich einfach die Töpfe auf den Tisch, weil es wichtiger ist, vorher noch das Baby zu wickeln? Wir können das machen, wie wir wollen. Alles ist gut, so oder so. Wenn wir ruhig und gelassen und mit großer Lust das machen, was wir gerade in diesem Augenblick machen (müssen), wird es uns zuverlässig mehr Freude und Zufriedenheit schenken. Denn wie wir in den Wald rufen, so schallt es heraus. Das gilt auch für Essen. Wenn wir das Essen mit Liebe zubereiten, schmeckt es besser. Die legendäre Sauce Hollandaise zum Beispiel schäumt nur elegant und schmackhaft hoch, wenn die Köchin/der Koch nicht gestresst ist. Eine zusammengepaffte Sauce deutet auf: KOCHSTRESS. Das sollte es nicht geben. Stress wegen der Existenz von

Kindern in meinem Hause (weil sie laut sind und alles dreckig machen) sollte es ebenso wenig geben wie Stress, der mich davon abhält, mich den Kindern zuzuwenden. Kinder sind etwas so Schönes und Kostbares, dass man keine Sekunde vergeuden sollte. Man lasse also alles fallen, was nicht mit Kindern zu tun hat und wende sich dem Kind/den Kindern zu, wenn sie uns brauchen.
Wir haben nie Zeit, mit ihnen Spiele zu spielen oder ihnen vorzulesen? Das ist schade. Denn wenn sie groß sind, wünschen sie sich das nicht mehr von uns. Vielleicht würden wir es ihnen dann gerne geben. Vielleicht weil wir begriffen haben, dass wir uns zu lange zu sehr von irgendwem oder irgendwas haben stressen lassen und dabei vergessen haben, dass es unsere Lebenssekunden waren, die man uns komplett vollgestopft hat. (Wie hat doch neulich ein Kind gedichtet und es mir auf einem bemalten Zettel mit einem entsprechenden Bild von der zum Strich abgemagerten Mutter geschenkt: „Meine Mama ließ sich stressen und hat vergessen was zu essen.") Deshalb sind manche von uns bessere Großeltern als sie Eltern waren. Immerhin. Es gibt auch Leute, die begreifen das nie und sind weder gelassene, zeithabende Eltern noch Großeltern. Sie haben dann vieles nicht genießen können, wenn sie irgendwann auf dem Sterbebett liegen und sich fragen, wie sie ihr Leben eigentlich „fanden." Bin ich als Mutter alleinerziehend und berufstätig, ist das ein Härtefall. Schon der Beruf für eine Frau und Mutter, die auf ihren Mann

zählen kann, (der ja meistens auch berufstätig ist), fordert viel von ihr. Je nachdem, wie lange sie außerhalb des Hauses arbeitet, muss sie dann das Leben für die Kinder organisieren und jemanden engagieren oder bitten, die Kinder zu beaufsichtigen, mit ihnen zu spielen, sie herumzufahren, ihnen Essen und Trinken zu geben, das Baby zu wickeln, zu füttern und in den Schlaf zu bringen/singen. Das kann die Mutter bedrücken, denn nicht nur das Arbeitsvolumen übt Druck aus, sondern auch ein womöglich schlechtes Gewissen oder ungutes Gefühl. Sollte man nicht selber bei den Kindern sein? Unser Herz sagt uns natürlich: „Ja, bleib doch bei deinen Kindern, solange sie dich brauchen." Aber unser Kopf hält dagegen: „Aber wir brauchen das Geld." Oder: „Ich bin doch nicht nur Mutter, ich habe vieles in mir, was ich geben kann und will. Ich gehe ein zu Hause. ICH WILL MEHR!"
All das sind Argumente, die ihre Wichtigkeit und Richtigkeit haben. Entscheiden kann das nur jeder selbst. Doch wenn die Entscheidung einmal getroffen ist, ist es für alle besser, sie nicht innerlich immer wieder in Frage zu stellen. Ein Kind kommt besser mit einer Mutter zurecht, die ihren Beruf gerne ausübt und nicht zu erschöpft nach Hause kommt, als mit einer Mutter, die vom Beruf gestresst ist, sich Vorwürfe macht und völlig zerschlagen von beidem im heimischen Hafen einläuft. Das Kind wird dann aus lauter Liebe versuchen, die Mutter zu trösten und einen Weg suchen, wie es sich unsichtbar macht. Es will nicht

stören, die Mutter nicht belasten, schweigt, wo es reden sollte und macht, was es meint machen zu müssen, ohne die Mutter zu informieren, die ja nicht beunruhigt werden soll. Oder es macht genau das Gegenteil und stürmt auf die Mutter ein, um sich ihrer Liebe zu versichern und ihr seine Liebe zu demonstrieren, was eine gestresste Mutter als „Nervigkeit" empfindet. Woraufhin sie wieder Gewissensbisse bekommt.

Die alleinerziehende Mutter hat zu alledem meistens noch Geldprobleme. Oft reicht das Geld hinten und vorne nicht. Der „Ex" hat vielleicht schon eine neue Familie oder ist traurig/wütend/verständnislos/verzweifelt, dass sich die Frau von ihm getrennt und die Kinder aus seiner unmittelbaren Reichweite entfernt hat. Es kann auch sein, dass er nicht so viel Geld aufbringen kann, um zwei Wohnsitze mit Mobiliar und zwei Autos zu finanzieren. Es kann aber auch sein, dass er sich rächt und deshalb die Unterstützung so gering wie möglich hält. Manche hoffen dadurch, die Frau zur „Raison" zu bringen. Das hat früher geklappt, heute nicht mehr.

Ob es nötig war sich zu trennen, sei dahingestellt. Auch das muss jeder selbst wissen. Trennungen werden aber oft zu schnell vollzogen. Wenn etwas nicht klappt, wird gleich die Notbremse gezogen und ausgestiegen. Die Tendenz geht aber wieder in die andere Richtung, wobei wir hoffentlich in der ausgewogenen Mitte stehenbleiben. Eine zerrüttete Ehe „der Kinder wegen" aufrechtzuerhalten bringt nämlich viel mehr Leid für alle als eine klare Trennung. Aber die Versuche, eine angeschlagene Ehe zu retten, sind löblich und sollten auf einer neuen Basis erfolgen, nämlich dem Respekt.

Respekt ist Bestandteil der Liebe und fordert wenig von jedem einzelnen. Er beinhaltet einzig und allein die Anerkennung der Person in ihrer Gesamtheit. So wie wir schon als Babys ganz und gar um unserer selbst willen geliebt werden wollen, wollen wir dies auch als Erwachsene. (Wenn man uns nur liebt, wenn wir etwas dafür tun, uns ändern, anpassen, dienen, uns unterwerfen, uns ausnutzen und erpressen lassen, dann werden aus uns leider „Verwachsene").

Beginnen wir eine angeschlagene Ehe neu, indem wir den Partner wieder wie beim ersten Zusammentreffen anschauen, haben wir eine echte Chance auf ein besseres Bündnis. Auch die Liebe, die sich vielleicht an Details entzündet hatte und einschlummerte, kann so wieder entfacht werden und ganz andere Dimensionen erreichen. Denn dort, wo wir früher vielleicht Wünsche auf den Partner projiziert haben, ist nun ein Raum und eine Tür entstanden, die sich dem öffnet, der ein paar Schritte weiter auf den anderen zugeht, sich für ihn interessiert und Fragen stellt, die nie vorher gefragt worden sind.

Nur eine echte Harmonie kann die Kinder zufriedenstellen. Eine unechte, gewollte, auf Heile-Welt getrimmte Familienvorstellung wird keiner „für voll nehmen." Ein elterliches, widerwillig gespieltes Theaterstück wird bei dem einen oder anderen Kind eher zu Diskussionen, Revolte, bitterer Abkehr oder zumindest zu Desillusionierung und Traurigkeit führen. Für Kinder ist es besser, wenn Mutter und Vater klar miteinander reden. Möglichst sollten sie sich nicht anschreien. Das erzeugt bei den Kindern Stress, aber ebenso bei den Diskutierenden, die beide so unter Druck geraten, dass sie Dinge sagen, die sie nicht sagen wollten, aber nicht mehr zurücknehmen können. Stress fördert Unbedachtsamkeit. In der Hektik entstehen viele Fehler. Das Gehirn blockiert, es schwankt zwischen Abbruch der Tätigkeit und Energiefluss in die Extremitäten oder Aufrechterhaltung der geistigen Funktion zwecks Angriff und Verteidigung in verbaler Form. Doch je mehr Druck sich aufbaut, desto unlogischer werden die Argumente und einer der beiden wird schließlich doch fluchtartig den Raum verlassen. Was keinen Sieg für den anderen bedeutet, sondern ebenfalls eine Niederlage. Es kann auch zu Tätlichkeiten kommen. Oder beide verfallen in grollendes Schweigen.

Aber zurück zum üblichen Alltagsstress. Wie vermeide ich ihn? Will/muss ich als Mutter oder Vater zusammen mit den Kindern zu einem Termin gehen, ist es ratsam, frühzeitig mit den Vorbereitungen zu beginnen. Es ist ja keineswegs so, dass man den Kindern sagt: „So, Kinder, jetzt fahren wir hier- oder dorthin" und sie ziehen sich ihren Anorak und ihre Schuhe an und folgen uns. Nein. Es gibt fast immer mindestens einen Kleinsten, der das alles noch nicht selber

kann und herumwuselt, sich strampelnd wehrt, eventuell schreit, weil die Mütze kratzt oder die Schuhe drücken. Auch die anderen Kinder könnten diskutieren, welche Farben, Formen, Größen von ihnen gewünscht sind und dass sie genau die Lieblingsschuhe, Mützen, Handschuhe, die sie gerade anziehen wollen, nicht finden können. Eins der Kinder will vielleicht noch das Computerspiel zu Ende spielen oder den Legoroboter fertigbauen.
Nehmt euch genug Zeit! Das rate ich euch dringend. Habt ihr schon mal unter höchstem Zeitdruck versucht, die Minischnürsenkel am Schuh eines strampelnden Kleinkindes zu einer Schleife zu binden? Dann wisst ihr, was ich meine. Wenn genügend Zeit da ist, bleiben die Kinder auch ruhiger. Stress steckt an. Je hektischer meine Bewegungen, je ungeduldiger mein Ton, desto mehr breitet sich Angst und Schrecken bei den Kindern aus. Denn es scheint ja unglaublich wichtig zu sein, genau zu dem Zeitpunkt an einem bestimmten Ort zu sein, den man ansteuern will. Was wird wohl passieren, wenn man zu spät kommt? Wenn sogar die Mutter oder der Vater förmlich ausrasten, weil die Gefahr besteht, zu spät zu kommen, muss ja etwas ganz Furchtbares die unmittelbare und unentrinnbare Folge davon sein!
Logischerweise bekommen die Kinder den Druck auch selbst ab, indem sie Ziel der Wut des zu spät kommenden Elternteils werden. Sie bekommen zu hören: „Jetzt mach doch mal voran. Nur weil du so trödelst, kommen wir jetzt zu spät.

Dann kannst du mal sehen, wie du dastehst. Ich kann nichts dafür, ich wasche meine Hände in Unschuld!"
Selten aber taucht eine Mutter bei der Musikschule auf und sagt: „Mein Kind ist schuld daran, dass wir zu spät dran sind."
Denn prompt würde die verbale oder nonverbale Antwort zurückkommen: „Sie können ja demnächst einfach ein bisschen früher losfahren." Das ist bitter. Denn die zu spät Kommenden wissen das natürlich selbst. Sie nehmen sich eine bessere Zeiteinteilung vor, vergessen es aber dann wieder und geraten immer wieder neu in den Stress, der alle rappelig macht. Und wie wir uns alle erinnern sind wir ja die Vorbilder und leben den Kindern Tag für Tag vor, wie und in welch zerrütteten Zustand man irgendwo (zu spät) ankommt. Die einen Kinder kommen dann später auch immer zu spät, die anderen kommen extra früh, damit sie sich dem Chaos samt missbilligender Blicke von Lehrern nicht mehr aussetzen müssen.
Um früher anzufangen braucht man eine echte, aus dem inneren Verständnis herrührende Entscheidung. Hilfreich sind hier Papier und Bleistift. Man notiere sich, wieviel Zeit man für die nächsten Ausflugsvorbereitungen veranschlagen will: fünfzehn Minuten Anziehen, fünfzehn Minuten Sachen zusammensuchen wie Noten, Instrumente, Taschen, Täschchen, Bilderbücher, Handys etc. Ich denke, eine halbe Stunde würde reichen. Wir kalkulieren also bei einer Ent-

fernung vom Ziel, das in etwa zehn Minuten erreicht werden kann, nicht nur die zehn Minuten Fahrzeit ein, sondern zehn Minuten und eine halbe Stunde. Macht vierzig Minuten. Um vierzig Minuten vor drei sprich zwanzig nach zwei beginnen wir also mit den Vorbereitungen für die Erreichung von Pünktlichkeit in der Musikschule um drei Uhr. Dafür ist keine Zeit da? Schade. Denn das ist intelligentes Zeitmanagement. Es würden sich nämlich nach und nach zwei Folgen einstellen:

1) Die Kinder und Erwachsenen geraten nicht mehr unter Druck, finden seltsamerweise ihre Lieblingssachen sofort und stehen innerhalb von maximal zehn Minuten fix und fertig angezogen an der Haustür und wollen wissen, wann es endlich losgeht.

2) Die Kinder lernen, ihre Zeit einzuteilen und besser einzuschätzen, wie sie bei Terminen vorgehen. Sie lernen von euch Eltern die Ruhe und Gelassenheit im Umgang mit der Zeit. Wenn sie euch eines Tages fragen: „Mama, Papa, was ist eigentlich Stress?", wisst ihr, dass ihr (etwas) gewonnen habt.

SELBSTWERDUNG

Ich bin die ich bin. Ich bin der ich bin.

Jeder trägt seinen ureigenen Kosmos mit sich herum. Dieser bildet sich aus allen Sinneseindrücken und Erfahrungen, die wir je gemacht haben plus neuer Sinneseindrücke und Erfahrungen plus Erziehung und Prägung. Wer es geschafft hat, sich zu analysieren und die „fremden" Federn abzuwerfen, hat immer noch genug mit der Verwaltung dessen zu tun, was übrig bleibt. Die Frage: Wer bin ich? beantwortet sich dann aber schon einmal teilweise aus unseren wiedererrungenen originalen Eigenschaften.

Wir erleben uns täglich beim Denken, Fühlen, Reden und Handeln. Nicht immer sind wir mit uns selber einverstanden. Haben wir Erziehung und Prägungsanteile entlarvt und ansatzweise kontrolliert, bleiben immer noch unsere eigenen Anteile übrig, die uns unseren Reifegrad anzeigen. Woran erkennt man „reife" Aktionen und Reaktionen? Man erkennt sie am Grad der Liebe, die wir fähig sind aufzubringen und am Ausmaß der Verantwortung, die wir bereit sind zu übernehmen. Solange wir in kleinen oder großen Krisensituationen spontan fragen: „Und ich? Was ist mit mir?", sind wir noch nicht reif. Wir sind dann noch die Kinder, die darauf warten, dass jemand etwas für sie regelt, weil sie selbst sich überfordert oder übergangen fühlen. Das innere Defizit bringt Unreife mit sich. Die innere Fülle garantiert die Reife. Um in überschaubarer Zeit den glückseligen Zustand innerer Reife zu erlangen, lohnt es sich, in kleinen Schritten vorzugehen. Nach der im Kapitel „Prägung und Erziehung im Allgemeinen" vorgestellten Analyse wird jeder Einzelne spüren, wie die Last der übernommenen fremden Federn in einem bunten Wirbel von ihm abfällt und im Winde verweht. In den folgenden Tagen und Wochen wird sich dieses Gefühl verstärken, denn manche Fremdreaktion, die wie ein Fluch auf mir lag und mich immer wieder Dinge sagen und tun ließ, die ich nicht sagen und tun wollte, verflüchtigt sich nach der Analyse sofort. Andere sind beharrlicher, weil sie sich tiefer eingegraben haben. Die Analyse aber schaufelt dieses Wissen vom Unterbewusstsein auf die höhere Etage des Bewusstseins, sodass ich mich nicht mehr komplett fremdbestimmt fühle, sondern immer mehr wahrnehme, dass ich meine Handlungen selber bestimmen kann.

Ich erkenne: Nur wenn ich weiß, wer ich wirklich bin und was ich wirklich will, kann ich mein Leben so gestalten, dass es mir entspricht und gefällt. Solange ich Ziele anstrebe, die ein anderer mir gesetzt hat, laufe ich in die falsche Richtung; es sei denn, das Ziel entspricht auch meinen Wünschen. Erst, nachdem ich dies überprüft habe, gehe ich entweder weiter in diese Richtung oder ich korrigiere mich und wähle ein neues, mir angemessenes Ziel.

Während ich mich wiederfinde, mich wandle, an meinen neusten Wissensstand anpasse und meine Richtung korrigiere, gilt absolutes Angst- und Zweifelverbot! Wer sich immer und überall anzweifelt, ist handlungsunfähig. Warum zweifeln wir uns überhaupt an, obwohl wir doch so stark und selbstbewusst im Hafen eingelaufen waren und der Welt zugerufen hatten: „Hier komme ich ! Ihr habt auf mich gewartet! Ich werde alles besser und schöner machen! Ihr könnt mir jetzt schon dafür danken!"?

Wir zweifeln uns an, weil unsere Eltern uns angezweifelt hatten. Sie dachten, wir seien klein und schwach, könnten dies oder jenes nicht, wenn wir ihren Zeitvorgaben und Ansprüchen nicht genügten und müssten ständig überwacht, korrigiert und unterstützt werden, um in der harten Realität unserer Gesellschaft zu überleben. Dass sie selber Kinder gewesen sind, die man ebenfalls anzweifelte, haben sie meistens vergessen. Und wir, die wir voller frischer, unbesiegbarer Energie ankommen und unserem Tatendurst Handlungen folgen lassen, sobald wir uns eigenständig bewegen können, stoßen immer wieder an die Grenzen und Mauern der zu Unmöglichkeiten erklärten Vorhaben. Ich will ein Baumhaus bauen? Nein, ich sollte das nicht tun, denn ich könnte vom Baum fallen. Ich will im Bach spielen? Nein, ich sollte das nicht tun, denn ich könnte mich erkälten. Ich will auf die Spitze des Klettergerüsts kraxeln? Nein, ich sollte das nicht tun, denn ich könnte schwindelig werden, herabstürzen, mir Arme und Beine und vielleicht sogar den Hals brechen.

Einige von euch werden hier den Kopf schütteln und sagen: „Nein, so schlimm bin ich als Mutter nicht, das erlaube ich meinen Kindern!" Gut! Andere werden innehalten und sich sagen: „Ja, das tue ich, aber ist es nicht besser, das Kind zu schützen und rechtzeitig zu warnen, bevor etwas passiert?"

Ja und nein. Wenn ich als Kind ein Gerüst hochklettere und habe meine Mutter hinter mir stehen, die Warnrufe ausstößt und unwillkürliche Rettungsbewegungen ausführt, sobald ich ein wenig ins Strauchelnn gerate, dann werde ich unsicherer statt sicherer. Die Wahrscheinlichkeit, dass ich schließlich abstürze, wird immer größer, je höher ich klettere und je mehr sich meine Mutter um mich ängstigt.

Sorge macht uns unsicher und unfrei. Sie schwächt uns!

Eine Mutter, die sich um ihr Kind sorgt, liebt es weniger als eine Mutter, die ihr Kind liebt und an es glaubt. Natürlich werden wir unsere Kinder nicht auf der Autobahn Fußball oder mit scharfen Messern bewaffnet Indianer und Cowboy spielen lassen. Doch die kleinen Abenteuer, die dazu dienen, sie sicher im Umgang mit der Materie zu machen, müssen erlaubt sein. Wir können diese Schritte durch reine Anwesenheit absichern. Wir sind da und schauen, sagen nichts, fürchten nichts, vertrauen auf die Instinkte des Kindes und greifen nur ein, wenn wir sehen, dass unweigerlich etwas passieren wird. Erst dann! Wichtig ist dabei der Zustand unseres Kopfes und unseres

Herzens. Zwingen wir uns zur Ruhe, wird das nicht ganz reichen. Das ist zwar schon viel besser als ungebremste Angst oder Panik, aber ein bisschen Angst und Panik verunsichern auch noch. Im Idealfall kehrt echte Ruhe in uns ein.

Ihr seht, dass es sich hier wie überall immer um den einen Punkt dreht: In jedem Augenblick und in jeder Lebenssituation kommt es darauf an, dass wir in uns ruhen und an uns glauben. Ist dies der Fall, sind wir nahezu unbesiegbar. Und im zweiten Schritt können wir uns dessen bewusst sein, dass wir unseren Kindern etwas Ideales vorleben, das sie getrost imitieren und später nicht aus ihrem System werfen müssen. Im Gegenteil: Sie werden dankbar dafür sein, dass wir ihnen in Einzelfällen vertraut und im Allgemeinen Vertrauen an sich vorgelebt haben.

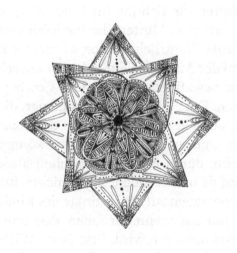

ERSTE ZARTE LIEBESBANDE

Damals hast du dein Haar noch offen getragen.

Wenn wir uns weder kennen noch lieben, sind wir streng genommen beziehungsunfähig. Dass trotzdem so viele Ehen geschlossen und Partnerschaften in „Angriff" genommen werden, hängt mit unserer Fähigkeit zu Hoffnung und Projektion zusammen. Das klingt jetzt unromantischer, als ich es meine. Aber Fakt ist, dass nach den ersten verklärten Liebeswochen oft der „Katzenjammer" ausbricht, wenn man am Partner plötzlich Eigenschaften entdeckt, die man nicht mag oder sogar ablehnt.
„Wieso habe ich das nicht gleich erkannt?", fragt sich einer der beiden oder beide entsetzt. „Wieso war ich so verblendet?"
Wir projizieren auf den anderen das, was wir uns von ihm für uns, aber auch von uns für uns wünschen. Je besser wir uns kennen, desto klarer sind uns unsere Wünsche. Da wir uns aber meistens nicht kennen, wissen wir auch nicht genau, was wir wollen. Der Partner, der diffuse Anweisungen per Augensprache oder Gestik bekommt, hat keine Ahnung, was diese Zeichen bedeuten sollen und improvisiert, so gut er kann. Dabei greift er/sie auf das zurück, was in der Familie erlernt wurde.
Was dem Ideal entspricht wissen alle. Wenn sich Mann und Frau zum ersten Male treffen, versuchen beide, sich in bestes Licht zu stellen. Sie sind

aufmerksam, liebe- und verständnisvoll, intellektuell anregend und/oder so aufregend und sexy wie möglich. Sie suchen nach Gemeinsamkeiten und heucheln diese eventuell:
„Motorradsport? Oh wie toll, der interessiert mich auch!"
Sub-Ebene: „Oh Gott, dann ist er bestimmt an den Wochenenden ständig mit seinen muskelbepackten Freunden unterwegs. Und die Unfallgefahr!"
Die Reaktion der Sub-Ebene wird unterdrückt, in der oberen Etage geht es weiter mit: „Welche Maschine fährst du? Nimmst du mich mal mit?"
Oder:
Sie: „Ich gehe gerne zu Besuchszeiten ins Labor im Zentrum. Dort kann man Experimente mit Regenwürmern beobachten."
Er: „Wie wunderbar. Du bist also wissenschaftlich interessiert?"
Subtext: „Sie interessiert sich für Regenwürmer!?!"
Obere Etage: „Wann gehst du das nächste Mal hin? Nimmst du mich mit?"
Das alles nur, um...
Um zu gefallen. Egal, ob es die/der Richtige ist, erst einmal gilt es, dem anderen zu gefallen. Alles andere kann man später sehen. Die Wahrnehmungsantennen sind also weit ausgefahren mit dem Ortungsziel: „Gefalle ich ihm/ihr? Mache ich alles richtig? Was könnte sie/er von mir wünschen?" Wir sind bereit, nur um zu gefallen, Interesse für etwas zu heucheln, was

für uns Lichtjahre entfernt ist! Das ist enorm! (Ja, manche von uns wollen auch nur ausprobieren, wieviel Macht sie entfalten können. Aber dieses Spiel deutet auch wieder auf ein inneres Defizit hin, sonst hätte man das nicht nötig und würde mehr Mitgefühl mit demjenigen aufbringen, den man ohne Mitgefühl abhängig bis hörig machen würde, ohne ihn/sie zu erhören).

Das hohe Maß am Gefallenwollen zeigt, wie sehr wir von uns entfremdet wurden, weil in unserer Erziehung das eine (die Fassade) vor dem anderen (das Innere des Hauses) hochgehalten wurde. Man hat uns vielleicht gesagt: „Wenn du das nicht machst, wenn du so nicht bist, liebe ich dich nicht mehr." Oder: „Wie konntest du das nur tun/sagen? Was sollen die Leute sagen? Das ist ja peinlich! So habe ich mein kleines Mädchen/meinen kleinen Jungen nicht mehr lieb. Willst du wieder brav sein? Sonst..."

Wir haben gelernt: Es ist wichtiger, alles zu machen, was „gewollt" ist, dabei toll auszusehen und perfekt zu scheinen, als so zu sein, wie wir wirklich sind. Auch wenn wir vielleicht perfekt und toll sind, wir werden das gar nicht merken und es nicht wertschätzen. Zu Hause weinen wir uns dann so richtig darüber aus, dass keiner uns wirklich kennt oder kennenlernen will. Dabei verbringen wir unglaublich viel Zeit damit, die oder den anderen genau daran zu hindern: an der Erkenntnis unserer wahren Natur. Warum? Weil wir uns für uns selber schämen. Wir finden uns meistens nicht liebenswert, nicht perfekt,

nicht gut aussehend, nicht gut gerüstet für eine Partnerschaft. Wir finden uns zu egoistisch, zu distanziert, zu wählerisch, zu sensibel und vieles mehr.
Wie konnte das geschehen bei all den liebevollen Müttern und Vätern, die uns beschützen wollten vor der harten Realität des Lebens? Eben weil sie sich auch nicht mochten. Weil ihre Eltern sich auch nicht mochten. Das kann man beliebig nach hinten weiterverfolgen.
Daraus folgt, dass wir endlich damit aufhören sollten, uns an Maßstäben zu orientieren, die wir kollektiv aufgebaut und zu unserem Gefängnis gemacht haben. Der Irrglaube, es sei reiner Egoismus, sich selbst zu lieben und sich zu fragen: „Gefällt mir das, will ich das, will ich das nicht?" hat uns zu reinem Egoismus und in die totale Verwirrung geführt. Wenn ich nie wirklich weiß, was ich will und den anderen auffordere: „Entscheide du!" und es ihm nachher übelnehme, weil ich vielleicht das andere gewollt hätte (oder auch nicht), kommt dieser andere nicht mehr mit und ebenso wenig an mich heran. Er/sie verzweifelt.
Partnerschaft und Ehe wird unter diesen Umständen zu einem Hindernislauf.

MEINUNGSVERSCHIEDENHEITEN

*Und ich dachte, wir wären
ein Herz und eine Seele.*

Wenn sich Mama und Papa nicht einig sind, ist es wichtig, einen Verständigungsmodus zu finden. Das wird definitiv einfacher oder überhaupt erst möglich sein, wenn jeder der beiden sich nicht nur kennt, sondern auch liebt.
Die meisten von euch kennen Auseinandersetzungen. Sie beginnen in der Kindheit und erfolgen im Familienkreis (mit Mutter, Vater und/ oder Geschwistern) oder mit Freunden, Feinden und echten oder eingebildeten „Widersachern." Verschiedene Willensäußerungen treffen aufeinander, kollidieren, explodieren. Je älter der Mensch wird, desto verbissener führt er die Diskussion (verbal, körperlich oder sonstiges), es sei denn, er durchschaut sich besser und verändert sein Verhalten; was ja relativ selten vorkommt.
Folge der Auseinander-Setzung ist Zwie-Tracht im Gegensatz zum Zusammen-Setzen und darauf folgender (möglicher) Ein-Tracht.
Jeder Mensch sehnt sich nach Eintracht und Harmonie. Er braucht An-Erkennung, um sich nicht un-erkannt und fremd zu fühlen. Der innerhalb der Familie kritisierte Mensch fühlt sich aus der als warm empfundenen Einheit mit der Familie in die „kalte Fremde" geworfen. Der Preis, wieder dazuzugehören, ist meistens die Annahme dessen, was gefordert wird. Unterwerfen wir uns,

geben wir das von uns auf, was echt ist und gelebt werden will. Unterwerfen wir uns nicht, geben wir wenig, viel oder alles an Zugehörigkeit auf, die sich durch Gemeinsamkeit ergibt.

Nur ein geringer Prozentsatz der Menschen bringt die Toleranz auf, jeden so zu nehmen wie er ist. Toleranz ist aber ein unentbehrlicher Baustein für unsere Persönlichkeitsentfaltung. Respektiert man unser „So-und-nicht-anders-sein", wird uns großmütig signalisiert: „Du bist gut so, wie du bist. Sag mir, was du denkst und was du willst. Ich sage dir, was ich denke und was ich will. Daraus schmieden wir, wenn es nötig wird, einen Kompromiss oder wir lassen beides nebeneinander stehen und freuen uns über die Vielfalt der Möglichkeiten."

Oft ist die Ent-Zauberung schuld daran, dass junge Paare nach einiger Zeit schwächeln. Der Zauber, der sich nicht zu selten durch die Lüge oder Beschönigung ergab, zerreißt, und die Wirklichkeit wird offenbar. Ich bin vielleicht gar nicht so mitfühlend und edel, wie ich vorgab und er/sie ist vielleicht gar nicht so anschmiegsam, wie es schien. Sie mag gar keine Motorräder und wird es ihm zu gegebener Zeit entgegenschleudern. Und er kann Regenwürmer nicht leiden und findet ihr Interesse daran unsexy und nicht nachvollziehbar.

Schon, wenn zwei Menschen zusammenziehen, bricht sehr schnell der Alltag in ihr junges Glück ein und fordert nichts weniger als: DIE WAHRHEIT. Die Wahrheit muss nicht entzaubernd sein. Im

Gegenteil: Oft ist die Wahrheit einer Person für den anderen ein echterer Liebesbeweis als das Vorgaukeln falscher Tatsachen, seien sie auch noch so aufregend. Vor allem Männer lieben die Echtheit an einer Frau. Sie wollen wissen, wie sie wirklich ist und setzen alles daran, sie kennenzulernen. Die Frauen hingegen, die sich meistens nicht mögen und nicht begreifen, dass der Mann sie umso mehr liebt, je authentischer sie sind, ängstigen sich vor der Nähe. Es fehlt der Rückzugsort, an dem man die Täuschung vorbereiten kann, um der möglichen oder (in ihren Augen) sicheren Ent-Täuschung und Trennung vorzubeugen.

Diese emotionale Unausgeglichenheit gepaart mit Zweifeln und Ängsten führt dazu, dass die Frau sich gegen den Mann wendet. Das ist unzweifelhaft ein Paradoxon, zeigt sich aber immer wieder in neuen Varianten. Die Frau wendet sich gegen den Mann aus Angst, von ihm nicht mehr geliebt und verlassen zu werden. Sie benutzt dafür ein Waffenarsenal, dass sie im Keller ihres Unterbewusstseins angesammelt hat. Dort lagert alles, was sie bisher unterdrückt und nicht gesagt hat. Es ist das Beweismaterial der mangelnden Liebe und Empathie des Mannes, seines Egoismus', seiner Ablehnung, seines Desinteresses.

Oft ist der Partner überrascht über die Wucht der Angriffe, die sich aus Lappalien ergeben können. Das Handtuch hängt nicht an seinem gewohnten Platz, der Duschvorhang tropft ins Badezimmer, der Knoblauch wurde aufgebraucht und nicht ersetzt, der Deckel des Klos stand mal wieder offen.

Dazu kommen die Verständigungsebenen, die immer wieder für Ärger sorgen. Im Prinzip kommuniziert der Mann auf der Sach- und die Frau auf der Gefühlsebene. Das gilt nur im Prinzip, denn wir alle tragen Männliches und Weibliches in uns. Die Beobachtung des Prinzips hilft uns hier aber schon weiter.

Geht es um ein Problem, wird der Mann, (wenn er spricht :-)), dazu neigen, es sachlich und logisch zu behandeln. Er wird versuchen, die Hintergründe zu klären und eine Lösung zu finden. Die Frau, (wenn sie spricht :-)), wird dazu neigen, das Problem zu verallgemeinern und mit anderen Problemen zu verknüpfen, die eigentlich nichts mit der Sache zu tun haben und dem Mann vorwerfen, er sei ja schon früher unfähig gewesen, das Problem zu lösen oder es als solches zu sehen. Während es dem Mann in einer Diskussion wie dieser fast nie in den Sinn kommen würde, sich daraufhin von der Frau trennen zu wollen, geht im Inneren der Frau etwas ganz anderes vor: Sie fragt sich, ob sie den richtigen Partner gewählt hat.

Die Männer unter euch Lesern mögen jetzt keine Krise bekommen und ihre Partnerschaft in Frage stellen oder die Frau der Trennungsabsicht verdächtigen – ich spreche im Allgemeinen und mache darauf aufmerksam, dass Auseinandersetzungen dieser Art niemals zu

Lösungen führen können. Beide mögen sich also zusammensetzen und beschließen, sich zusammen auf eine der beiden Ebenen zu begeben. Für die, die bewusst oder unbewusst in Diskussionen auf die emotionale Ebene wechseln: Um Probleme effektiv zu lösen, ist es sicherlich besser, auf der Sachebene zu bleiben. Probleme, die nichts mit der Partnerschaft zu tun haben, sollten auch nicht mit der Partnerschaft in Verbindung gebracht werden. Es geht also nicht darum, wie der Partner bisher Probleme gelöst oder nicht gelöst hat, ob er vertrauenswürdig und liebevoll ist, sich für das interessiert, was ich generell fühle und denke, meine Wünsche ignoriert oder erfüllt – es geht einzig und allein um ein spezifisches Problem, das gelöst werden möchte.

Geht es hingegen um Gefühle, sollten sich beide Gesprächspartner dessen bewusst sein. Ergibt sich ein Problem in diesem Bereich, haben Diskussionen nur einen Sinn, wenn beide „Parteien" auf Vorwürfe und Schuldzuweisungen verzichten. Diese würden nämlich unweigerlich in den Kampf der Auseinander-Setzung führen. Jeder der beiden müsste dann seine kostbaren Kräfte darauf konzentrieren, sich zu rechtfertigen und dem anderen zu beweisen, dass er auf dem „falschen Dampfer" ist. Wertvolle Energie und Zeit verpufft bei den Sätzen:

„Das machst du nie, das machst du immer. Du verstehst mich einfach nicht. Hast du überhaupt jemals dabei an mich gedacht? Ich bin immer diejenige, die..., derjenige, der..."

Das alles kann gipfeln in vernichtenden Aussprüche wie: „Das hätte ich nie von dir gedacht. Wie kann man nur so sein?"
Subtext: „So hab' ich dich nicht mehr lieb."
Worte können töten. Menschen, die mit Sätzen dieser Art lange genug konfrontiert werden, verschließen ihr Herz und werden kalt, distanziert, gefühllos. Man wirft ihnen dann genau das vor: Gefühllosigkeit. Aber erinnern wir uns daran: Wir kommen als Babys mit einer unendlich großen Liebe, einem unendlich großen Mitgefühl und dem Wunsch, die Welt zum Strahlen zu bringen. Die Androhung, uns nicht mehr zu lieben, falls wir dieses oder jenes sagen oder tun würden, steckt uns so sehr in den Baby-, Kleinkind- und Heranwachsenden-Knochen, dass wir vor Schmerz innerlich vergehen, wenn diese Sätze andeutungsweise aufschimmern oder sogar wortwörtlich wiederholt werden.

Schmerzpunkte wohnen in uns und entfalten ihre ganze Macht, sobald sie absichtlich oder unabsichtlich aktiviert werden. Auslöser können Sätze, Gesten, Gerüche, Melodien, Orte sein. Auswirkungen sind meistens: Panik, Zorn, Trotz, Resignation, plötzlicher Kraftverlust bis hin zu Krankheit, Depression oder unkontrollierten Wutausbrüchen.

Steht Nachwuchs ins Haus verlagert sich die Aufmerksamkeit der Frau von der Partnerschaft auf die Schwangerschaft, weil das Baby in ihrem Bauch wächst, ihr Körper sich umstellt und neue Herausforderungen sie erwarten. Partnerschaftskonflikte werden womöglich „auf Eis gelegt", da auch der Mann sich auf seine neue Rolle als Vater vorbereitet und seine Gedanken eine andere Ausrichtung bekommen. Was aber auf Eis liegt, wird später auf jeden Fall wieder aufgetaut werden. Trotz der zu erwartenden Kinderschar ist es also ratsam, Partnerschaftsprobleme sofort zu klären. Auf der Basis der Liebe und des gegenseitigen Respekts sollte dies kein unüberwindliches Hindernis sein. Beide werden sehen, wie schön Partnerschaft sein kann, die auf gegenseitigem Vertrauen, Ehrlichkeit und wahrer Liebe beruht. Die „Macken" des anderen kann man erst dann mühelos anschauen und einfach so lassen, wenn man in sich ruht und sich mag und erkannt hat, dass Liebe wichtiger ist als ein geschlossener Klodeckel und Vertrauen schöner als der Erwerb einer neuen Knoblauchzehe.

ERZIEHUNGSDISSENS

Bei uns zu Hause wurde das aber so gemacht.

Da wir aus verschiedenen Familien stammen, wird unser Partner andere Erlebnisse in Bezug auf Erziehung und Prägung haben als ich. Da wir uns normalerweise nicht analysiert und von Fremdbestimmung befreit haben, glauben wir, eigenen Prinzipien zu folgen, nach denen wir unsere Kinder aufziehen wollen. In Wirklichkeit ist es meistens so, dass wir unbewusst entweder den Stil der Eltern kopieren oder in die direkte Opposition gehen.

Einer von beiden glaubt vielleicht, dass man alles erlauben sollte, um die Kinder in ihrer Persönlichkeitsentwicklung nicht zu schädigen, weil sie/er unter zu großem Druck gelitten hat. Die Kinder, die keine Grenzen gesetzt bekommen und sich noch nicht auskennen, suchen indes nach Gesetzen, die ihnen das Aufwachsen erleichtern. Sie dürfen alles? Wo ist die Sicherheit? Wer hilft ihnen bei der Einordnung dessen, was machbar ist und was nicht? Wer sagt im entscheidenden Augenblick: „Nein" und bleibt dabei? Ich als Kind stehe auf dem Küchentisch und verstreue den Inhalt der Zuckerpackung in alle Richtungen? Meine Mutter/mein Vater schaut zu? Wie soll ich mich orientieren, wenn mir keiner sagt, dass dies Verschwendung ist, den Küchenboden klebrig macht und der Kuchen, den wir eigentlich backen wollten, nun nicht mehr gebacken werden kann? Woher soll ich das wissen? Ich knuffe im Überschwang meiner Kraft meinen kleinen Bruder? Meine Mutter/mein Vater schaut zu? Ich knuffe mehr und mehr, um zu schauen, was „geht." Da geht noch viel. Meine Eltern sind unsicher, weil sie mich nicht beschränken, aber zugleich den kleinen Bruder schützen wollen. Ihre Stimme verrät sie. Sie sagen mir: „Hör doch bitte damit auf. Du tust ihm doch weh." Ich höre an ihren Stimmen, dass sie unsicher sind. Was ist also richtig? Soll ich weitermachen oder aufhören? Ich weiß es nicht. Vielleicht höre ich auf, vielleicht mache ich weiter.

Eine Variante: Einer von beiden glaubt, dass man mir alles erlauben sollte, der andere glaubt, dass man mir nicht alles erlauben sollte. Sie streiten. Die Mutter sagt ja, der Vater sagt nein. Oder umgekehrt. Wem soll ich glauben? Ich befinde mich in einem Vakuum. Muss ich mich entscheiden, wem ich gehorche? Geht da was? Könnte ich vielleicht einen Vorteil herausschlagen, wenn ich die beiden gegeneinander ausspiele? Dann stelle ich etwas an, warte und beobachte, was passiert. Wenn sich die beiden richtig „fetzen", sieht das lustig aus. Aber nur bis zu einem gewissen Grad. Dann bekomme ich Angst.

Wichtig ist also der Konsens der Eltern. Dieser soll nicht, so wie früher, darauf hinauslaufen, dass die Eltern eine Front gegen das Kind aufbauen. Aber sie sollten am selben Strang ziehen, damit nicht mehrere Glocken gleichzeitig läuten und keiner mehr weiß, ob sie zum Gottesdienst oder

zur Brandbekämpfung aufrufen. Der eine soll den anderen tolerieren. Die beiden Elternteile sollen sich zusammensetzen und sich auf Vorgehensweisen einigen. Basis muss die Liebe sein. Sie beinhaltet Respekt, Humor, Humor und Humor!!! Ich komme später auf ihn zurück. Noch ein Beispiel:
Der Vater ist aggressiv. (Es kann auch sein, dass die Mutter aggressiv ist. In diesem Falle würde dasselbe mit umgekehrten Vorzeichen gelten).
„Wie?", könnte mir eine empörte Mutter nun entgegenhalten. „Wenn mein Mann es für richtig hält, den Jungen zu schlagen, weil er seine Hausaufgaben nicht gemacht hat, soll ich tolerant sein und engelhaft säuseln: ,Ja, er ist eben so wie er ist und dafür liebe ich ihn?' Ich kann das doch nicht zulassen!"
Richtig. Das sehe ich auch so.
Das Problem hat natürlich schon vorher begonnen. Indem ich als Frau einen Mann wähle, der bereit ist, Hindernisse mit der Faust aus der Welt zu schaffen, bin ich von vornherein das Risiko eingegangen, mein Kind vor ihm schützen zu müssen. Warum habe ich diesen Mann gewählt? Das hat ganz viel mit Prägung zu tun. Wahrscheinlich wuchs ich als Kind in einer Familie auf, in der Hindernisse ebenfalls mit der Faust aus der Welt geschafft wurden. Ich bin also einerseits daran gewöhnt und habe diese Eigenschaft unbewusst bei meinem zukünftigen Partner erkannt und als passend eingestuft, muss mich aber andererseits mit meinem Herzen und meinem Kopf

arrangieren, den Institutionen in mir, die diese Verhaltensweise niemals gutgeheißen haben und gutheißen werden.
Was tun?
Wenn der Mann logischen Argumenten zugänglich ist, kann man ihm das Wesen der Prägung klarmachen. Er wird hoffentlich aus seinem Impuls zur Liebe heraus seinem Ge-Wissen folgen und seine Verhaltensweisen neu einordnen und korrigieren. Meistens wurde er selber als Kind geschlagen und hat womöglich argumentiert:
„Mein Vater hat dasselbe getan. Und? Hat es mir geschadet?"
Ja, es hat ihm geschadet. Wenn man ihn dazu bringen kann, dies zu fühlen und einzusehen, ist eine Wandlung möglich. Hier gilt es, dem „Erwachsenen" den Kinderschmerz in Erinnerung zu rufen, den er gefühlt hat, als der Vater auf ihn „eindrosch." Kein Mensch ist damit einverstanden, dermaßen respektlos und unsensibel behandelt zu werden. Und dennoch wiederholt er diese Handlungen, auch wenn er noch so sehr unter ihnen gelitten hat. Die Gehirnwäsche: „So ist das Leben eben. Man muss da durch. Das Leben ist kein Zuckerschlecken. Willst du etwa verweichlichen?" funktioniert eben sehr gut in jungen Jahren, wo unser System formbar und unser Gehirn noch weicher und unbegrenzt aufnahmefähig ist. Ist der Mann in diesem Punkt unbelehrbar und lässt sich weiterhin zu Tätlichkeiten hinreißen, muss die Frau das Kind in Sicherheit bringen.

LEBENSELIXIR HUMOR

*Ich würde ja trotzdem lachen,
wenn ich Humor hätte. Aber sobald
ich ihn wiederfinde, lache ich. Versprochen.*

Ohne Humor wäre das Leben dermaßen langweilig, dass sich das ganze Experiment nicht lohnen würde. Wer also den Humor erfunden hat, beweist Intelligenz. Und Humor. Der Spruch „Humor ist, wenn man trotzdem lacht" ist zwar abgegriffen, aber immer noch gültig. Das hat nichts mit einem Weglachen von Problemen und der Weigerung hinzuschauen zu tun, sondern sowohl mit einem Hinschauen als auch mit einem Dahinterschauen. Der Humorvolle sieht eben mehr als andere. Er hat begriffen, dass alles auf dieser Erde zweipolig ist. Alles trägt sein Gegenteil in sich. Schon das könnte uns zum Dauerlachen animieren. Denn es ist ein guter Schöpfungswitz, der für immer neue Konstellationen und viel Bewegung sorgt. Deshalb lachen weise Menschen auch häufig. Der Dalai Lama zum Beispiel. Oder die ururalte (rauchende!) Chinesin, deren Bild mir kürzlich zugeschickt wurde zusammen mit dem Spruch: „Nicht weil man altert, verliert man den Spaß am Leben, sondern weil man den Spaß am Leben verliert, wird man alt." Das stimmt natürlich. (Ich frage mich hier an dieser Stelle, ob sie vielleicht deshalb so hemmungslos lacht, weil sie zugekifft ist?)
Egal. Das Prinzip stimmt.

Ich spreche natürlich von Humor und nicht von Ironie. Der Ironiker ist erwachsen. Er hat eine distanziertere Sicht der Welt und ihrer unfreiwilligen Komik bekommen. Um es ein wenig militärisch auszudrücken: Man braucht einen geschliffenen Geist für die Ironie, denn sie benötigt die rechten und genau treffenden Worte, um ihr Nachdruck zu verleihen. Diese Worte enthalten eine gewisse Schärfe. Es ist das Schwert des Geistes, das der Ironiker benutzt. Für uns Erwachsene ist das lustig. Für uns kann der ironische Umgang mit dem Leben Heilung bedeuten. Oder Quell der Freude am eigenen Witz. Im Umgang mit kleinen Kindern ist Ironie allerdings Gift. Sie werden dadurch verunsichert, weil sie sich ja noch nicht auskennen und alles ernst nehmen werden. Wenn man dann über sie lacht, weil sie es ernst genommen haben, fühlen sie sich (zu Recht) verletzt. Sie entwickeln die Angst, sich zu blamieren, weil sie nie wissen, wann man etwas ernst meint und wann nicht. Daher sollte man die Ironie zunächst etwas zurücknehmen oder eine ironische Bemerkung kenntlich machen. Das Kind wird dann nach und nach diese Fähigkeit der Differenzierung auch erlernen und selber ironische Kommentare abgeben können.

Die Fähigkeit, Humor zu empfinden, wurde uns geschenkt, um die Materie besser wandeln zu können. Durch Lachen wird sie leichter und durchsichtiger. Sie lässt sich müheloser anheben und durchlichten. „Nimm es nicht so schwer!", wird man aufgefordert, wenn man nicht lacht, sondern sich grämt, wütend, beleidigt oder verletzt ist. „Nimm's leicht."

„Leicht" ist für uns angenehmer als „schwer." Wenn wir gelogen oder irgendetwas anderes „ausgefressen" haben, „erleichtert" es uns, die Wahrheit zu gestehen. Beschweren wir uns über irgendjemanden, der etwas aus unserer Sicht Blödes oder Schlechtes getan oder gesagt hat, werden wir es ihm vielleicht nachtragen. Der Nachtragende kann nicht vergessen und ist gezwungen, ziemlich viel mit sich herumzuschleppen. Es ist natürlich kein echtes Gewicht, aber auch das Gewicht von negativen Gedanken kann uns nicht nur psychisch, sondern physisch niederdrücken. Wir könnten uns das Leben natürlich sofort leichter machen, indem wir das Nachgetragene absetzen und dem Menschen oder der Situation mit freien Händen und freiem Gemüt entgegentreten.

Humor macht es uns leichter, mit dem Leben umzugehen. Deshalb ist es wichtig, ihn nicht nur zu haben, sondern auch anzuwenden. Am besten immer und überall. Das bedeutet nicht, dass wir dauerlachen und zu keinem „ernsten" Gespräch mehr fähig sind. Ein humorvoller Mensch besitzt ein gutes Einschätzungsvermögen, wann der andere etwas lustig finden kann und wann nicht. Er würde einfühlsam damit umgehen und dem Leidenden oder Wütenden helfen, alle Aspekte eines Problems zu sehen und dann mit einem humorvollen Blick darauf abzuschließen, um handlungsfähig zu werden. Der Mensch, der keinen Humor besitzt oder anwendet, ist oft handlungsunfähig oder handelt überstürzt, unreflektiert, aus Wut und/oder Schmerz heraus. Er hat oder behält keinen klaren Kopf und wird im Nachhinein vieles von dem, was er gesagt oder getan hat zurücknehmen oder relativieren müssen. Falls er dies nicht kann, reitet er sich immer tiefer in die Problematik hinein und verirrt sich im Dschungel der Missverständnisse und der von ihm empfundenen Einsamkeit und Ungerechtigkeit.

Humor lässt uns IMMER handlungsfähig bleiben. Er ist eine Grundeinstellung. Humor ist gepaart mit der Weisheit des Herzens. Er ist eine Form der Liebe, die sie vielleicht am besten repräsentiert, weil sie sich weich und warm anfühlt, keine kritischen Unterschiede zwischen den Menschen macht und die Gemeinsamkeiten betont. Eine humorvolle Bemerkung zu jemandem, den man noch nicht einmal kennen muss, bringt ihn vielleicht zum Lachen, aber vielleicht auch grundsätzlich in eine bessere Stimmung, die seinen Tag verändert und leichter macht. Manchmal lächeln wir noch Tage später über irgendetwas, das uns auf diese Weise erleichtert und zum Klingen gebracht hat.

Geht das Elternpaar humorvoll miteinander um, wird es eine Atmosphäre der Weichheit und Herzlichkeit schaffen, in dem die Kinder ideal gedeihen. Sie lernen von Anfang an, dass es mehrere Dimensionen des Erlebens geben kann. Wenn sich ein Kind weh tut und weint, wird es auf den Arm genommen und getröstet, wir streicheln das „Aua", reden, scherzen, lachen gemeinsam und setzen das Kind schließlich wieder ab. Bei größeren Kindern beugen wir hinunter oder gehen in die Hocke und verhalten uns ähnlich. Wir nehmen das Leid und den Schmerz „ernst" und wechseln trotzdem wenig später in den Modus: Scherz. Der Scherz ist schließlich das Mittel, um den Schmerz zu relativieren. Dabei lenkt er nicht vom Schmerz ab, sondern wandelt die Sichtweise und geht auf die geistige Beweglichkeit des Kindes ein, das sich sowieso nicht lange mit dem Schmerz beschäftigen würde, es sei denn, er ist überwältigend und dauerpräsent.

Der humorvolle Umgang mit Kindern ist kinderleicht. Kinder sind extrem leicht zum Lachen zu bringen, weil die meisten von ihnen die Personifizierung des Humors sind. Sie lachen und lachen über Kleinigkeiten, über die der „Erwachsene" leicht hinwegsähe, wenn er durch das Kinderlachen nicht darauf hingewiesen würde. Was sind das für Kleinigkeiten? Es sind ungewollte Slapstick-Einlagen: man stolpert, zieht Grimassen, vollführt lustige Gesten, macht komische Ausweichbewegungen, wenn etwas unkontrolliert herumkugelt, man schüttet sich Saft übers Kleid oder lässt die Torte fallen. Die Kinder lachen ungehemmt darüber, wenn sie nicht angeschrien und zurechtgewiesen werden von einem Erwachsenen, der das Gefühl bekommt, sich lächerlich gemacht zu haben.

Erwachsene haben oft ein „dünnes Fell." Bei ihrer Geburt war es noch dick genug, doch ständiges Lächerlichmachen eines Kindes kann es in einen miesepetrigen Erwachsenen transformieren, der ständig auf der Hut ist und meint, seine Ehre und Respektabilität verteidigen zu müssen. Kinder lächerlich zu machen, verbaut ihnen den Weg zu Selbstbewusstsein und gesundem Stolz auf ihre Fähigkeiten. Dazu verdreht man ihren ursprünglich gut entwickelten Sinn für Humor zu Schadenfreude und Kritik. Daraus entsteht das Phänomen des „Mobbens."
„Hahaha, wie siehst du denn wieder aus? Soll das Deutsch sein, was du da geschrieben hast? Du hast gemalt? Oh Gott, bewahre mich vor dem Ergebnis! Hahaha, blöd wie immer!" Das sind Killer und haben nichts mit Humor zu tun. Die Deutschen waren früher Weltmeister in Sachen „Abwesenheit von Humor." Sie brauchten viel Nachhilfe aus dem Ausland, um wieder richtig und über das Richtige lachen zu können. Durch die Kriege und die vorhergehenden, teils arroganten Höhenflüge (ausgelöst durch große Erfolge in Wissenschaft, Wirtschaft, Kultur und Sport) entwickelte sich ein morbider Hang zur Schadenfreude, wenn andere sich „dümmer" anstellten als sie. Dieser Hochmut war einer der Gründe, warum es die Nazis schließlich doch schafften, sich zu Führern aufzuspielen. Der deutsche Hochmut war nicht nur die Hintertür, sondern ein großes Portal, das von Besserwissern erst einmal aufgestoßen, sich nicht mehr schließen

ließ. (Dabei waren viele der Erfolge, auf die sie so stolz waren, zu einem nicht geringen Anteil durch unsere deutschen jüdischen Mitbürger errungen worden. Diese mussten dann schnell vertrieben oder ausgerottet werden, damit es den reinrassigen, unchristlichen Heldenmythos geben konnte). Eine unerträgliche Grobheit in unserer Geschichte!

Die Lächerlichmachung des Schülers durch den Lehrer gehörte zum Erziehungsarsenal jener Zeit. Vor der gesamten Klasse wurde festgestellt, wie dumm jemand war. Daraufhin wurde er von vielen der Klassenkameraden nicht getröstet, sondern „gehänselt." Was „Hänseln" bedeutet, weiß jeder, der das Märchen kennt. Jemand wird geistig, seelisch, manchmal auch körperlich blockiert und der Hexe zum Fraß vorgeworfen. Gäbe es keine Gretel in Form von mitfühlenden und handlungsbereiten Zeitgenossen, sähe unsere Welt wesentlich freudloser aus.

Auch heute wird gehänselt. Man drückt es vornehmer oder wissenschaftlicher aus. Aber das „Mobben" ist uns leider geblieben. In einer Familie, in der die einzelnen Mitglieder humorvoll miteinander umgehen, lernt das Kind kein „Mobben." Es entwickelt einen Sinn für Liebe, Wärme, Mitgefühl, Gerechtigkeit und wird den unterstützen, der angegriffen und ausgegrenzt werden soll. Benutzen wir als Eltern unseren Sinn für Humor selber zu wenig, ahmen uns unsere Kinder nach. Nehmen wir immer gleich alles übel, sind gestresst, latent wütend und „bierernst" oder „trocken" (was wundersamerweise dasselbe meint), entwickelt sich ein Familienton, den alle übernehmen und benutzen. Die Kinder werden gereizt miteinander umgehen, sich streiten, sich gegenseitig etwas vorwerfen, sich bei den Eltern beschweren und sich nicht beruhigen lassen, weil sie etwas als ungerecht empfinden – mit einem Wort: sie werden unausstehlich im Umgang. Das wird sich in der Schule fortsetzen und nur mühsam durch Lehreranordnungen begrenzt werden können. Die Lehrer können den einzelnen Schülern den Humor samt mitfühlender Grundeinstellung nicht vermitteln. Es haben/benutzen natürlich auch nicht alle Lehrer ihren Humor. Aber sie sind diejenigen, die vor der Gesamtheit dessen stehen, was wir im Einzelnen als Eltern vorgelebt haben. Und sie sollen unseren Kindern nicht nur Wissen, sondern auch Manieren beibringen. Das ist ein gefährliches Terrain, denn das funktioniert nicht nur nicht, sondern kann den Lehrer auch zur Angriffsfläche werden lassen, wenn Eltern meinen, ihr Kind sei zu hart behandelt worden und der Lehrer haben etwas gegen den Jungen/ das Mädchen.

Jeder tut, was er kann und was er als richtig erkannt hat. All die, die unabsichtlich ihren Kindern Gereiztheit und Ungeduld vorgelebt haben, sind nicht schuldig, sondern waren unaufmerksam und abgelenkt von dem, was sie als ihren schweren (Über-)Lebenskampf empfinden. Wirklich schuldig wäre nur der, der seine Kinder gerne und absichtlich in die

Irre führt, ihnen das Leben zur Hölle macht, sie schlägt, entmutigt und sich lustig über ihr Leid macht. Aber normalerweise versucht jeder, sein Bestes zu geben.

„Jeder hat sein Päckchen zu tragen" wird gesagt. Ja, das stimmt. Denn fast jedem wurden ein oder mehrere Päckchen aufgebürdet. Erst wenn wir uns dafür entscheiden, den ganzen „Rummel" nicht mehr mit uns herumzuschleppen, können wir uns darauf konzentrieren, uns mittels unserer Gedanken und Gefühle bewusst glücklich zu denken und fühlen und nicht auf unserem Unglück und dem unserer Kinder und Kindeskinder sitzen zu bleiben.

Jeder Einzelne von uns kann sich SOFORT wandeln. Schon ein einziger Gedanke schafft eine andere Atmosphäre in uns. Man probiere Folgendes aus und denke so intensiv wie möglich:

ALLES IST SCHWER. ICH KANN NICHT MEHR. NIEMAND HILFT MIR. ICH BIN GANZ ALLEIN. ALLE SIND GEGEN MICH.

Um das Experiment wirklich in seinem ganzen Ausmaß fühlen zu können, ist es nötig, sich diesem Gefühl vollkommen hinzugeben. Man kann die Sätze innerlich mehrmals wiederholen und mit dem verbinden, was man konkret an Leid zu ertragen hat.

Man wird bemerken, dass diese Gedanken uns tatsächlich schwerer werden lassen. Sie sind schwer wie Blei, drücken uns in den Sessel und lassen uns nicht mehr aufstehen. Sie erzeugen Sinnleere, Mutlosigkeit, rauben die Hoffnung auf

Besserung und verankern unser Unglück im Sockel unseres Lebens.
Jetzt denke man Folgendes:
MIR GEHT ES SO GUT! MEIN HERZ IST GANZ WARM UND WEICH. ICH KÖNNTE DIE GANZE WELT UMARMEN. ICH FÜHLE MICH LEICHT UND FREI. DAS LEBEN IST WUNDERBAR.
Na? Wie fühlt sich das an?
Es fühlt sich einfach besser an!
Warum bloß?
Weil wir unserer Natur nach leichte, freie und liebende Wesen sind. Alles andere passt nicht zu uns! Deshalb ist es so wichtig, wieder frei zu werden, durchzuatmen, man selber zu sein und das Leben und die Welt tatsächlich zu umarmen - samt Ehemann, Ehefrau, Kindern und allen anderen, die sich zur Verfügung stellen. Der Humor ist die Prachtallee, die uns in diesen Zustand zurückgeleitet. Laufen haben wir gelernt. Wir brauchen nun nur noch einen Fuß vor den anderen zu setzen, um dorthin zu wandeln.

DER ÜBERGEORDNETE SINN DES GANZEN

Sinnloses fliegt raus!

Für Kinder ebenso wie für Erwachsene ist der Sinn des Ganzen wichtig. Deshalb fragen Kinder ständig: „Wieso ist das so? Warum? Weshalb? Wieso nicht?" Sie haben ganz Recht. Und wir hatten auch ganz Recht, als wir alles wissen wollten und es in einen logischen Zusammenhang zu bringen versuchten. Doch es ist oft wie mit dem Erlernen einer Sprache: Es gibt viele Ausnahmen von der Regel und für eine Sache viele verschiedene Ausdrücke, die nicht alle dasselbe wiedergeben, sondern Schattierungen und Nuancen. Sobald man versucht, einem Ausländer die eigene Sprache beizubringen, stößt man auf diese Schwierigkeiten. Auf noch mehr Schwierigkeiten stößt man, wenn man Kindern das Leben erklären soll.

Wie fasst man in Worte, dass alles in allem enthalten ist, dass das Große im Kleinen und das Kleine sich im Großen spiegelt; dass alles auf diesem Planeten miteinander verbunden ist und aufeinander reagiert? Nichts bleibt so wie es ist. Alles befindet sich in ständiger Bewegung, Veränderung, Anpassung, Verformung, Verflüchtigung. Nichts scheint so, wie es sich auf den ersten Blick darstellt. Immer gibt es noch einen Raum hinter dem, den man schon betreten hat. Es passieren ununterbrochen Wunder, die wir selber nicht erklären können.

Mama, Papa, warum regnet es? Weil sich das Wasser, das auf der Erde durch die Sonneneinstrahlung verdampft, in den Wolken sammelt und wieder auf die Erde zurückkehrt. Aha. Und warum ist das so? Weil nur so die Erde und die Menschen und Tiere und Pflanzen lebensfähig bleiben. Aha. Und warum ist das so? Weil der liebe Gott es so gemacht hat. Aha. Und wer ist der liebe Gott? Das ist jemand sehr Mächtiges, der uns und die Erde und alle Planeten mit ihren Bewohnern erschaffen hat. Aha. Und wie sieht der liebe Gott aus? Ehmmm. (Hier gerät manch einer ins Schwimmen. Mein simulierter Elternteil antwortet vielleicht): Er sieht aus wie ein riesiger Mensch. Er ist weder Mann noch Frau. Er kann seine Gestalt auch wandeln. Dann sieht er anders aus. Aha. Und wo ist er jetzt? Im Himmel. Wo ist der Himmel? Über deinem Kopf. Aha. Und wo hört er auf? Nirgendwo. Der Himmel ist unendlich. Aha. Was heißt unendlich? Dass er nicht aufhört. Aha.

Hier würde das Kind vielleicht erst einmal aufhören zu fragen, um zu versuchen, den Begriff der Unendlichkeit auf die Erde und ihre Gesetze zu übertragen. Das heißt: Es würde die Beobachtung machen, dass in seinem Lebensalltag sehr wohl etwas anfängt und aufhört. Zum Beispiel fängt der Tag an, der Kindergarten, die Schule. Das Mittagessen fängt an und hört auf, wenn alle gegessen haben. Ein Musikstück fängt mit den ersten Tönen an und hört mit dem letzten Ton auf. Ein Stück Schokolade ist endlich. Der Tag hört abends auf und geht in die Nacht über. Was, zum Teufel, ist denn dann mit dem Himmel los? Wieso fängt der nicht an und hört auf?

Auch kleinere Kinder versuchen, sich einen Reim auf das Abenteuer Leben zu machen. Sie ziehen und zuppeln an allem herum und beobachten interessiert, wie Dinge ins Rutschen kommen und heruntersausen. Verschiedene Materialien verursachen dabei unterschiedliche Geräusche: Eine herabfallende Flasche macht „Pling" oder „Klatsch!", je nach Größe und Dicke des Glases. Je schwerer das Glas, desto mehr macht es zuerst „Paff!" beim Aufschlag und dann erst „Plingplingpling" in rascher Folge. Das Kind ist neugierig geworden. Kommt jemand? Meistens ja, vielleicht aber auch nicht. Es kann sein, dass sich das Kind an einer Glasscherbe verletzt. Es wird Schmerz genau dort verspüren, wo das Glas die Haut geritzt hat. Ein Blutstropfen wird herausquellen, den das Kind, wenn der Schmerz nicht zu groß ist, interessiert beobachtet. Es würde natürlich, falls die Mutter noch nicht mit einem Schreckensschrei herbeigeeilt ist und das Kind hochgehoben hat, weiter forschen und in den Glasscherben herumwühlen. Die machen „Pling, Klirr, Klonker, Kling" und tun verflixt weh. Dabei sehen sie doch so schön und interessant aus. Ob man sie in den Mund stecken sollte, um herauszufinden, wie sie schmecken? Wenn die Mutter jetzt noch nicht gekommen ist, könnte es brenzlig werden. Wir gehen aber davon aus, dass sie oder der Papa oder sonst jemand in der Nähe ist und das Kind begleitet. Was aber hätte es bis dahin gelernt?

„Wenn ich an einem Zipfel ziehe, der vom Tisch herabhängt, geschieht Erstaunliches! Der Zipfel ist mit einem schier endlosen Stück Stoff verbunden, der jetzt heruntergleitet. Dinge fallen herunter und machen Krach. Sie sehen zwar interessant aus, können mich aber verletzen und mir wehtun."

Das Kind krabbelt wieder los, um weitere Entdeckungen zu machen. Dabei stehen sich Neugierde und Schmerzerfahrung gegenüber. Manchmal neutralisieren sie einander und das Kind bleibt sitzen und guckt nur herum. Manchmal wird der Schmerz höher bewertet als die Entdeckungslust und das Kind wendet sich einer Sache zu, die offensichtlich die Billigung der Mutter besitzt, nämlich dem Kuscheltier. Es ist immerhin weich, schmeckt zwar flusig, aber so weit ganz erträglich und kann vielleicht sogar „Mäh", „Muh" oder „Mama" sagen. Verfliegt die Erinnerung an den Schmerz wird die Neugierde wieder größer und weitere „riskante" Experimente werden durchgeführt.

Was passiert, wenn ich auf dem Kinderstuhl sitze und Sachen herunterfallen lasse? Eine neue Perspektive. Sie kommen nicht mehr auf mich zu, sondern bewegen sich von mir weg. Sie machen zwar beim Zerspringen oder bloßen Aufprall auch Krach, hören sich aber etwas anders an. Es schmerzt auch nicht, wenn man oben sitzt und der Gegenstand sich von mir entfernt.

Manche Dinge hoppeln nach dem Aufprall oder rollen weg. Das, was ich essen soll, macht ein anderes Geräusch beim Aufschlagen auf den Fußboden. Das Plastikschälchen klingt hell und etwas unangenehm, es hoppelt weiter und prallt mehrere Male auf, während der Brei so richtig schön „Ploff" macht und liegen bleibt. Es wäre interessant zu wissen, wie es sich anfühlt, wenn ich mit meinen Fingern mitten hineinpatsche. Den nächsten Brei schmeiße ich nicht runter, sondern patsche gleich hinein. Und wenn meine Mutter oder mein Vater unbedingt wollen, dass ich mir den Brei mit dem Löffel in den Mund schieben lassen und ohne den Löffel schlucken soll, mache ich das auch. Dann habe ich erst einmal wieder Ruhe und kann versuchen, mich des Löffels zu bemächtigen und auszuprobieren, was passiert, wenn ich ihn fallenlasse. Er macht dann ein eindeutig anderes Geräusch als das Plastikschüsselchen oder der Brei. Ich möchte auch wissen, was passiert, wenn ich unter den Löffel schlage, wenn der noch voll ist.

Ich lerne also Ursache und Wirkung kennen. Das Tischchen an meinem Kinderstuhl hat eine begrenzte Oberfläche. Dinge fallen herab, wenn ich sie über die Kante hinausschiebe. Dinge haben eine unterschiedliche Beschaffenheit. Sie fühlen sich unterschiedlich an, riechen und schmecken unterschiedlich und haben eigene Klänge beim Aufprall auf die tiefer gelegene Ebene. Sehr interessant. Man muss jetzt nicht die ganze Zeit dabeisitzen und alles abnicken. Denn Kinder

gehen immer so weit, wie man sie lässt. Und man besitzt ja nur eine begrenzte Anzahl an Geschirr und hat auch nicht immer Lust, Brei vom Teppich zu kratzen oder Scherben zusammenzukehren. Man würde also eingreifen. Vor allem, wenn das Kind als Steigerung ausprobieren will, was passiert, wenn es sich selber vom Kinderstuhl auf den Boden fallen lässt. Es ist kein Problem, wenn wir eingreifen. Wir entscheiden, wann uns das Experiment eines Kleinkindes zu weit geht. Aber sobald wir eingreifen, sollten wir dem Kind eine kurze sachliche Erklärung geben, warum wir eingreifen. Wir können sagen:
„Nein, das tut weh." Oder: „Mach das nicht kaputt, das brauchen wir noch."
Im Laufe seines Lebens wird es noch oft Gelegenheit haben, etwas fallenzulassen und diese Gelegenheit auch freiwillig oder unfreiwillig nutzen. Es lernt aber schon früh durch die Reaktionen der Erwachsenen, ob die Auswirkungen erwünscht sind oder nicht. Sehr nachvollziehbar wird diese Tatsache, wenn das Kind selber betroffen ist. Wenn es älter ist und beginnt, Dinge zu schätzen und besitzen zu wollen, kann es sein, dass etwas Liebgewonnenes herunterfällt und kaputt geht. Dann spürt das Kind den Schmerz im Inneren. Es ist kein Schmerz, den eine Scherbe verursacht hat, es fließt auch kein Blut. Aber die Ursache für den Schmerz im Inneren ist das Herunterfallen und Kaputtgehen eines Dings. Das Kind lernt und lernt. Je weniger wir diesen Lernprozess stören durch Hektik, Ungeduld, ständige Kommandos,

Schuldzuweisungen, Drohungen oder gar Liebesentzug, desto besser für das Kind.
Die kleinen Beispiele zeigen, warum wir für Kinder so viel Zeit brauchen. Jeder Schritt ist eine Eroberung des Umfeldes und benötigt viele innere Schritte, die das Kind gerne alleine machen möchte. Es möchte sich aber auch sicher fühlen können. Deshalb ist im Idealfeld immer jemand in Reichweite und hat einen Teil seiner Aufmerksamkeit auf das Kind gerichtet, ohne es zu verfolgen. So kann es das Prinzip Ursache-Wirkung erforschen und Material für weitere Sinn-Fragen sammeln, die wir als Erwachsene dann so gut wie möglich beantworten. Das Kind selber kann Scherz und Ernst wunderbar auseinanderhalten. Wenn es Quatsch machen will, stellt es Quatsch-Fragen. Wenn es etwas wirklich wissen will, ist der Blick der Augen intensiv und das ganze Kind samt Körper konzentriert. Es geht eine besondere Kraft und Zielgerichtetheit von einem wissbegierigen Kind aus. Wenn wir es nicht enttäuschen, wird es diese Qualität sein Leben lang behalten und nutzen können.

GENERATIONENÄRGER

Jaja, früher war alles besser!

Wenn das junge oder ältere Elternpaar mit der vorhergehenden Generation zusammen- oder in gegenseitiger Nähe wohnt, können sich Probleme ergeben. Die Haltung zur Erziehung hat sich innerhalb der letzten fünfzig Jahre völlig verändert. 71 Jahre nach Kriegsende stehen wir an einem Punkt, an dem alles erlaubt und wenig empfohlen ist. Der Krieg hat, so wie es jeder Krieg tut, die Strukturen über den Haufen geworfen. Ich frage mich an dieser Stelle, warum die „Erwachsenen" (meistens männlichen Geschlechts) nie an die Frauen und Kinder denken, wenn sie einen Krieg „vom Zaun brechen." Sie denken an Macht- und Landgewinn, Ansehen, frönen ihrem „Spieltrieb" oder lassen ganze Völker ihre Frustration spüren, die sie als Kinder im Angesicht von Ungerechtigkeit und Willkür in ihren Herkunftsfamilien erlitten haben. Jetzt wollen sie es den Übeltätern und am besten der ganzen Welt „mal zeigen, wen man da so schlecht behandelt hat!"
Wir können mit „unserem" Adolf (aber auch Stalin, Mao und unzähligen anderen) ein Lied davon singen, was passiert, wenn jemand sich rächt an Millionen von Menschen, die ihn überhaupt nicht gekannt haben. Männer, Frauen und Kinder sind die Leidtragenden, wobei die Männer sich vielleicht zunächst noch für das Kriegsspielen begeistern können. (In bestimmten Situationen for-

dern sogar Frauen ihre Männer dazu auf). Doch im Schnitt ist es ein männliches Verhalten, das sich auch bei kleinen Jungs auf der Straße zeigt, die mit Stöcken ihre Kämpfchen ausfechten, ohne dass man sie dazu angeleitet hat.
Erzieherisch gesehen sind Kriege ebenfalls eine Katastrophe. Was lernen die Kinder von uns? Die älteren Jungs lernen kämpfen und töten, die Jüngeren lernen, sich ungeduldig danach zu sehnen. Bis sie das „geeignete" Alter erreicht haben, übernehmen sie zusammen mit den Frauen und Mädchen die Pflichten, die sonst von den Männern erfüllt werden. Einerseits emanzipieren sich also die Daheimgebliebenen, andererseits leben sie in ständiger Furcht und Überforderung. Sie wachsen und schrumpfen gleichzeitig.
Wenn der Krieg vorbei ist und die Männer heimkehren (wenn noch etwas vom Heim übrig ist), finden sie verhärtete, selbstbewusste Frauen vor und innerlich verletzte und aufsässige Kinder (wenn sie überlebt haben). Um die verlorengegangene Autorität wieder herzustellen, neigen die Männer dann dazu, zu brüllen und schlagen, was die Frauen und Kinder entweder zur Unterwerfung oder Auflehnung zwingt. Andere ehemalige Soldaten sind traumatisiert, verhalten sich seltsam, schweigen undurchdringlich oder rasten plötzlich aus. Frauen und Kinder ducken sich, gehen ihnen aus dem Weg, ängstigen sich vor ihnen oder hassen sie und wollen, dass sie wieder weg gehen. Der grandiose Film „Wolfskinder" zeigt das Schicksal der Waisenkinder in

Ostpreußen, die den Krieg zwar überlebt haben, aber von den russischen Soldaten gejagt und erbarmungslos erschossen werden. Sie hangeln sich von einem Tag zum anderen. Niemand im völlig ausgebluteten und entmenschten Land will sie haben (mit Ausnahme von den wenigen überlebenden Bauern, Schäfern und Fischern, die entweder noch das Herz am rechten Fleck haben, eine Arbeitskraft brauchen oder den getöteten Sohn ersetzen wollen). Mädchen leben noch gefährlicher als Jungs, besitzen im besten Falle ein kostbares Messer, säbeln sich die Haare ab, schmieren sich Schlamm ins Gesicht und treten so jungenhaft wie möglich auf.

Auch die Kinder in den ausgebombten Großstädten irren umher und verhalten sich tierisch in ihrer Gier nach Nahrung und Obdach. Alle sind beschädigt. Die Liebe bricht nur hier und dort auf wie ein zaghafter Sonnenstrahl am verhangenen Firmament. Es gibt ein Buch von Günther Bentele namens „Wolfsjahre", das das Leben einiger Kinder während des dreißigjährigen Krieges beschreibt. Schon dieses eine Buch und dieser eine Film könnten genügen, um den Menschen die Unsinnigkeit von Kriegen zu beweisen. Es liegt nicht nur an unserer Vergesslichkeit und Unbelehrbarkeit, dass wir dennoch immer wieder neu damit anfangen. Es hängt mit der Abwesenheit der Liebe zusammen. Mehr Respekt zwischen den einzelnen Gruppen, mehr Anerkennung der Unterschiede, mehr Freude über die Vielfalt der Traditionen und

Überzeugungen, würde uns alle bereichern und uns vor Augen führen, dass wir alle über Grenzen und Unterschiede hinweg Menschen sind und letztlich nur Liebe wollen, nichts anderes. Vordergründig wollen wir Geld, Land, Macht, Besitz, schöne Kleider, ein tolles Auto, eine Villa, die größte Yacht der Welt und so weiter und so fort. Doch letztlich wollen wir nur Liebe. Wären wir alle mit einem Schlage fähig zur bedingungslosen Liebe, müssten die Wirtschafts- und Geschäftsleute zurückstecken. Das wäre bei der Fülle der Menschen auf diesem Planeten auch wünschenswert. Die Produktion würde sich automatisch verringern und die Art der Herstellung wieder vermenschlichen. Liebende Menschen würden weder Pflanzen, Tiere noch andere Menschen ausbeuten. Es würde weniger von allem geben, dafür in besserer Qualität. Denn alles, was mit Liebe ausgeführt und hergestellt wird, besitzt ein magisches Strahlen. Das gilt für Nahrungsmittel ebenso wie für Musik, Literatur und überhaupt alles, was Menschen zu erschaffen imstande sind.
Nur wenn wir lieben, können wir schöpfen. Schöpfung definiert sich über allumfassende Liebe. Deshalb ist auch alles auf diesem Planeten so unglaublich perfekt aufeinander abgestimmt. Wissenschaftler begeistern sich immer wieder aufs Neue für diese Perfektion und Weitsicht. Bis ins kleinste Detail bringt uns diese Welt zum Staunen. Dass wir über Perfektion und Schönheit staunen können und uns dafür begeistern ist ein

weiteres Schöpfungswunder. Denn es könnte ebenso sein, dass wir als Menschen stumpfe Sinne hätten, gleichgültig auf eine grandiose Rosenblüte oder eine intelligente Vogelformation blicken würden. Es gilt auch hier: Je entwickelter der Mensch in seiner Liebesfähigkeit, desto sensibler reagiert er auf Schönheit und Anmut. Sie berührt selbst Liebesschwache und lässt ihr Herz (frequenzmäßig) „höher schlagen." Nur der Hartherzige wird nichts spüren. Ihm ist Schönheit egal. Er wird alles zerstören, was sich zwischen ihn und seine Gier nach Entschädigung (für imaginäres oder erlittenes Unrecht) stellt.

Nach Kriegsende gab es viele Experimente. Autoritäre Erziehung kam im „neuen" Deutschland nicht mehr in Frage (außer in der DDR, wo man zunächst das Gegenteil anstrebte und schließlich einen Überwachungsstaat schuf). Antiautoritäre Erziehung scheiterte. Also einigte man sich auf irgendetwas dazwischen, wobei keiner genau wusste, was es war. Man kann es am besten so umschreiben: Der eine so, der andere so. Die Prägung schlug kreuz und quer durch, ohne dass man sich dessen bewusst war. Man hörte sich Sätze sagen, die man von den Eltern her kannte und verabscheut hatte. In den Achtzigern und Neunzigern wurde häufig gestöhnt: „Ich wollte nie so werden wie meine Mutter/mein Vater und jetzt führe ich mich genauso auf!"

Mutter und Vater haben den Krieg vielleicht nicht mehr selber erlebt, sondern seine Auswirkungen. Er hatte sich in die Gemüter ALLER Menschen eingegraben. Angst, Hunger, Not, Verluste – das vergisst man nicht so schnell. Er prägt, egal wie sehr man sich auch versucht davon zu lösen! Daher kommt die, vom Ausland oft spöttisch kommentierte „German Angst." Und daher rühren die vielen Entfremdungsgeschichten in den Familien, die zu weniger statt mehr Liebe geführt haben, obwohl alle doch versucht haben, ihr Bestes zu geben. Indem man es besser machen wollte als die Vorgänger oder indem man wollte, dass die Kinder „es einmal besser haben sollten", legte man sich krumm und opferte sich auf. Kinder wollen aber gar nicht, dass man sich für sie aufopfert. Sie wollen, dass alle glücklich sind und keiner sich opfert. Sie wollen auch nicht hören, wie sehr man sich für sie aufgeopfert hat und wie wenig sie als Kinder den Eltern dafür zurückgeben. Denn Kinder wissen instinktiv, dass man Liebe nicht kauft und verkauft. Druck und Liebe sind zwei verschiedene Dinge. Und durch Leistung kann man keine Liebe erzeugen. Auch nicht durch die Leistung des Opfers.

Unsere Eltern und Schwiegereltern, mit denen wir vielleicht auf engstem Raum leben, sind in irgendeiner Weise von diesen Vorgängen betroffen. Der Krieg mit seinen für die einzelnen Familien spezifischen Auswirkungen hat ihr Denken und Fühlen, das Denken und Fühlen der Kriegsgenerationen geprägt.

Was in Kriegszeiten logisch war, nämlich äußerste Vorsicht, Misstrauen, Angst, überlebensnotwendiger Egoismus, Abhärtung,

Schläue, Körperkraft, Schlagfertigkeit – stört in Friedenszeiten den Aufbau von Wärme, Vertrauen, Herzlichkeit, Selbstbewusstsein, Ehrlichkeit, Hingabe, Mitgefühl und Respekt. Kriegsgenerationen behandeln ihre Kinder völlig anders als Friedensgenerationen. Und die Generation, die zwischen Krieg und Frieden positioniert ist, muss sich Sätze sagen lassen wie: „Im Krieg war alles viel schlimmer. Das, was du da hast, ist doch ein Nichts im Vergleich zu den schweren Zeiten, die wir durchlitten haben. Jetzt reiß dich mal zusammen und stell dich nicht so an! Undankbares Kind! Sei froh, dass du was zu Essen und Trinken und ein Dach über dem Kopf hast!"
Entstehen also regelrechte Wassergräben zwischen jungen Eltern und deren Müttern und Vätern, kann man Friedensplanken darüber legen und sich gegenseitig am einen oder anderen Ufer treffen. Die einen zeigen Verständnis für die Umstände, unter denen die anderen aufwuchsen und die anderen fühlen sich verstanden und beginnen vielleicht, weicher und zugänglicher zu werden. Auf der Basis des Respekts für die Position des anderen kann man vieles erreichen. Die Eltern und Schwiegereltern können ja auch beobachten, dass sich ihre Enkel von kleinen, respektvollen, liebenden Wesen zu großen, respektvollen, liebenden Wesen entwickeln. Das wird sie letztendlich beruhigen und ihnen demonstrieren, dass man Liebe nicht mit Härte und Disziplin hegt und pflegt, sondern mit Mitgefühl und Humor.

Sind die Gräben zu breit und die Differenzen unüberbrückbar, ist es besser, sich zurückzuziehen oder die Wohnsituation neu zu überdenken.

DIE BERÜCHTIGTE PUBERTÄT

*Warte nur ab, bis dein Kind
in die Pubertät kommt, dann...!*

Viele Eltern haben Angst vor der Pubertät ihrer Kinder und bereiten sich mental und emotional schon auf diese schwere Phase im Elternsein vor. Vor allem die Pubertät der Mädchen wird gefürchtet. Man sagt, sie zickten herum, seien gegen jeden und alles und nicht nur nicht zu verstehen, sondern auch schwer zu zähmen. Resigniert werden deshalb viele Fragen, berechtigte Widerstände und emotionale Krisen einfach in die Schubfächer „Pubertät" und „Schuld sind die Hormone" geschoben und resigniert die Achseln gezuckt.
Natürlich baut sich der Körper in der Pubertät um und erzeugt ein inneres Ungleichgewicht; das Mädchen wird zur Frau, der Junge zum Mann. Der Körper bekommt ein Eigenleben, entwickelt verwirrende Begierden. Dazu kommt die wachsende intellektuelle Fähigkeit der Jugendlichen, Situationen und Verhaltensweisen anders, vielleicht auch besser einschätzen zu können und Unlogisches, Ungerechtes zu beanstanden. Die Jugendlichen brauchen Rückhalt, Erklärungen, Trost und Eltern, die ihnen möglichst das Ideal vorleben: einen liebevollen, respektvollen Umgangston, Offenheit, Humor, Diskussionsbereitschaft. Wenn wir von Anfang an unsere Kinder ernst nehmen und sie nicht wie putzige Hamster behandeln, wird die Pubertät

gar nicht so schlimm ausfallen. Denn die Kinder sind daran gewöhnt, dass sie mit ihren Problemen zu uns kommen können. Wir lachen sie nicht aus oder spielen ihre Sorgen herunter, auch wenn es beim kleinen Kind vielleicht „nur" die Sorge ist, die heißgeliebte Plastikkette nicht mehr wiederzufinden. Sie lernen durch unser Zuhören sich zu artikulieren. Denn es ist erfahrungsgemäß gar nicht so einfach, Gefühle so in Worte zu fassen, dass diese auch exakt das wiedergeben, was wir empfinden.

Oft wird „dem Mann" vorgeworfen: „Der redet nicht über Gefühle." Wie sollte er es können, wenn er es nicht gelernt hat? „Frauen reden mehr über Gefühle," wird ebenfalls behauptet. Das stimmt. Sie reden wohl über Gefühle, aber sind diese echt? Wie viel wissen wir über uns und unser Innenleben? Unsere Eltern und wir als Eltern sind die Vorbilder der nachfolgenden Generation, auch für den Umgang mit der Kommunikation. Reden wir selber über unsere wahren Gefühle oder verschweigen wir sie aus Scham, Unlust, Vorsicht, Mitgefühl, Selbstzweifeln oder Rücksicht? Die Gedanken werden schon eher ausgesprochen, aber die Gefühle viel weniger oft. Auch hier muss man ja ein gesundes Maß finden. Wir wollen nicht ununterbrochen wissen, wie jemand sich fühlt, gefühlt hat und fühlen wird. Es gibt für alles die richtige Zeit und das richtige Maß.

Ein Fehler ist es, Gefühle zwar auszusprechen, aber mit Kritik und Schuldzuweisungen zu

verbinden. Auch das lernen Kinder sehr schnell und sind dann eifrig auf der Suche nach Schuldigen, obwohl sie selber etwas „verdödelt" haben. Deshalb muss ich nicht, wenn ich noch keine Erfahrung damit habe, plötzlich mit allem rausplatzen, was meine Seele angesammelt hat und mein Herz zum Überlaufen bringt. Sinnvoll ist eine Überprüfung dessen, was in mir brodelt. Ich sollte alles aufschreiben und sichten, um mir einen Überblick über mein Inneres zu verschaffen. Ich kann dann im geeigneten Moment etwas sagen. Das ist besser als zu schweigen, an dem Gefühl herumzukauen, es herunterzuschlucken und nochmal feste nach innen anzudrücken, damit es dort auch klebenbleibt und letztlich für Unfrieden und Verwirrung sorgt. Der Unfrieden entsteht in unserem mit Nichtgesagtem zugekleisterten System, die Verwirrung entsteht bei den Personen, die uns verstehen wollen, aber nicht können. Deshalb ist ein Mann, der schweigt oft nicht informativer und hilfreicher bei der Entwirrung einer Persönlichkeit als eine Frau, die nicht wirklich sagt, was sie denkt und fühlt.
Es gilt also: Sind wir selber unsicher, zögerlich, ängstlich, verschlossen, uneinsehbar, trotzig, süchtig nach Anerkennung, schauen sich unsere Kinder das ganz genau an und imitieren es. Sie werden dabei genauso leiden, wie wir es tun. Und uns erfasst die Verzweiflung, weil wir sie uns imitieren sehen und weil wir mit ihnen genauso wenig „fertig werden" wie mit uns selber. Haben wir den Kindern Echtheit vorgelebt, werden sie auch

echt leben. Sie werden sagen, was sie denken und fühlen und tun, was sie sich vorgenommen haben. Oder sie werden erklären, warum sie es nicht machen und wann und wie sie es nachholen oder ob sie ihre Pläne verändern und dem anpassen wollen, was sie besser „finden." Sie werden auch genau begründen können, warum sie sich wohler bei dem neuen Termin oder der neuen Ausrichtung fühlen.

Deshalb jetzt sofort anfangen mit: Ich übe täglich, ich selber zu werden. Ich übe täglich, das zu sagen, was ich wirklich sagen will. Ich übe täglich, das zu sagen, was ich fühle, wenn es wichtig für mich und/oder den/die Mitmenschen ist. Bei Misserfolgen hadere ich nicht mit mir, sondern versuche es noch einmal. Und wieder und wieder. Bis es klappt. Wie ein Kind. So lernen wir am schnellsten und zuverlässigsten. Jeder, der will, wird dieses Ziel erreichen.

DIE VERWEIBLICHUNG DER JUNGEN

*Wir übergeben der Jugend eine
Gesellschaft des Geldes, die Jugend
aber will lieber eine Gesellschaft,
die Sinn macht.*

Bevor ich auf die „Jungs" von heute zu sprechen komme, möchte ich aus den Schriften meines Vaters zitieren und zeigen, was damals von einem „echten" Jungen erwartet wurde. Am 10. September 1944, hatte er, ein 17-jähriger Intellektueller mit runder Brille und latent aufsässigem, freiheitsliebenden Gemüt, den Einberufungsbefehl bekommen: Er solle in einem Wehrertüchtigungslager „seiner Dienstpflicht genügen."
Hier ein kleiner Teil seines Berichts:
„Im Februar müssen wir echtes Frontleben durchspielen und beziehen dazu einige Waldbunker, in welchen wir bei Karbidlampenbeleuchtung zwei Wochen auszuhalten haben. Von hier aus werden wir zu Ohrenzeugen eines Bombenangriffs auf das Zentrum der Stadt Minden. Wir werden sofort in Marsch gesetzt und zu Bergungsarbeiten in der zum Teil zerstörten Innenstadt abkommandiert. Ich muss mit einigen meiner Kameraden aus einem zur Hälfte abrasierten Pfarrhaus retten, was zu retten ist. Das drei Stockwerke hohe Haus zeigt uns die Flanke seiner aufgerissenen Zimmerflucht, in denen eine sinnentleerter Hausrat von einem brutal ans Licht gezerrten Innenle-

ben kündet. Wir gehen, ohne daran zu denken, dass das Haus einstürzen könnte, als Fremdlinge durch die Räume und schaffen abwärts, was wir tragen können. Unten steht der Pfarrer neben seiner leichenblassen Frau und schaut mit leeren Augen um sich: Zwei der vielen hunderttausend Ausgebombten.

Mein „Fronterlebnis" im Mindener Wald endet kläglich. Ein furchtbarer Durchfall erlöst mich vom Karbidgestank und berechtigt mich eine Weile zum Aufenthalt in einer Krankenstube. Als ich wieder wohlauf bin, aber noch vom Dienst befreit, erlaube ich mir einen Stadtbummel, der mit einem Kinobesuch endet: „Die Frau meiner Träume!" Ich träume lange von Marika Röck und der zivilen Welt, die sie verkörpert...

...

Anfang März 1945 geht es zu einem Offizierslehrgang nach Detmold.

Ein Ausbildungstag setzt mir besonders zu. Ich stehe vor der Front der Kompanie und sehe zu, wie die Zugführer Ordnung in die Leute bringen. Dann geht es los: Der von Zug 1 stakt auf mich zu, knallt die Hacken, hebt den Arm zum deutschen Gruß und schnarrt:

„Erster Zug angetreten mit 25 Mann, drei auf Krankenstube, zwei abkommandiert!"

Ich danke, lasse abtreten und wende mich dem zweiten zu:

„Zweiter Zug angetreten mit 26 Mann, einer auf Krankenstube, einer auf Sonderurlaub, zwei zum Unteroffizierslehrgang abkommandiert!"

Mein Blick wird leer. Wie viele waren das nochmal?
Der dritte naht: „Ratatam! Rataratatam!"
Der vierte: „.....!"
Mir bricht der Schweiß aus, doch mir bleibt nicht viel Zeit zum Schwitzen. Der Leutnant steht vor mir – ich muss Meldung machen. Bin ich der einzige im Regiment, der es nicht fertigbringt, diese verdammten paar Zahlen zusammenzubringen und eine den militärischen Hierarchen wohlgefällige Meldung hervorzubringen? Ich kriege es nicht hin. Meine Meldung besteht aus virtuellen Zahlen, doch ich verrate mich durch mein Gestotter. Der Vorgesetzte sieht mich an. Ein schmales Lächeln spielt um seine Lippen. Er dankt und lässt mich in die Anonymität, ins Glied zurücktreten. Mein Ausbilder hat's gesehen und feixt.
Am Nachmittag bin ich nochmal dran. Ich soll mit der Truppe exerzieren. Die Regimentsführung versammelt sich auf dem Feldherrenhügel. Nun gut, ich lege los.
„Kompanie – Abteilung marsch!"
Sie tun, was ich befehle.
„Links schwenkt marsch geradeaus! Rechts schwenkt marsch geradeaus!"
Sie tun's, sie tun's! Da sticht mich der Hafer:
„Im Laufschritt marsch marsch!"
Der Heerwurm beginnt zu stampfen.
„Rechts schwenkt marsch marsch – geradeaus! – Rechts um!" Ein kühnes Kommando, zugegeben, würdig eines großen Befehlshabers.

Der Heerwurm donnert auf voller Breite gen Westen. Das muss zurückgenommen werden, damit er nicht am Waldessaum zerschellt.
„Kehrt marsch marsch!"
Das ist zwar nicht falsch, doch schleicht sich jetzt der Keim der Unordnung in die Truppe ein. Die klaren Linien beginnen sich zu kräuseln, zu verwirren, am Ende löst sich der Kopf des Heerwurms glatt von seinem Schwanz und trappelt auf den Feldherrenhügel zu. Und mir – fällt zum Verrecken das passende Kommando nicht ein!
Während ich, wie außerhalb von mir stehend, über den richtigen Wortlaut nachsinne, hat der Kopf des Wurms den Hügel erreicht, walzt über die Kuppe und zwingt die Offiziere auseinanderzuspringen, um sich in Sicherheit zu bringen. Und dann hängt das rettende Kommando schrill und bösartig in der Luft - leider nicht von mir:
„Alles hört auf mein Kommando! Kompaniiie hinlegen!"
Ich begreife dunkel: Das gilt auch für dich, ein anderer hat jetzt das Sagen.
Was folgt, ist eine halbe Stunde strenge ‚Schleiferei.' Der erzürnte Leutnant hetzt uns, bis wir nur noch hecheln können, lässt uns durch den sumpfigen Teil der Wiese robben, bis wir vom Morast des Biotops nicht mehr zu unterscheiden sind. Dann steht ein Lächeln auf seinen schmalen Lippen und er schnarrt:
„Die Truppe wird mir für diese halbe Stunde noch einmal dankbar sein! In einer Stunde Kleiderappell – weggetreten!"

Ist die Truppe mir, dem Verursacher ihrer Leiden gram? Nicht die Spur. Wir hielten zusammen, auf Gedeih und Verderb. Wahrscheinlich wäre das Schleifen sowieso erfolgt, denn jeder Truppenführer weiß, dass die Verschmelzung des Soldaten mit dem Boden lebensrettend sein kann. Mir wird immer klarer, wie richtig mich mein Ausbilder beurteilt hat: Die Sekundenspanne der Unkonzentriertheit, des ‚Neben-mir-Stehens', hätte im Ernstfall ausgereicht, uns alle ins Verderben zu stürzen."

Soweit mein Vater. Was er beschreibt ist eine echte „Jungswelt." Denn auch unsere Jungen kämpfen gerne. Da sie vielfach von pazifistischen Eltern, Kindergärtnern und Lehrern aufgezogen werden, verlagert sich das „Krieg Spielen" oft (mit den bekannten negativen Folgen) ins Internet. Die Hippie-Generation, die „Liebe statt Krieg" machte, feiert nur in der Mode ihre Wiederauferstehung. Es gibt heute zwar Friedensbewegungen (manche davon ziemlich militant), doch sie können nicht darüber hinwegtäuschen, dass „der Mann" an sich gerne Krieg spielt; je weniger seine Liebesfähigkeit und sein Idealismus entwickelt und gelenkt ist, desto mehr neigt er dann später zum Kriegsspiel in der Realität.

„Der Mann an sich" ist aggressiv angelegt, da seine Ur-Funktion die Verteidigung und Absicherung von Frau und Kindern beinhaltet. Deshalb ist er im Schnitt auch stärker und größer als „die Frau an sich." Als „echten" Mann bezeichnet man also jemanden, der stark, kämpferisch und mutig ist,

wenn es darauf ankommt; er soll eben „seinen Mann stehen." Auf dem Schulhof soll er seinen Mann nicht stehen. Wenn er es tut und seinem Rivalen oder einem Angreifer „einen auf die Nase gibt", kommen ganz schnell die Lehrerinnen und Lehrer gelaufen, reden mit Engelszungen auf ihn ein oder strafen sein Verhalten im Nachhinein ab. Was tun? Die andere Wange hinhalten, wie man ihm sagt? Nobel reagieren? Verächtlich schauen und dem Angreifer den Rücken kehren, und wenn dieser das ausnutzt und zuschlägt, weglaufen? Oder, wie Johnny Weißmüller als Tarzan, dem anderen so stark und starr in die Augen schauen, dass dieser „den Schwanz einzieht" und sich eingeschüchtert abwendet? Welcher Junge ist so reif, dies im Notfall umsetzen zu können?
Ein Dilemma. Je zivilisierter eine Gesellschaft, desto weniger Mann wird vom Mann gefordert. Er muss seine Frau, die womöglich im schmalen, eisgrauen Managerinnen-Kostüm samt mörderischen High-Heels ihr untergebene Männer herumscheucht, nicht mehr beschützen. „Mann" soll zwar stark sein, aber seine Stärke in der Sanftheit suchen und sie nur dann und wann durch Blicke oder zupackende Griff demonstrieren, aber nur dort, wo er muss und nur dann, wann er soll. Wo soll er denn? Und wann? Das weiß er zunehmend weniger. Er wurde weiblicher, sensibler, gefühliger, stimmungsabhängiger, was kein neues Phänomen ist. Man denke zum Beispiel an Goethes Werther oder an die Höflingskaste bei Königen und Kaisern.

Ich hörte von einer neuen Gruppierung: Den Machisten. Sie protestieren gegen die Übermacht der emanzipierten Feministen-Frauen und wollen wieder Männer sein dürfen, echte Männer. Sie wollen nicht die Quoten-Frau vor die Nase gesetzt bekommen, sondern einen gerechten Wettbewerb, der die Fähigen ohne Ansicht des Geschlechts bevorzugt - wobei vielleicht der Wunsch mitspielt, dass die Fähigen gleichzeitig männlich sind.

Es ergibt sich folgende Sicht auf die Jungen: Sie sind meistens männlich stark, sprudeln, besonders in der Pubertät, nur so vor hormonell ausgelöstem Über-Mut und dürfen sich nie so richtig austoben, vor allem, da die technische Welt sie fest in ihren Klauen hat: Ihre Augen suchen nicht den Horizont ab, sondern huschen über Bildschirme. Ihre Finger erproben sich nicht beim Klettern, sondern eilen über Tasten mit Zahlen, Buchstaben und Symbolen. Muskeln und Sehnen ruhen weitgehend und verspannen sich beim vornübergebeugten Hocken und Starren. Wäre es wünschenswert, wenn man sie toben ließe? Ja, sie sollten sich endlich wieder austoben dürfen und dabei genügend Freiraum haben. Verheerend wäre es, wenn wir als Eltern oder Erzieher dabei immer hinter ihnen herlaufen und sie kontrollieren würden.

Zusätzlich können wir ihnen einen Rahmen geben, der die wachsende männliche Kraft in die Bahnen lenkt, in denen sie der Gesellschaft nützt und nicht schadet. Denn jugendlicher Vandalismus ist ein Ausdruck der ungenutzten, fehlgedeuteten Kraft und bringt nichts Positives hervor, weder für die Gesellschaft noch für die Jungen. Sie brauchen ein Ziel, für das sich zu kämpfen lohnt. Wenn wir nun umherschauen und nach lohnenden Zielen suchen, fallen uns massenhaft welche ein. Denn es gibt so unsagbar viel zu tun auf diesem Planeten!

Wir haben eine große Anzahl begeisterungsfähiger Jugendlicher, die „aus dem Ruder läuft", weil man sie nicht auf die Aufgaben aufmerksam gemacht hat, welche ungeduldig ihrer Lösung harren. Richtig angeleitet, sind Jugendliche Heilsbringer! Sie wollen Gerechtigkeit, Freiheit, Gleichheit, sie wollen Nachvollziehbarkeit, Transparenz, die Logik der Liebe. Sie wollen den Planeten nicht zerstören, sondern retten und aufbauen. Sie wollen helfen und in diesem Zusammenhang entdecken und erfinden. Mit einem Wort: Sie wollen sich nützlich machen, weil nur das einen echten Sinn ergibt. Nicht umsonst sind sie in der Mehrzahl unzufrieden, unschlüssig, orientierungslos, un-mutig, verantwortungslos im Sinne von: Ohne Antworten!

Wenn Jugendliche ihren Weg zu den Pfadfindern, Naturschutzgruppen, religiösen oder unreligiösen, aber helferorientierten Vereinen finden, dann ist das gut. Viele finden diesen Weg aber nicht, weil er heutzutage nicht wirklich populär ist. Was ist „cooler": Zum Treffen des Bundes der katholischen Jugend zu eilen oder ein paar Eisenbahnwaggons mit Graffitis zu besprühen?

Was „macht mehr her": Mit den Pfadfindern ins Ferienlager zu fahren oder nachts die Geräte auf einem Spielplatz zu zerlegen? In Großstädten kommen die Gangs dazu, die Clans, die Zwänge, denen die Erwachsenen unterliegen und die sie ihren Kindern vererben. Da kann man dem Wirken der Sportvereine schon sehr dankbar sein, denn sie fischen viele potentielle Unruhestifter von der Straße.

Aber diese „Unruhestifter" stiften ja keine Unruhe um der Unruhe willen. Sie sind unruhig, weil man (die Gesellschaft) sie nicht zu brauchen scheint. Man denke an die vielen Vorstädte auf der Welt, in denen die Kinder und Jugendlichen unruhig umherschweifen und die Leere der Zukunft, die sie für sich nicht sehen können, in sich tragen. Man denke an die vielen arbeitslosen Jugendlichen in den Ländern, die kein Geld (mehr) haben, um sie zu bezahlen. Dabei brauchen die Jugendlichen Sinnhaftigkeit viel dringender als Geld. Das sieht man schon daran, dass sie es vorziehen, nach Syrien und in den Krieg zu ziehen, um dort „Ungläubige" zu enthaupten. Warum? Weil man ihnen gesagt hat, dass es sinnvoll sei und dass man sie dort unbedingt brauche!

Die sogenannten Erwachsenen, (also wir), würden sich wundern, wenn sie den Idealismus der Jugend wirklich wahrnehmen würden. Aber sie nehmen ihn nicht wahr, weil er nicht in ihr Konzept passt. Sie selber, (also wir), haben sich das Herz verengen und den Kopf verwirren lassen durch ein Denken, das nur noch industriellen

Fortschritt und wirtschaftliches Wachstum anstrebt. Unsere Kinder wollen das gar nicht. Es sei denn, wir haben es ihnen zu lange eingeprägt. Man gebe den Jugendlichen mehr Möglichkeiten sich nützlich zu machen, zu helfen, ihrer Menschen-, Tier- und Naturliebe Ausdruck zu verleihen! Sie brauchen Abenteuer, Anregung, sie wollen zum Staunen gebracht werden! Nicht nur die Jungen natürlich und nicht alle Jungen. Es gibt auch viele abenteuerlustige Mädchen und sensible, stille, weiche Jungen. Aber es soll in diesem Kapitel ausnahmsweise vorwiegend um die Jungen gehen und ihren Weg in unsere Welt. Jungen brauchen Abenteuerspiele im Wald, auf dem Feld, am See, in den Bergen, am Strand. Sie brauchen Lagerfeuer und Kletterbäume, wackelige Brücken und Durststrecken. Und da sie nicht täglich im Dschungel oder Wald leben, brauchen sie alltagstaugliche Abenteuermöglichkeiten. Was gibt es Interessanteres als Menschen, was ist sinnvoller als zum Beispiel im Altenheim oder beim betagten Nachbarn vorbeizuschauen, sich Geschichten von früher erzählen zu lassen, Einkäufe zu erledigen, den Garten auf Vordermann zu bringen, den Hund Gassi zu führen oder bei Hilfsprojekten mitzumachen, Flüchtlingen beizustehen, anzupacken, wo Not am Mann ist? Bei den jüngsten Überschwemmungsserien am Niederrhein waren die Jugendlichen begeistert dabei! Einige, die studienbedingt nicht vor Ort waren, zeigten sich enttäuscht, nicht dabeigewesen zu sein.

Jugendliche wollen eingesetzt werden, Häuser und Schiffe bauen, Neuland urbar machen (im physischen und geistigen Sinne)! Sie sind kraftvoll und sprühen vor Ideen. Die Jugendlichen brauchen Ziele. Sie brauchen uns, die sie für etwas begeistern! Sie eifern den Helfenden nach, den sozial Engagierten, den Gerechtigkeitsverteidigern. Sie laufen nur den Falschen nach und lassen sich durch Parolen infizieren, wenn wir als Eltern, Geschwister, Ausbildende nicht wach genug waren und die Opfergefühle, das Ungerechtigkeitsempfinden und die innere Leere und Ausweglosigkeit eines Jugendlichen unbeachtet ließen.

Sobald wir uns dessen bewusst sind, dass die Begriffe „Kinder", „Jugendliche" und „Erwachsene" überhaupt nichts über den Reifegrad eines Menschen aussagen und wir im Prinzip immer alles zugleich sind und bleiben, können wir spielerisch auch einmal bei uns nachschauen. Wie steht es denn mit dem kindlichen, dem jugendlichen, dem erwachsenen Anteil in uns? Lassen wir uns noch spielen? Sind wir noch offen und neugierig? Wie steht es mit unserem Idealismus? Haben wir Ziele? Tun wir etwas Sinnvolles? Und wenn ja, wissen wir auch, dass es sinnvoll ist oder maulen wir daran herum, weil wir meinen, dass wir zu wenig Geld dafür bekommen? Sind wir innerlich alt oder jung?

Es gilt: Je jünger wir selber bleiben, desto besser verstehen wir nicht nur den Jugendlichen in uns, sondern auch den, der vor uns steht.

LIEBESÄNGSTE

*Marmor, Stein und Eisen bricht,
aber uns're Liebe nicht.*

Wenn ein Kind mich fragt: „Habt ihr mich noch lieb?", sollten meine Alarmglocken läuten. Ich muss mich fragen, warum das Kind auf diesem Gebiet unsicher geworden ist. Es kann verschiedene Gründe dafür geben:
1) Es kann sein, dass das Kind etwas angestellt hat. Ich habe unbewusst signalisiert, dass ich enttäuscht von seinem Verhalten war. Ich habe zum Beispiel gereizt, verletzt, wütend oder abweisend reagiert. Das wird sofort als Liebes- und Wärmeentzug gedeutet.
Ich analysiere mich selber und schaue nach, wie man mich als Kind behandelt hat, wenn ich nicht das tat, was ich tun sollte. Auch da gibt es wieder verschiedene Kategorien. Es gibt das, was ich wirklich tun sollte und das auch wusste, zum Beispiel meine häuslichen oder schulischen Pflichten wahrnehmen, eine Bitte erfüllen, meine Versprechen halten usw. Es gibt zudem das, was ich tun sollte, aber nicht wollte, weil es mir nicht gefiel oder nicht zu mir passte. Und es gibt das, was jemand anderer mir einflüsterte zu tun, obwohl ich es selber nicht wirklich wollte. Und es gab vielleicht auch das, wozu ich andere anstiftete, die dies nicht wirklich wollten. Wo sehe ich mich?
Ich versuche mich an konkret darauf folgende Straf-Situationen zu erinnern und notiere sie.

Wer war beteiligt, wie hat es begonnen, welchen Verlauf hat es genommen, was ist von wem (Mutter oder Vater oder Erziehungsperson) gesagt oder getan worden und wie habe ich mich dabei gefühlt? Wie habe ich damals reagiert? Wie würde ich jetzt meine „Straftat" beurteilen und wie die Strafe, mit der darauf reagiert wurde? War sie angemessen oder überzogen oder sogar ungerecht?
Nachforschungen dieser Art können mir mein eigenes Verhalten als Mutter oder Vater erklären. Ich verstehe, dass ich die Strafaktionen und -reaktionen imitiere und notiere mir zum Vergleich den letzten Vorfall, bei dem ich das Kind mit einer Strafe belegt habe. Es muss sich dabei nicht um Hausarrest oder Taschengeldentzug handeln. Es geht auch um Distanz als Strafe, (manchmal tagelanges) Schweigen, Ignorieren des Kindes, verächtliche bis leidende Blicke oder offene Schuldzuweisung à la:
„Wie kannst/konntest du nur so etwas tun/sagen? Du bist jetzt Schuld daran, dass..."
Mir ist vielleicht in jenem Augenblick die Schärfe dieser Aussage oder meiner Handlung nicht bewusst gewesen. Doch sobald ich mit der Analyse beginne und mich an meine Kindheit und meinen Schmerz erinnere, wird mir klar, dass ich mein Verhalten verändern möchte.
2) Es kann auch sein, dass das Kind meine Abneigung gegen mich selber fehlinterpretiert und auf sich bezieht. Der abweisende, womöglich grimmige Blick, den wir unbewusst aufsetzen, wäh-

rend wir uns innerlich kritisieren oder mit einem Problem herumschlagen, wird dem Kind ja nicht erklärt. Im Gegenteil: Ich versuche ja nach allen Kräften, jegliches Problem vom Kind fernzuhalten. Daraus entsteht ein Gefühl, mich nie mitteilen zu dürfen, obwohl ich die Entscheidung dazu ja selbst getroffen habe. Ich kontrolliere mich also täglich, um mich nicht zu verraten und verrate mich dadurch täglich. Das Kind spürt meine Trauer darüber, meine Dauerverzweiflung, mich nicht lieben zu können und mich stattdessen ablehnen zu müssen, weil ich ja dies oder jenes Problem nicht gut genug gelöst habe und sowieso immer zum Scheitern verurteilt bin.

Erst wenn mein eigenes Kind mich mit dieser unschuldigen und angsterfüllten Frage konfrontiert wird mir bewusst, wie wenig ich mich selbst und wie sehr ich dieses Kind liebe. Geht beides gleichzeitig? Nicht wirklich. Es wird immer etwas von meinem Zweifel, meiner Selbstablehnung auch beim Kind landen. Wir sind zu sehr verbunden miteinander, um bei Gefühlen eine Grenze ziehen zu können. Wir können überhaupt keine Grenzen zwischen einander ziehen. Da wir aus Schwingungen bestehen, werden wir auch verbunden sein, wenn der eine auf Honolulu lebt und der andere in Berlin. Wie also sollte unser Kind nicht spüren, wann wir Sorgen haben? Es weiß aber nicht, welche Sorgen. Das ist zutiefst beunruhigend. Die Gefahr, die man nicht kennt, ist viel schlimmer, als die Gefahr, die man kennt. Man kann auf etwas, das man durchschaut reagieren. Wie will man rechtzeitig und angemessen auf das Unbekannte reagieren?

3) Es kann auch sein, dass das Kind zusammen mit anderen Kindern gespielt und geredet hat. Vielleicht gab es eine Trennung in einer der Familien. Oder die Kinder haben von Trennungen gehört, gelesen, einen Film gesehen oder etwas im Internet mitbekommen. Die Möglichkeit, Liebe könnte endlich sein, war ihm vielleicht bisher noch nicht in den Sinn gekommen. Wenn sich also Ehepaare trennen, weil sie sich nicht mehr lieben, wieso nicht auch Eltern von Kindern, wenn sie das Kind nicht mehr lieben? Daher die bange Frage an die Eltern.

4) Es kann auch sein, dass das Kind etwas angestellt hat und Angst bekommen hat, durch die bewusste Tat eine Entfremdung herbeizuführen. Es liebt die Eltern und achtet sie und möchte ihnen gefallen. Trotzdem passiert es immer mal wieder, dass es nicht das tut, was sie von ihm wollen. Egal ob zu Recht oder Unrecht – das kann das Kind meistens in dem Augenblick nicht unterscheiden, aber es ist geschehen. Was werden die Folgen davon sein? Je vertrauter unser Verhältnis zum Kind, desto eher wird es mit der „Untat" herausrücken. Und alles kann wieder gut werden. Das Kind kann helfen, das Kaputtgegangene wieder zu reparieren, das Verschüttete aufzuwischen, den nicht verfassten Aufsatz nachzuliefern, das gestohlene Geld zurückzugeben und sich zu entschuldigen. Es soll dabei lernen, dass es sich lohnt, Lügen in Wahrheit zu verwandeln, zu ei-

ner Tat zu stehen, Verantwortung und Mut zu zeigen und das Ausmaß eines eventuellen Schadens (materiell oder emotional) zu erkennen und auszubessern. Dazu braucht es unsere Anleitung und unser Vorbild.

REGLEMENTIERUNGEN

Dies ja, das nicht. Basta.

Wenn wir in einzelnen Situationen nicht wissen, wie wir reagieren sollen, was dann? Wir wollen nichts falsch machen und wissen nicht, was richtig ist. Sollen wir nachgeben oder auf etwas bestehen? Sollen wir überhaupt Kommandos benutzen oder immer sanft mit dem Kind sprechen?

Das hängt von jeder einzelnen Situation ab. Sicher können wir nur sein, wenn wir unser Herz befragen. Was wäre die Reaktion, die unser Herz auch im Kino zum Schmelzen bringen könnte, weil sie so weise und warm ist und so von Liebe getragen? Schon allein, wenn ich mich um Reaktionen dieser Art bemühe, werde ich angemessener mit dem Kind umgehen können.

Wenn es mich offen herausfordert, will es eine Grenze. Die Grenze muss unbedingt sinnvoll sein und darf keine tyrannische, sinnlose Anordnung enthalten. Die Erkenntnis, dass mein dauerschreiender, revolutionsgesonnener Sprössling meine eigene, unterdrückte Wut zum Ausdruck bringt, kann mich handlungsunfähig machen. Ich gebe mir dann selber die Schuld daran und kann das Kind nicht mehr glaubwürdig zur „Raison" bringen. Es ist aber wichtig, während des Prozesses der eigenen Wandlung und Korrektur der Positionen zweigleisig zu fahren. Noch imitiert das Kind das, was ich ihm, manchmal jahrelang vorgelebt habe. Es braucht

Zeit, die Wandlung mitzumachen. Meistens geht das schnell, aber es gibt eine Übergangsphase. Sollte ich Ver- oder Gebote aussprechen müssen, ist es wichtig, sie auch „durchzuziehen." Deshalb spreche man nie ein Verbot aus, das man nicht durchzusetzen imstande oder willens ist, sonst verliert man die Glaubwürdigkeit und kann „einpacken."

Sehr überzeugend und wirkungsvoll ist die Ansprache des Kindes mittels der Wahrheit. Man kann dem Kind erklären, dass man selber jahrelang unter diesem und jenem gelitten hat und deshalb eine große Wut angestaut hatte. Und dass man selber am liebsten laut geschrien hätte. Es kann sein, dass sich ein Spaziergang aufs Feld oder in den Wald daraus entwickelt und Mutter oder Vater und das Kind ganz laut in den Wind schreien. Das wird allen Spaß machen: Das Problem wird zum Spiel und verliert die Schwere und den Nimbus der Unlösbarkeit. Man kann immer dann, wenn es um Wutausbrüche oder Lautstärke geht, spielerisch auf dieses Ereignis zurückkommen und sich neue Wege ausdenken, wie man Wut loswird. Angeschlagene Porzellanteller oder Tassen, die man schon immer hässlich fand, eignen sich zum Beispiel sehr zum „therapeutischen" Zerschmettern. Aber auch Malen mit Fingerfarben, Rennen, Tanzen, Singen. Die Liste ließe sich beliebig verlängern.

Wie reagiere ich, wenn ich mein Kind beim Lügen ertappe? Vielleicht hat es etwas kaputtgemacht und geniert sich, das zuzugeben. Wenn ich es bezichtige und triumphierend Beweise vorlege, wird es sich schämen und vielleicht trotzdem weiterlügen und sich immer weiter verstricken. Wenn ich es mit dem Auftrag aufs Zimmer schicke, über seine Lüge/Sünde nachzudenken, wird es das eine mit dem anderen nicht wirklich verbinden können. Es wird im Zimmer stehen, sich umschauen und anfangen zu spielen. Es wird dabei ein diffuses schlechtes Gewissen haben, aber keine Lösung für das Problem finden. Das Problem ist für das Kind zunächst nicht die Lüge, sondern die Reaktion der Mutter auf die Lüge. Es muss befürchten, dass die Mutter „böse" mit ihm ist und weiterschimpft. Sobald das Kind also aus dem Zimmer herausdarf, wird es versuchen, sich bei der Mutter einzuschmeicheln und „das gute Kind" zu mimen. Wenn die Mutter dann fragt: „Wirst du das auch nie wieder tun?", wird das Kind beteuern, nein, es werde das bestimmt nie wieder tun! Es wird aber immer noch keinen Bezug zwischen Lüge und Strafe sehen und immer noch keine Unterscheidung zwischen Lüge und Wahrheit machen können.

Um dem Kind nahezubringen, was Lüge bedeutet, kann ich mich zum Beispiel mit ihm zusammensetzen und ihm etwas aus seinem Lieblingsbuch vorlesen. Ich kann dies oder jenes Ereignis etwas verändern und einen Mann Frau und eine Katze Maus nennen. Das Kind wird mich lachend auf den Fehler hinweisen. Ich werde darauf beharren, dass die Katze die Maus ist.

„Das stimmt doch nicht, Mama, das ist doch eine

Katze!" „Oh ja, stimmt, ich hab gelogen."
Das Kind wird sich darüber wundern. Es wird abspeichern, dass eine Lüge bedeutet, etwas zu behaupten, was nicht stimmt. Es könnte sein, dass es dann fragt:
„Aber Mama, warum hast du denn gelogen?"
Und ich könnte lachend erwidern:
„Warum hast du denn gelogen?"
Und dann kann man darüber sprechen, dass man manchmal lügt, um besser dazustehen als man ist, das aber nicht nötig hat, weil man gut so ist, wie man ist. Und dass die Wahrheit bewirkt, dass man sich auch gut fühlt. Und dass man Verantwortung für das, was man sagt und tut übernehmen soll, damit keine Verwirrung entsteht. Denn aus Verwirrung wird oft Unglück.
Man kann dann das Beispiel wählen:
„Stell dir vor, ich würde behaupten, der Kater Miko wäre schlimm krank!"
Das Kind würde sich entsetzen:
„Oh nein, der arme Miko."
„Es würde ja auch gar nicht stimmen. Und du würdest dir ganz umsonst Sorgen machen und Angst haben, dass Miko leidet oder sogar stirbt."
Das Kind muss dann Zeit haben, darüber nachzudenken und Folgefragen zu stellen oder selber Beispiele zu erfinden. Und je mehr es in das Thema „Lüge" einsteigt, desto mehr begreift es die Tragweite einer unbedachten, unstimmigen Aussage.
Hilfreich ist es auch, wenn das Kind etwas kaputt gemacht hat, das Zerbrochene gemeinsam mit

ihm zu reparieren. Vielleicht kann man es ja noch kleben. Man wird seine Traurigkeit zum Ausdruck bringen, dass das Ding kaputt ist, aber der Hoffnung Ausdruck verleihen, es möge wieder repariert werden können. Sobald das geschehen ist, kann man sich zusammen mit dem Kind vor den Gegenstand setzen und sagen:
„Schau mal, so geht es doch. Ist es nicht hübsch? Du kannst es mir beim nächsten Mal ruhig sagen, wenn dir etwas runterfällt. Ich werde dich schon nicht gleich fressen." Und dann kann man so tun, als würde man das Kind am Ärmchen anknuspern, es wird quietschen und lachen und sich wehren und man kann ein Weilchen herumknuffeln und ein Spiel aus dem Ganzen machen.
Das Kind lernt daraus: „Es passieren manchmal Dinge, die man nicht unter Kontrolle hat. Aber ich war der Auslöser. Es ist besser, gleich zu sagen, was man getan hat, dann geht es gut aus."
Ein anderes Beispiel:
Die Kinder streiten sich mal wieder, das eine Kind ärgert immer das andere und will einfach nicht aufhören. Ich kann dem geärgerten Kind sagen: „Immer wenn deine Schwester/dein Bruder zu dir sagt: „Du bist blöd, du bist total bescheuert, ich kann dich nicht leiden!" meint sie/er eigentlich: „Ich hab dich lieb, ich hab dich lieb, ich hab dich lieb!" Das wird letztlich alle zum Lachen bringen. (Überprüft werden muss hier unser Umgang als Eltern. Wie respektvoll gehen wir eigentlich miteinander um?)
Ein anderes Beispiel:

Das Kind ist rappelig, kann sich nicht konzentrieren, hampelt sowohl zu Hause als auch in Kindergarten und Schule nur herum, ist schnell nörgelig und unzufrieden. Wenn man es anschreit, ist es kurz ruhig, um dann weiter herumzuhampeln. Es gilt: Anschreien bringt selten den gewünschten Erfolg. Es hilft nur, wenn ein Kind im Begriff ist, etwas Gefährliches, Unbedachtes oder extrem Unsoziales zu tun im Begriff ist. Dann muss man es durch einen Donner- und Blitzschlag zur Ordnung rufen.: „Jetzt ist aber Schluss! Du hörst sofort damit auf! Wage nicht, das zu tun!" Ein reinigendes Gewitter kann nützlich sein. Es soll aber sparsam eingesetzt werden. Wenn wir eine gute, empathische Beziehung zum Kind haben oder entwickeln, wird das kaum nötig sein.

Es hat sich leider in den letzten Jahrzehnten eingebürgert, diesen Kindern Ritalin oder vergleichbare Drogen zu verabreichen. Ein absurder Vorgang! Wir Eltern möchten gerne unseren Kindern helfen. Aber wir verstehen sie manchmal nicht. Warum ärgern uns diese kleinen Rabauken denn bloß, nachdem wir so viel für sie getan haben und auch weiter zu tun bereit sind? Warum müssen sie unbedingt die Klasse „aufmischen" und einen ruhigen, konzentrierten Unterricht verhindern? Außerdem schämen wir uns: Wir haben das Kind ja offensichtlich nicht gut genug erzogen.

Wir denken: „Mit dem Kind stimmt etwas nicht", und gehen damit zum Arzt. Der sagt: „Das ist eindeutig ADS oder ADHS oder ADHSAFHRGDS-

FTGREKUISDA." Aha. Wir Eltern gehen dann zwar nicht zufrieden nach Hause, haben aber immerhin die Diagnose und Versicherung bekommen, dass wir nicht „schuld" sind.

Darum springen wir vorher noch eben in die nächste Apotheke und holen das Mittel schon mal ab. Man kann es sich ja noch überlegen, ob man es verabreicht. Falls der Lehrer Druck ausübt, dann vielleicht... Man will ja nicht alle anderen Kinder blockieren. Außerdem hat sich das Kind das letztlich selber zuzuschreiben. Es quält uns doch im Gegensatz zu uns: Wir quälen es nicht! Und es macht nicht, was es soll und was alle von ihm wollen. Wenn es uns lieben würde, würde es doch endlich mal still sitzen und lernen. Wir sind verzweifelt, am Ende unserer Weisheit. Was sollen wir denn noch tun? Keinem fällt etwas ein. Aber der Arzt hat ja gesagt, es sei krank, das heißt: es kann nichts dafür und wir auch nicht. Das ist höhere Gewalt. Und wenn wir es ruhigstellen, handeln wir sozial, das Kind macht keinen Unsinn mehr und schreibt bessere Zensuren und kann einen guten Abschluss machen und kommt mit seinem Leben wunderbar zurecht, weil es einer regelmäßigen Arbeit nachgehen und gutes Geld verdienen kann. Allen ist gedient mit Ritalin. Man kann es ja ausprobieren und das Mittel nur einmal geben und schauen, was dabei herauskommt.

Es kommt oft dabei heraus, dass es regelmäßig gegeben wird, so wie ärztlich angeraten. Das ist auch logisch. Ein Mittel, das man nicht gibt, kann

nichts bewirken. Die Pharmafirmen verdienen großartig, und man verschweigt kollektiv, dass Ritalin und Co als Drogen auf dem Schulhof gehandelt und unsere Kinder abhängig von zweifelhaften Substanzen gemacht werden, (obwohl wir uns gleichzeitig sorgen, dass sie eventuell Drogen nehmen könnten).
Die rappeligen, unkonzentrierten Kinder aber möchten ihrerseits uns, den Eltern, helfen. Das verstehen wir nicht. Was soll das für eine seltsame Aussage sein? Ausgerechnet das Ritalin-Kind will uns, den Eltern, helfen? Wie das?
Die Nebenwirkungen, die nach längerer Einnahme häufig die Ausgangssymptome sogar noch steigern, stellen sich vielleicht erst nach dem Zeugnis ein, vielleicht schon vorher. Die Schlafstörungen und Depressionen können das Kind ein Leben lang begleiten. Dabei wollte es nur eins erreichen: Es wollte mich, seine Mutter, oder mich, seinen Vater, darauf aufmerksam machen, dass ich nicht glücklich bin. Deswegen zappelt es in den meisten Fällen ununterbrochen herum. Dazu kommt die Ernährung: Das Kind bekommt vielleicht zu viel zuckrige und fette Nahrungsmittel, die den Organismus zu hektischen Schnellschüssen animieren oder die innere und äußere Unruhe verstärken. Und es kommt die Bewegung dazu: Vielleicht sitzt das Kind zu oft und lange vor technischen Geräten herum und hat keinen Auslauf mehr.
Was also tun mit dem zappelnden Kind, das natürlich auch nicht auf Süßigkeiten und kleine

und große Computer verzichten will? Erst einmal nichts außer ganz viel Liebe geben und geduldigen, humorvollen Umgang pflegen. Die Nahrung kann man unauffällig umstellen. Man muss sich nur einmal die Mühe machen, die Inhaltsangaben auf den Ketchupflaschen, Chips, Fertiggerichte, Wurstwaren zu lesen, um zu wissen, dass fast alles Zucker, Farbe, Aromen, Chemikalien jeglicher Couleur enthält. Auf der Verpackung meines kleinen, schmalen Flugzeug-Sandwiches zum Beispiel stand am Ende einer überlangen Zutatenliste samt verschiedener Konservierungsstoffe und Aromen noch zusätzlich: „Kann Rückstände von Krebstieren, Fischen, Erdnüssen, Sojabohnen, Schalenfrüchten, Sellerie, Lupinen und Weichtieren enthalten."

Was die digitale Welt betrifft: Man richtet Zeiten ein, die völlig computerfrei sind und auch die Eltern ihr Handy weglegen. Diese Zeiten gehören der Familie. Man kann Spiele machen, herumalbern, zusammen einen ausgewählten Film gucken, eine Nachtwanderung planen, zusammen kochen und vieles mehr. Man kann die Kinder fragen: Was wünscht ihr euch? Sie wollen vielleicht ein Baumhaus oder eine Bettenburg bauen oder mit der ganzen Familie im Regen ohne Schirm spazierengehen.

Wenn die Eltern glücklich sind, wirklich glücklich, sich selbst annehmen und lieben, den Partner annehmen und lieben und somit auch die Kinder und alle in ihrem Umfeld, wenn sie sich Zeit nehmen für einander samt ihren Kindern und das, was sie tun, gerne tun, weil sie es mit Sinn erfüllen, verlieren die Pillenhersteller im Kampf gegen ADS und ADHS und ADHSAFHRGDSFTGREKUISDA schlagartig die meisten ihrer Kunden und damit eine ganze Menge Geld! Die richtige Frage im Spiel um ADS und Gefährten lautet: Was also tun mit mir, der Mutter und mir, dem Vater? Wie können wir glücklich werden, geduldig, gelassen, innerlich ruhig, wie können wir endlich bei uns ankommen? Wie man sich denken kann, empfehle ich hier zunächst einmal die ANALYSE. :-)

Es gibt einen isländischen Kurzfilm namens „Im Tal der Wale," der vom Schweigen der Kinder handelt und von der Unwissenheit der Eltern. Ein etwa Achtjähriger beobachtet den Selbstmordversuch seines großen Bruders, der, mit der Schlinge um den Hals, im Stall auf einem Stuhl steht. Entsetzt ergreift der Kleine die Flucht. Da der Ältere, der von seinem Vorhaben zunächst ablässt, keine Erklärungen folgen lässt, sondern den Jüngeren nur zum Schweigen den Eltern gegenüber verpflichtet, weiß der Kleine nicht, was er tun soll. In einem unbeobachteten Moment rennt er in den Stall und legt sich selbst die Schlinge um den Hals. Diese zieht sich immer weiter zu, der Junge kämpft ums Überleben und wird erst in letzter Sekunde vom älteren Bruder entdeckt. Der zieht sein Taschenmesser und kappt die Schlinge. „Sag nichts den Eltern davon", verpflichtet er den Kleinen wieder einmal. Der nickt heroisch. Doch nachts, als beide nicht schlafen können, hebt der

Große seine Decke an und winkt den Kleinen zu sich. Sie kuscheln sich aneinander, und der Große fragt den Kleinen: „Soll ich mit den Eltern reden?" Der Kleine nickt nachdrücklich. Daraufhin umweht beide ein leises Lächeln.

Ich würde hier jetzt ansetzen und fragen: „Warum will sich der große Bruder eigentlich umbringen?" Und die nächste Frage würde lauten: „Wer in der Familie hat denn wirklich den Lebensmut verloren?" Bestimmt nicht eins der Kinder.

OPA ERZÄHLT ÜBER STRAFEN

„Opa, wie war das früher bei euch, wenn ihr mal frech wart?"
„Bei uns? Na ja, ganz anders als heute. Die Lehrer und Eltern hatten immer Recht und zogen immer am selben Strang. Bei Ungehorsam wurde geschlagen oder schlimme Strafen verhängt. Widerworte waren äußerst gefährlich und verschärften die Strafe nach dem Motto: ‚Was, du beschwerst dich über eine Ohrfeige? Hier hast du noch eine!'
Mein großer neunjähriger Bruder war einmal von zu Hause weggelaufen, weil er mit unserem Vater einfach nicht zurechtkam. Zur Strafe musste er eine Nacht im stockfinsteren Kohlenkeller büßen! Wenn wir irgendetwas angestellt hatten, wurden wir mit Vorliebe in die Fächer eines Nachtschränkchens gesteckt und erst nach ein oder zwei Stunden wieder herausgelassen.
Kein Wunder, dass mein Vater zu diesen Strafmaßnahmen griff – er selbst musste, wenn er mal ins Bett gemacht hatte, eine Stunde lang mit dem nassen Laken in der Hand vor der Haustür stehen, wo alle Vorübergehenden ihn sehen und sich über ihn lustig machen konnten. Wie am Pranger!
Einmal hatte ich einer Mitschülerin einen Brief geschrieben, um sie nachmittags zum Spielen einzuladen. Am nächsten Tag kam der Vater in Begleitung eines Landjägers mit Helm in die Schule gestürmt und beschwerte sich beim Direktor. Sie alle kamen in unsere Klasse, ich musste vortreten

und meine ‚Untat' bekennen. Daraufhin musste ich vor aller Augen die Hosen runterlassen und bekam zehn Stockhiebe auf den nackten Hintern.
Unsere Englischlehrer hatte eine besondere Methode, die Vokabeln abzufragen: Er marschierte durch die Reihen der Klasse, blieb hinter einem ‚Opfer' stehen, das sich nicht umdrehen durfte und brüllte: ‚Abend!' oder ‚Frühstück!' Wenn der Schüler nicht sofort das englische Wort herausstieß, bekam er vom Lehrer hinterrücks einen scharfen Schlag mit dem Lederriemen seines Schlüsselbundes auf den Kopf, was besonders schmerzte, da sich ein Druckknopf an dessen Ende befand. Oft bekam man so keinen klaren Gedanken in den Kopf vor lauter Angst, die Vokabeln nicht zu können.
Strafarbeiten wurden vergeben nach dem Motto: ‚Willst du eine geplästert oder willst du schreiben?'
Später, in meiner Lehrerausbildung, wurde über das Thema ‚Strafen' nicht gesprochen. Es verstand sich wohl von selber, dass man entweder zuschlug oder hundertmal ‚Ich darf den Unterricht nicht stören' pinnen musste. Erst viel später wurde es verboten, in der Schule zu schlagen."

GESCHWISTER

*Konkurrenz belebt das Geschäft
und erstickt das Mitgefühl.*

Wenn es schon Geschwisterkinder in der Familie gibt, ist das schön für das Kind und womöglich zunächst anstrengend für die Mutter, weil die größeren Kinder sich an die „Konkurrenz" gewöhnen müssen. Viele Geschwisterkinder freuen sich einfach nur über den weiteren Spielkameraden und gehen relativ gelassen mit dem Gemümmel an ihren Pixibüchern und dem Gekaue an der Brio-Eisenbahn um. Es kann zu Engpässen kommen, wenn das krabbelnde Baby liebevoll konstruierte Legoburgen verwüstet und wie eine Dampfwalze durch den im Garten kunstvoll angelegten Zauberbach rumpelt. Doch letztlich sind Kinder großzügig, wenn wir es ihnen vorgemacht haben. Deshalb kann man ja oft von den Kindern ebenso lernen wie sie von uns. Beobachten wir uns zum Beispiel dabei, wie wir unseren Partner unkontrolliert anschreien, weil er unsere Lieblings-Sonnenbrille (die auch ganz teuer war) vom Tisch hat fallen lassen, dann erkennen wir, dass es bessere Lösungsansätze gäbe. Oder sagen wir so: Das ist kein Lösungsansatz. Und wenn wir es tun, sind wir KEIN gutes Vorbild für unsere Kleinen. Sie beginnen dann nämlich ebenfalls, sich gegenseitig anzuschreien. Auch das Baby wird seine Ration abbekommen. Die ratlose Frage: „Von wem hat er denn das?", dürfte hiermit beantwortet sein. Natürlich bringt ein Kind seine eigenen Anlagen mit. Nicht alles kommt von uns. Aber der Anteil, der von uns kommt, kann ja so beschaffen sein, dass wir gerne damit konfrontiert werden. Bin ich also stets guter Dinge, finde Lösungen, statt auf dem Problem herumzusitzen, einen Schuldigen dafür zu suchen oder es mit hoffnungslosen Blicken zu bedenken und achte ich immer darauf, respektvoll mit ALLEN Menschen und Tieren (und Pflanzen) umzugehen, wird das Resultat im Schnitt ein liebevoller Umgang der Kinder mit uns und ihren Geschwistern, weiteren Familienmitgliedern, Freunden, Tieren und Pflanzen sein.

Die Position des ältesten, also des ersten Kindes ist heikel. Alle werfen sich auf das erste Kind! Nicht nur die Eltern, denen ihr erstes Wunderwesen erschienen ist, sondern auch Oma und Opa, Tanten und Onkel, Freundinnen und Unbekannte auf der Straße, die „Oh, wie süß!", rufen und „Ganz die Mama, ganz der Papa!"

Alle befinden sich im Rausch! Aber gleichzeitig befinden sich alle im Umbruch. Ein Kind macht die Frau zur Mutter, den Mann zum Vater, die Mutter der Mutter zur Oma, den Vater des Vaters zum Opa. Nicht alle verkraften das gut. Es ist ein Generationenschritt. Eine Frau fühlt sich anders, wenn man sie „Mama" nennt und eine Mutter anders, wenn man sie „Oma" ruft. Man wird älter. Man muss mehr Verantwortung übernehmen. Man sieht sich plötzlich in der Rolle dessen, den man früher als Älteren, Alten oder Uralten

angesehen hat. Dazu kommt die Aufregung, Mutter geworden zu sein. Die Schwangerschaft und Geburt hat die Frau fundamental verändert. Sie ist eher reifer als älter geworden. Die Mutter ist noch aufgeregt, vielleicht müde, vielleicht „high", weil da plötzlich ein kleines Wesen in ihren Armen liegt und sie seelenvoll anschaut, Wohlfühlgeräusche macht, wenn es gestillt wird oder das Fläschchen bekommt und sich immer wieder unterbricht, um die Mutter von unten herauf anzublicken und in ihrem Blick zu versinken.
Auch der Vater hat sich verändert. Aus dem sorglosen Burschen ist plötzlich ein Vater geworden, der eine Familie hat, die ernährt werden muss. Auch wenn die Frau berufstätig ist und der Mann den Vaterschaftsurlaub nimmt, fühlt er sich anders als zuvor. Ein winzig kleines Wesen ist ihm anvertraut worden. Er hat es „gemacht!" Dieses Wesen ähnelt ihm wahrscheinlich. Das ist ein ganz großes Gefühl!
Alle Kinder sind dieses Wunder, und jedes Kind wird den Eltern Freude machen, wenn es darf. Dieses erste Kind aber bekommt alles ab: Die ganze ungebremste Liebe plus Unsicherheit, Zweifel, Überforderung, Hoffnungen, Erwartungen, Sehnsüchte, Projektionen. Dieses erste Kind wird überschwemmt mit Kleidung, Kinderspielzeug, Kuscheltieren, Büchern, die es noch nicht lesen und Spielen, mit denen es vielleicht erst in drei Jahren spielen kann. Jede Lebensäußerung ist für alle ein Wunder und erzeugt: „Ohs" und

„Ahs" und „Hast du das gesehen? Ist er/sie nicht süüüüß?" Jeder Lernschritt wird bejubelt. Das Kind gewöhnt sich an seine zentrale Rolle. Es sei denn, die Mutter will es nicht, der Vater will es nicht, der Vater empfindet es als Konkurrenz im Kampf um die Liebe der Frau, die Großeltern wollen es nicht, weil es vielleicht unehelich ist oder der Schwiegersohn nicht genehm. Es muss also nicht immer der Königsthron sein, auf den das erste Kind gesetzt wird, es kann auch ein harter Holzschemel sein. Es wird in jedem Falle eine exponierte Stellung einnehmen. Es gibt noch kein Geschwisterkind, hinter dem es sich verstecken oder das einen beschützen oder „raushauen" kann. (Denn jüngere Geschwister können durchaus auch mal ältere beschützen und nicht immer umgekehrt.)

Es folgen: Der erste Geburtstag, das erste Mal Weihnachten, das erste Mal Plätzchenbacken! Die ersten Zähne, die ersten Schritte, die ersten Krankheiten. Das erste Mal trotzig Sein, das erste Mal traurig Sein, das erste Mal um Verzeihung Bitten. Kommt das erste Kind in den Kindergarten, ist es auch das erste Mal, dass Mutter und Vater ein Kind im Kindergarten haben. Kommt das erste Kind in die Schule, ist es auch das erste Mal, dass Mutter und Vater ein Kind in der Schule haben. All diese ersten Male! Sie sind aufregend, keine Frage, aber auch anstrengend. Sie bergen eine Menge Problempotential! Und eine Menge an Glücksmomenten! Je nachdem, wie die Eltern sich fühlen und wie sehr sie dazu fähig sind, selber glücklich zu sein. Die zweiten Kinder profitieren von der Erfahrung der Eltern mit dem ersten Kind. Vielleicht machen sie die Fehler schon nicht mehr, die sie beim ersten begangen haben. Sie regen sich auch nicht mehr so darüber auf, dass das Kind überhaupt da ist. Die Wogen sind geglättet. Oma und Opa zufrieden, weil die Familie wächst. Die zweiten Kinder haben schon jemanden zum Spielen, der nur noch ein bisschen auf sie warten muss. Je nachdem, wie schnell die Kinder aufeinander folgen, desto eher können sie natürlich zusammen herumtollen. Die Mutter wird eher überfordert sein, je mehr Kleinkinder sie gleichzeitig ansprechen, ist aber „schneller damit durch", wie gerne gesagt wird.

Das ist ein pragmatischer Umgang mit dem Kinderkriegen, aber er beruht auf unbestreitbaren Tatsachen. Es kommt zuerst hart für die Eltern und entspannt sich dann immer mehr. Und wenn schließlich alle das Abitur in der Tasche haben, sind die Eltern noch jung und fit genug, Fahrrad zu fahren, ohne vor Altersschwäche sofort wieder herunterzufallen. Eltern, die „schnell damit durch" sein wollen, sehen Kindererziehung auch als Pflichterfüllung. Die Freizeit kommt später. Es kann aber auch sein, dass wir als Eltern den Aspekt sehr hoch bewerten, dass die Kinder sich näher stehen, wenn sie altersmäßig nicht zu weit voneinander entfernt sind. Aus pädagogischen Gründen sind wir dann bereit, den Preis für den Ansturm plärrender und tobender Kleinkinder zu zahlen. Das ist alles gut und in Ordnung,

Hauptsache, wir verlieren die Kontrolle über uns nicht und bleiben geduldig und heiter. Hören wir uns dauerschreien oder –weinen, haben wir etwas zu korrigieren. Das könnte die Bitte um Hilfe sein, die wir uns vielleicht verkniffen haben, weil wir alles selber schaffen wollten. Oder der andere Umgang mit uns und eine neue Einschätzung unserer Zeit. Wenn wir innerlich vollkommen einverstanden sind, unsere Zeit mit den Kindern zu verbringen und sie aktiv und passiv zu begleiten, fällt schon viel Druck von uns ab. Sind wir dann noch entspannt, humorvoll, ansprechbar und sowohl seelisch als auch geistig anwesend, ist es gut; sind wir hingegen abwesend, gereizt, ungeduldig und humorlos, eher schlecht. Andere Elternpaare nehmen sich mehr Zeit und sind nicht so schnell „damit durch." Sie nehmen die Kinder, wie sie gerade kommen. Es kann auch sein, dass der Nachwuchs nicht so schnell landet, wie es eigentlich geplant war. Irgendwann ist dann der Bann gebrochen und sie fliegen uns zu. Alles ist gut, wenn wir es zu nehmen wissen.

Hauptsache, wir fördern keine Konkurrenz unter den Geschwistern, sagen nicht: „Nimm dir ein Beispiel an..." oder „Der Klaus kann das aber besser als du." Wir als Eltern sind dazu da, den Kindern Toleranz und Gerechtigkeit vorzuleben und beizubringen. Jeder bekommt seinen Platz, seine Aufmerksamkeit, seine Streicheleinheiten. Jeder darf so sein, wie er ist und wird nicht mit dem anderen verglichen. Der eine ist für den anderen da. Er meckert nicht herum, dass der andere mehr

oder etwas Besseres bekommt. Gerechtigkeit ist wichtig, aber sie bemisst sich auch an den unterschiedlichen Bedürfnissen.
Meine Mutter erzählte, wie sie uns Schwestern Gerechtigkeit erklärte. Sie stellte ein Glas Milch vor Christiane und ein Glas Wasser vor mich hin und sagte: „Das ist Gerechtigkeit." Denn ich vertrug keine Milch. Somit hatte sie den Aspekt des „Recht Machens" mit hineingenommen. Ich mache es jemandem Recht, indem ich seinen wahren Bedürfnissen nachkomme. Ich finde das sehr klug.

ERFOLG

*Erfolg heißt für mich,
dass ich dich zum Lachen bringe.*

Nahezu jeder macht Fehler. Das ist eine Tatsache, der man sich nicht verschließen sollte. Zwar streben wir alle nach Perfektion, doch sie ist nicht immer leicht zu erreichen. Warum? Weil wir Perfektion in einer Wiese definieren, dass sie unerreichbar bleiben muss. Perfektion wird nämlich allzu häufig mit Erfolg verwechselt. Natürlich ist damit meistens materieller Erfolg gemeint: Ein Haus, ein Auto, ein gutes Gehalt, eine perfekte Familie (Vater, Mutter, Tochter und Sohn, alle gut aussehend, alle „gut geraten"); dazu ein Titel, eine gesellschaftliche Position oder zumindest gesellschaftliche Anerkennung. Wir möchten, dass die Leute (neidisch oder ehrfürchtig) sagen: „Das ist aber eine tolle Familie!" oder „Diese Frau/dieser Mann hat es geschafft! Ich möchte auch so erfolgreich sein wie sie!" Als Kleinkinder wissen wir noch nichts davon. Wir stiefeln auf Bettler ebenso neugierig und freundlich zu wie auf Anzugträger. Wir fragen: „Wer bist du? Was machst du? Warum machst du das? Warum bist du traurig?" Wir machen das so lange, bis man uns beigebracht hat, dass man so etwas nicht tut. Aha. Und warum nicht? Weil... Weil es eben menschliche Exemplare gibt, die nach den gesellschaftlichen Vorgaben, die wir dummerweise selbst erfunden haben, nicht erfolgreich genug sind. Sie verdienen zu wenig, fahren das falsche Auto, wohnen zur Miete, sind von ihrem Partner getrennt und/oder alleinerziehend und gehören keiner angesagten Clique an. Wenn wir materielle Perfektion anstreben, landen wir irgendwann in der totalen Verzweiflung. Denn sie ist sinnlos. Materielle Dinge können uns nur erfreuen, wenn wir eine andere Perfektion anstreben: die der Liebe. Der Liebende kann sich über ein schönes Haus und ein schönes Auto auch freuen, aber vor allem freut er sich über menschliche Beziehungen, die echt sind und nicht nur auf der Bewunderung des eigenen Status' beruhen. Deshalb gibt es eine weitere Definition von Erfolg, die genauso häufig angewandt wird wie die erstgenannte: die der menschlichen Reife. Auch wenn wir selber nicht immer gutgelaunt und warmherzig durch die Gegend laufen, prüfen wir doch unsere Mitmenschen auf Mitmenschlichkeit. Wenn jemand im Viertel dafür berüchtigt ist, seine Frau anzuschreien und die Kinder zu schlagen, wird das kaum einer perfekt finden. Der Vater hingegen, der liebevoll mit Frau und Kindern umgeht, den Kinderwagen zum Spielplatz schiebt oder mit Einkaufstüten beladen um die Ecke biegt, wird als perfekt empfunden. Hier fragt nämlich keiner mehr nach dem Inhalt seines Geldbeutels oder nach dem Adel seiner Herkunft. Wir haben aus der Kindheit einen Teil von uns herübergerettet, der uns letztlich Liebe höher bewerten lässt als materiellen Erfolg. Materielle

Absicherung hingegen wünscht sich natürlich ein großer Teil von uns. Wie viel Geld und Gut jeder braucht, ist abhängig von seinen Wünschen und Verpflichtungen. Es gibt hierzu den sehr wahren Spruch: „Lieber arm und glücklich als reich und unglücklich." Meine Tante Riky schrieb mir damals ins Poesiealbum: „Lieber reich und glücklich als arm und unglücklich." Wo sie Recht hat, hat sie Recht. Ob wir Erfolg im Leben haben oder nicht, ob wir Liebe entwickeln oder Liebe zum Geld, ob wir reif werden oder unreif bleiben, entscheiden wir durch unsere Zielsetzung; dazu gesellen sich unser Vertrauen, der Glaube an uns und an die uns innewohnende Kraft, zu erreichen, was wir uns vorgenommen haben. Deshalb nennt man Erfolg auch Erfolg, weil er eine Folge dessen ist, was wir durch unser Wollen verursachen. Und so leben wir es unseren Kindern vor. Entweder lernen sie von uns Tag für Tag das Streben nach herzlichem Miteinander, offenem Dialog, Erklären und Verzeihen, Helfen und Unterstützen, Lachen und Trauern, Lernen und Streben, Tolerieren und Respektieren. Oder sie lernen von uns den täglichen Kampf ums Dasein, den Überdruss, das Opfertum, das Gefühl der Sinnlosigkeit und Ungleichberechtigung, die Schuldzuweisung und die Vergeblichkeit der eigenen Zielsetzung. Streben wir äußeren oder inneren Erfolg an? Bringen wir ihnen bei, dass die inneren Werte wichtiger sind, gleich wichtig oder unwichtiger als die äußeren? Jeder sollte sich die Frage wenigstens einmal gestellt haben:

Wie wichtig ist der Status für mich? Habe ich ein „schlechtes" Gefühl dabei, dass ich „nur" an der Kasse sitze und wenig verdiene? Oder freue ich mich über die Gelegenheit, etwas nebenbei zu verdienen? Wie bin ich aufgestellt? Langt das Geld hinten und vorne nicht? Wenn ja, woran liegt es? Kann es sein, dass ich mir nicht genug zutraue, dass ich nicht an mich und meine Fähigkeiten glaube und deshalb immer „tief stapele?" Ich werde nicht gleich zum „Hochstapler", wenn ich mir die gesunde Mitte aussuche: Eine Tätigkeit, die mir entspricht, die ich gut ausführen kann, weil sie mir auch Spaß macht. Wenn es die Kasse ist, an der ich sitze, kann mir das Gespräch mit den Kunden Spaß machen. Ich entspanne mich, lasse mich nicht jagen und unter Druck setzen und kassiere gelassen und freundlich, rede mit den Leuten, mache Scherze. Ich werde schon nicht gleich gekündigt werden, nur weil ich zwei Sekunden mehr pro Kunde brauche. Ein Lächeln dauert sowieso nur den Bruchteil einer Sekunde; es kann dafür aber sehr viel länger nachwirken. Ich bin dann eine Kassiererin, die beliebt ist und den Menschen das Leben ein bisschen angenehmer macht, denn sie gehen durch meine kurze, aber freundliche Einwirkung leichter und fröhlicher aus dem Laden als sie gekommen sind. Das ist ein Erfolg. Ich kann mich auch zu meiner wahren Position befragen, wenn ich „meinen Weg gemacht" habe. Habe ich meinen Doktor aus Statusgründen gemacht (um meine Eltern, Freunde, Familie zu beeindrucken und endlich von ihnen gesehen und respektiert zu werden) oder hat mich der Inhalt meiner Studien „gepackt" und begeistert? Loderte die Flamme der Mitmenschlichkeit, der Wissbegierde und der Wunsch, Menschen zu heilen und Wissen weiterzugeben in mir oder wollte ich „nur" das Gehalt eines Doktors, um mir ein tolles Auto, Kunst, Häuser oder Ansehen zu kaufen? Ist es vielleicht beides, sowohl die Begeisterung für das Fach als auch der Wunsch nach materieller Sicherheit? Wie ausgewogen kann ich das fühlen, denken und vorleben? Schaue ich auf Geringverdiener herunter, fühle ich mich besser, erhabener, überlegener? Und falls ja - fühle ich mich wirklich besser, erhabener und überlegener? Falls ich in meiner Mitte bin und mich nicht besser oder schlechter, sondern einfach nur gut fühle, ist alles ausgewogen und in Balance. Falls ich mich besser oder schlechter als andere fühle, lohnt sich die Frage nach dem Warum. Es gilt hier wie überall: Nur gucken, nicht werten. Einfach mal nachschauen, was ich so denke und fühle. Keine Angst vor Wahrheiten haben. Sie beißen nicht. Sie liegen einfach nur in mir herum und warten darauf, dass ich sie aufhebe, anschaue und entscheide, was ich mit ihnen machen soll: Auf den Müll schmeißen oder einsortieren? Es geht nur darum, ein wenig Ordnung in mir zu schaffen, damit ich weiß, was ich meinen Kindern vorlebe. Sie können dann meine Werte getrost übernehmen, weil sie nicht nur nicht schädlich, sondern sogar nützlich sind.

IRRTÜMER EINGESTEHEN UND FEHLER BEGEHEN LASSEN

Niemand weiß alles, aber ich,
ich habe immer Recht.

Zu Analyse und Korrektur gehört auch, dass ich einen Irrtum eingestehen kann. Habe ich mich „vergaloppiert", sollte ich das Pferd meiner Argumente oder Handlungsweisen sachte abbremsen, ein wenig innehalten, mich neu orientieren und dann die Richtung einschlagen, die mich zum wahren Ziel führt. Egal, um welches Ziel es sich handelt – Korrekturen sind nicht verwerflich, beschämend oder Beweise meiner Unfähigkeit und Orientierungslosigkeit. Das Leben ist so komplex, dass wir alle lernen wie Kinder, egal wie klein oder groß wir sind. Versuch, Irrtum, Korrektur – das sind die drei Schritte zu echtem, praktischem Wissen. Wer sie gegangen ist, wird den Irrtum nicht mehr nötig haben. Habe ich nämlich einen Fehler gemacht und will das nicht zugeben, muss ich in meiner Lüge bleiben, kann nicht dazulernen und verliere auf Dauer den Respekt meiner Umwelt.
Jeder macht Fehler. Und sollte sie auch machen. Um dazuzulernen. Fehler gehören zu einem anständigen Lernprozess: Geht das so? Nein, das klappt nicht. Geht es so? Auch nicht. Aber so geht es. Hurra! Lernen macht Spaß, wenn wir die Fehler und Irrtümer einplanen. So wie wir uns über den Frühling freuen, weil der Winter so

kahl und kalt war, freuen wir uns über das, was uns gelingt besonders dann, wenn es nicht sofort funktioniert hat. Wir wollen es selber herausfinden, selber tun!

„Ich will, ich will!", ist ein typischer Kinderruf! Wie enttäuscht reagieren sie, wenn sie etwas nicht selber ausprobieren dürfen. Manchmal geht das nicht, weil etwas für ein Kind unbeherrschbar und somit zu gefährlich ist. Wir werden es im zarten Alter von 2 nicht Autofahren lassen. Aber wir lassen es am Lenkrad drehen. Es hat somit Aussicht auf mehr Möglichkeiten in der Zukunft. Wenn wir alles verbieten oder eben schnell selber machen, weil das Kind so lange dafür braucht, geht es natürlich schneller. Aber das Kind reagiert nicht nur traurig, sondern entmutigt.

Wir kennen das auch als Erwachsene. Wenn jemand mich fragt: „Könntest du mal eben...? Ach, nein, brauchst du doch nicht. Ist schon erledigt!", verspüre ich womöglich eine leichte Enttäuschung. Man brauchte meine Hilfe, aber ich war wohl zu langsam. Oder hat man mir die Sache womöglich nicht zugetraut? Dieses vage Gefühl stammt aus der Kindererfahrung mit (meistens) Müttern, die sich ein riesiges Tagespensum vorgenommen haben: Putzen, Waschen, Einkaufen gehen, Kochen, Kinder versorgen und so weiter. Das muss alles HEUTE gemacht werden. Will ich als Kind meiner Mutter helfen (weil sie doch so viel zu tun hat, die Arme!), wird sie mich womöglich abwehren und mir sagen: „Nein, nein, lass das, ich mach das eben schnell." Oder noch

schlimmer: „Ich kann das schneller/besser, lass die Finger davon!" Dazu kommen Informationen wie: „Ich mach das mal eben schnell und dann können wir vielleicht in den Stadtwald gehen und Ziegen füttern."
Mir als Kind sind also die Hände gebunden, ich darf nicht im Dreierschritt lernen: Versuch, Irrtum, Korrektur, weil keine Zeit da ist (wo ist sie bloß geblieben, wer teilt sie ein und warum hat meine arme Mutter so wenig davon?). Ich gehe also spielen. Womöglich höre ich dann meine Mutter klagen: „Alles muss man selber machen." Später kommt vielleicht noch hinzu: „Was sitzt du so faul herum? Du kannst auch mal was machen!"
Ich als Kind würde meine Mutter darum bitten, weniger perfekt zu sein. Ich würde sie darum bitten, heute nur zu saugen und morgen zu waschen. Ich würde sie darum bitten mithelfen zu dürfen. Ich könnte die Spülmaschine einräumen. „Wenn du mir die Sachen so hinstellst, dass ich drankomme, packe ich sie sorgfältig in die Spülmaschine. Ich passe auf, dass nichts runterfällt, aber wenn, dann bitte ich dich, mir nicht böse zu sein, sondern es mir zu verzeihen. Ich versuche es beim nächsten Mal besser zu machen. Ich könnte auch die Fenster putzen. Du müsstest mir nur dabei helfen, weil sie so hoch sind. Wenn du mir die Leiter holen würdest, könnte ich draufsteigen und käme auch an den oberen Teil. Ich müsste dich allerdings bitten, die Leiter festzuhalten, denn sie kippelt.

Ich kann auch nur den Teil putzen, an den ich gelange, weil ich noch zu klein bin. Aber ich werde wachsen und komme immer besser an alles heran. Ich brauche einen Wassereimer und einen Lappen. Wenn Wasser danebengeht, tut mir das Leid. Ich muss erst lernen, die richtige Wassermenge vom Tuch aufsaugen zu lassen, sodass es weder zu trocken noch zu nass wird. Wenn es zu nass ist und ich es hochhebe, um die Fensterscheibe zu erreichen, läuft mir das Wasser an den Armen entlang oder in die Ärmel. Ich werde vielleicht pitschnass sein nach dem Fensterputzen. Vielleicht sind die Fenster auch eher verschmiert als sauber, aber es war ja auch mein erster Versuch. Wenn du mir zeigst, wie ich die Streifen vermeiden kann, will ich das gerne lernen. Hilfst du mir?"

Ja, es stimmt. Mit Kindern geht alles erst einmal langsamer. Wir brauchen Geduld und Zeit für Kinder. Wenn ich als Mutter dem Kind geduldig zeige, wie man fegt, saugt, putzt und kocht, wird es das mit Begeisterung lernen. Und es wird keine Situationen geben, wo die Mutter hin- und herrennt, alles auf den Tisch stellt, alles wieder abräumt und keiner der anderen einen Finger krümmt. Denn Kinder, die von Anfang an lernen mitzuhelfen, werden dies selbstverständlich und ohne Aufforderung gerne machen. Für sie gehört es einfach dazu. Es macht ihnen Spaß, und sie können stolz auf sich sein. Und ich als Mutter muss abends nicht zusammensacken und dem Mann, der vielleicht gerade von der Arbeit nach

Hause kommt, sagen: „So, jetzt bist du auch mal dran. Ich kann nicht mehr. Es sind ja schließlich auch deine Kinder!"

Denn, je nachdem, wer in der Familie arbeitet, kommt nicht nach Hause, weil er oder sie angeraunzt und der Faulheit oder Verantwortungslosigkeit bezichtigt werden möchte, sondern um sich vom Arbeitstag auszuruhen und neue Kraft zu schöpfen.

DER HEIMKOMMENDE UND DER DAHEIMGEBLIEBENE

Hallo, Schatz, hast du dich schön ausgeruht, während ich gearbeitet habe?

Derjenige, der außerhalb des Hauses arbeitet und nachmittags, abends oder morgens (meistens müde) zurückkehrt, sollte Folgendes beherzigen: Bevor man die heiligen Hallen der Wohnung oder des Hauses betritt, gilt es, mehrmals tief durchzuatmen und den eventuellen Ärger am Arbeitsplatz erst einmal loszulassen. Man kann sich sagen:
„Ich lasse alles los, was mich belastet oder geärgert hat. Ich lasse alles los, was mit meiner Arbeit zu tun hat. Ich freue mich auf meine Frau, meinen Mann, meine Familie."
Der zu Hause Gebliebene auf der anderen Seite der Tür sollte ebenfalls tief durchatmen und sich klarmachen, dass derjenige, der gleich die Türe öffnen wird, einen Arbeitstag oder eine Arbeitsnacht hinter sich hat. Er/sie sollte nicht mit Kommandos, Beschwerden, Forderungen und Krisensitzungen empfangen werden. Wenn dem Heimkommenden mindestens eine halbe Stunde Ausruhzeit zugestanden wird, kann er auftanken und zu sich kommen (falls er außer sich war oder besser: Falls es jemandem gelungen ist, ihn aus sich und seiner Balance herauszutreiben).
Beide Teile haben „gearbeitet." Man könnte auch sagen: Beide Teile haben aktiv gelebt. Der eine

Teil hat sich in einen externen Arbeitsprozess eingegliedert und war damit beschäftigt, fast ununterbrochen zu agieren und reagieren. Der andere Teil hat den internen Bereich „verwaltet" und hat ebenfalls ununterbrochen agiert und reagiert. Im einen Falle sind es Erwachsene, mit denen man es zu tun oder die Kinder anderer Leute, im anderen Falle sind es vorwiegend die eigenen Kinder plus eine überschaubare Anzahl Kinder anderer Leute plus deren Mütter und/oder Väter.

Wenn ich Arbeit nicht mehr länger als Gegenteil von „Freizeit" definiere, wird mir dieser ganze Prozess viel mehr Spaß machen. Die externe Arbeit wird bezahlt und erhält mich und die Familie. Ich verbringe einen Teil meiner Lebenszeit damit. Nur ich fühle die Sekunden, die in mir und um mich herum, aber in Bezug zu mir vergehen. Warum sollte ich diesen Teil meines Lebens als unangenehm, belastend, entfremdend empfinden? Die Bewertung, die in meinem Kopf stattfindet, gilt für mich und mein System, das sich aus Körper, Seele und Geist zusammensetzt. Wer oder was befiehlt mir eigentlich zu sagen und denken und fühlen: „Ich muss zur Arbeit. Wie schrecklich. Erst dann und dann habe ich frei." Und kurz vor Arbeitsschluss: „Noch zwei Stunden, dann habe ich es überstanden!"?

Warum hat sich dieses negative „Image" der Arbeit so durchgesetzt? Zum Teil deshalb, weil wir unseren Kindern vorgelebt haben, dass Arbeit Stress bedeutet. Wir neigen dazu, immer hinterherzuhecheln und mehr zu erledigen

zu haben, als wir schaffen können. Und wenn nichts mehr da ist, produzieren wir etwas Neues, damit wir weiterhecheln können. Woher kommt das? Weil unsere Eltern uns vorgelebt haben, dass wir nicht faul die Hände in den Schoß legen sollten. Durch unablässige Tätigkeit beweisen wir, (obwohl wir es nicht nötig hätten, unsere Anwesenheit auf der Erde derartig zu rechtfertigen), dass wir gute und nützliche Menschen sind. Tätigkeit um der Tätigkeit willen ist der Wunsch nach Anerkennung meiner Person. Tätigkeit, um einander zu dienen und wichtige Abläufe aufrechtzuerhalten, ist gesellschaftliche und finanzielle Notwendigkeit und der Wunsch nach Anerkennung meiner Person
Und warum wird die Arbeit inzwischen nicht mehr nur als nützlich angesehen? Weil es die Freizeitindustrie gibt. Sie braucht Raum und hohe Verkaufszahlen. Also wird Arbeit in Gegensatz zur Freizeit gestellt. Wenn der Mensch zu viel arbeitet, kann er sich nicht mehr dem Joggen, Bergsteigen, Bungeespringen, Hochseiltanzen und Drachensegeln (alles mit hochwertigen, toll aussehenden Spezialausrüstungen) widmen. Die Werbung der Freizeitindustrie will uns sportlich sehen, möglichst jung, wenn alt, dann wenigstens durchtrainiert und jünger aussehend als wir sind; sie will uns frisch, frei!, „stylisch" und aktiv sehen. Dass sich bei dem ganzen Gewerkel ein großer Freizeitstress aufbaut, wird verschwiegen und die Hektik samt Unfallquoten als Entspannungswert hochgehalten.

Arbeit ist und bleibt allerdings ein Beitrag zum gesellschaftlichen Miteinander. Denn einer hilft dem anderen. Wenn es keine Bezahlung dafür gäbe, müsste sie trotzdem gemacht werden. Gäbe es keine Krankenschwestern, Müllmänner, Ärzte, städtische Angestellte, Lehrer, Händler, Bahnschaffner, Hebammen usw., wäre eine Zivilgesellschaft unmöglich. Die Schweizer haben sich gerade mit einer Mehrheit von 78 % gegen das bedingungslose Grundeinkommen ausgesprochen. Sie haben vorsichtig bis umsichtig gehandelt. Denn da wir Arbeit als etwas Negatives, Zwanghaftes ansehen, würde sich ein Teil der Schweizer vielleicht wirklich mehr und mehr „hängen" lassen. Wieso arbeiten, wenn es auch so geht?

Wie reif wir mit diesem Thema umgehen, hängt von unserer Einsicht ab, unserem Bildungsgrad (ich meine nicht nur den Bildungsgrad des Kopfes, sondern auch des Herzens) und unserem Wunsch und Willen, für andere da zu sein.

Ordnen wir uns also dort ein, wo Herz und Verstand zusammengehen. Beide, der Daheimgebliebene und der extern Arbeitende, sind gleichermaßen wichtig und brauchen den gegenseitigen Respekt und die Geborgenheit, die nur durch Liebe erreicht wird. Die Kinder genießen die „Nestwärme", kuscheln sich ein und helfen dabei, ein Familienparadies zu gründen. Je mehr sich das Paar einig ist, dass Arbeit auch Leben ist, keiner zu kurz kommt und alles Sinn ergibt, je mehr es also das Leben in seiner Gesamtheit genießt, desto selbstsicherer, überzeugter, neugieriger und hoffnungsfroher wachsen unsere Kinder in diese Welt hinein.

BINDUNGEN, TRENNUNGEN, PATCHWORKFAMILIEN

Wer war nochmal meine Mutter?
Nein, Quatsch: es gibt nur die eine – meine!!!

Heutzutage geht es oft bunt zu. Es gibt nicht nur Mutter und Vater, sondern Mutter, Vater, die neue Mutter, den neuen Vater, die neue Frau für die Mutter, den neuen Mann für den Vater, nur Vater oder nur Mutter, dafür einen Hund; dazu neue Geschwister. Für Kinder ist das manchmal einfacher als für uns „Erwachsene," weil wir vielleicht gar nicht so erwachsen sind, wie wir sollten oder gerne wären. Je mehr Menschen sich in unserem Familiensystem befinden, desto größer werden nämlich die Herausforderungen an unser echtes Erwachsensein. Die aufkommende Problematik hat viel weniger als früher mit mangelnder Toleranz und gesellschaftlichen Normen zu tun. Im Laufe der letzten Jahrzehnte hat sich hier viel verwandelt. Alles ist möglich. Und selbst wenn es noch Leute gibt, die verächtlich oder verständnislos den Kopf schütteln beim Anblick einer Familien-Karawane, bei der man, obwohl man aus dem Dorf oder dem Viertel stammt, noch nicht mal mehr sagen kann, wer welche „Geborene" ist (Regionale Bezeichnung für die Herkunft verheirateter Frauen), ist die Patchworkfamilie längst in unserer Gesellschaft angekommen.
Aber wie steht es mit unseren Herzen? Unsere Herzen sind oft überfordert von den vielen

Trennungen und Bindungen. Wir sind auf der Suche nach Liebe, Sicherheit und Trost. Wir sind anlehnungsbedürftig, sehnen uns nach einem Partner, der uns so liebt, wie wir wirklich sind und wissen oft doch selber gar nicht, wer und wie wir wirklich sind. Manchmal stellen wir entsetzt fest, dass die neue Partnerschaft der alten gleicht und wir nichts durch Trennung und „Neuordnung" gewonnen haben; außer mehr Kindern, mehr finanziellem Aufwand und einer Situation, die einem ständigen Balanceakt gleicht.

Es gibt Patchworkfamilien, in denen alles „glatt" geht. (Mit „glatt" meine ich nicht „spiegelglatt", so dass jeder, der nicht aufpasst, ausrutscht, wie es in nicht gelungenen Experimenten der Fall wäre). Gelungen bedeutet: Die Trennung von meinem ehemaligen Partner und Vater der Kinder enthält keine versteckten Fallgruben, der Ex bezahlt ohne Murren den Unterhalt und steht in gutem Kontakt zu uns, ist ehrlich und trägt nichts nach. Er versucht nicht, mir die Kinder zu entfremden und die Saat des Misstrauens zu säen oder ihnen einzureden, ich sei schuld am Zerbrechen der Familie. Mein neuer Partner ist liebevoll und schenkt mir die Aufmerksamkeit, nach der ich mich gesehnt habe. „Seine" Kinder mögen mich und streiten sich nicht mit „meinen" Kindern. Ich segne mein Schicksal oder danke überirdischen Mächten dafür, mich in eine so viel bessere Lage versetzt zu haben und gebe mein Möglichstes, um selber so viel Liebe wie möglich beizutragen. Dasselbe gilt umgekehrt für den Mann. Er ist glücklich, dass seine Ex ihm nichts nachträgt, nicht grollend Intrigen schmiedet und ihn nicht aus Rachegelüsten zu ruinieren trachtet, sondern ansprechbar bleibt und ihm den Zugang zu den Kindern nicht erschwert. Seine neue Partnerin ist ideal, so eine Frau hat er sich immer gewünscht! Die Kinder verstehen einander und treten nicht in Konkurrenz um die meiste Zuwendung. Sie machen kein „Theater", weil schon so viel Spannendes und Interessantes geschieht, dass sie es nicht nötig haben.

Ein idyllisches Bild. Bei vielen Patchworkfamilien ist es eine Mischung aus gelungen und nicht gelungen, die sich täglich ergibt. Das ist vollkommen normal, denn, wie gesagt: Niemand ist perfekt. Auch wenn es für uns alle, Frau, Mann, Kinder, einfacher und überschaubarer ist, eine „normale" Familie zu haben, ist alles möglich, wenn es mit Liebe unterfüttert wird.

Was aber ist zu tun, wenn Krisen ausbrechen? Es gibt kleine und große Horrorszenarien. Die folgenden Beispiele sind umkehrbar. Spreche ich aus der Perspektive der Frau, gilt das im Beispiel auch für Männer und umgekehrt.

Beispiel 1
Der Ex stellt sich quer. Er nimmt die Trennung übel, verfolgt und quält mich mit Gemeinheiten, versucht um jeden Preis, um die Unterhaltszahlung herumzukommen oder sie auf ein Mindestmaß herunterzuschrauben. Er ist entweder aggressiv oder depressiv. Er versucht, mir unse-

re gemeinsamen Kinder zu entfremden, erzählt ihnen Lügen oder manipuliert sie mit Schuldzuweisungen und Opferverhalten. Das ist umso schwieriger zu meistern, wenn ich keinen neuen Partner habe, sondern alleinerziehend bin.
Was kann ich tun?
Im ersten Schritt ist es wichtig herauszufinden, warum ich mir diesen ersten Mann ausgewählt hatte (siehe Prägungs-Analyse). Dann folgt eine ehrliche und sachliche Analyse mit der Frage: Was ist mein Anteil am Scheitern der Ehe? An welchen Beispielen kann ich es „festmachen", wie jeder prinzipiell aufgestellt war? Warum haben wir uns so verhalten? Was waren bei mir und beim Partner die Schmerzpunkte, die man nur flüchtig berühren musste, um den anderen (absichtlich oder aus Versehen) hochgehen oder in Verzweiflung abstürzen zu lassen. Ich notiere mir so viel wie möglich darüber.
Danach bin ich besser über mich selber und meine Motivationen informiert und somit handlungsfähiger. Ich rate dazu, im Umgang miteinander weder persönlich anzugreifen noch sich persönlich angegriffen zu fühlen. Es handelt sich in solchen extremen Fällen fast immer um emotionale Kurzschlüsse, die aus mangelnder Liebe in der Kindheit herrühren.
Der ehemalige Ehemann ruht womöglich nicht in sich. Er ist ent-täuscht, hatte also all das auf mich projiziert, was er für Liebe hielt. Je weniger er früher davon bekommen hat, desto mehr will er jetzt haben. Er meinte, mich zum Überleben

zu brauchen. Der Entzug meiner Liebe und Aufmerksamkeit trifft ihn bis ins Mark. Er fühlt sich verraten und verkauft. Geld ist für ihn oft die einzige Möglichkeit, Liebe zu kompensieren. Er neigt dazu, es zu horten und nur auszugeben, wenn er nicht nur Materie, sondern auch Anhänglichkeit, Treue, Zuneigung und Sicherheit dafür bekommt. Also straft er mit Geldentzug, wenn jemand nicht das macht, was er sich wünscht. Er manipuliert die Kinder, so wie er manipuliert wurde. Im Allgemeinen stammt er womöglich aus einem System, in dem Konkurrenz gefördert wurde und „Liebe" mit Bedingungen verknüpft war. Sätze wie: „Wenn du das nicht tust, hab ich dich nicht mehr lieb" oder „Sei brav, sonst...!" haben ihre Spuren hinterlassen. Lob, Liebe, Zufriedenheit, Freude an erfolgreichem Tun und am Dasein insgesamt waren selten oder gar nicht zu finden. In extremen Fällen ballt sich Wut im Inneren zusammen. Die Nerven liegen blank. Deshalb reicht bei manchen, solcherart verletzten Menschen ein Minimum, um ein Maximum an Reaktion zu provozieren.

Je ruhiger und besonnener ich mich verhalte, desto besser. Je mehr Angst ich entwickle, desto schlechter. Da wir alle durch Schwingungen verbunden sind, wird der, mit dem wir ein enges Bündnis eingegangen waren, spüren, in welchen Zustand er uns versetzen kann. Auch über weite Distanzen hinweg spüren Menschen einander. Gelingt es mir, mein System zu befrieden und keine Angst aufkeimen zu lassen, spürt derjenige, der uns die Angst „einjagen" wollte, dass er mit dieser Taktik nicht weiterkommt.

Bevor ich mir also einen Anwalt nehme, kann ich versuchen, die Situation mittels mentaler Techniken in den Griff zu bekommen. Ich konzentriere mich auf ihn und sende ihm meine Liebe. Keine partnerschaftliche, sondern übergeordnete Liebe. Je weniger Zweifel und Ängste ich dabei zulasse, desto machtvoller sind meine Gedanken und angekoppelten Gefühle. Ich bitte darum, dass es ihm gutgehen und er seinen Weg finden möge. Ich bitte darum, dass er die Kinder nicht für seine Zwecke missbraucht und ihnen das Leben nicht schwermacht. Immer, wenn ich an ihn denke, versuche ich diese übergeordnete Liebe in mir zu erzeugen. Nichts Dunkles, Hassendes oder Verachtendes wird von mir ausgehen. Nur Licht, Weisheit, Ruhe, Vertrauen, wenn möglich inneres Lächeln. Es ist die Frequenz, die er braucht und nie bekommen hat. In meiner Ehe mit ihm hatte ich sie nicht erzeugen können, weil ich selber unsicher und mich im Minusbereich meiner Kraft und Selbsterkenntnis befand. Je mehr ich über mich, das Menschsein und die Liebe erfahre, desto mehr erkenne ich seine Verzweiflung. Ich sende ihm mein Verständnis, aber auch meinen Stolz und meine Kraft. Ich bin fähig zu großer Liebe, aber ich lasse mich nicht erpressen. Ich stehe aufrecht zu mir und den Kindern. Letztlich bin ich nicht abhängig von ihm. Auch wenn ich sein Geld brauche, werde ich nicht untergehen, wenn er es mir vorenthält. Es macht meine Lage nur prekärer, aber nicht unmöglich. Trotzdem weiß ich, dass er nicht aus purer Bosheit handelt, sondern aus Verzweiflung.

Ich mache mir klar, dass ich in jedem Falle gewinne, egal, was passiert! Alles, was ich über mich und das Leben dazulerne, ist ein Gewinn und bringt mich und meine Kinder voran. Im günstigen Falle „dringe" ich zu meinem Ex-Mann „durch", er reagiert auf meine Gedanken und Gefühle und lenkt ein. Er hat unbewusst die Liebe empfangen und erkannt, dass er sich auf einem Irrweg befindet, der ihn in immer weniger Glück und immer mehr Verzweiflung führen wird. Vielleicht wird er aber auch nur etwas angenehmer im Umgang und verzichtet hier und da auf eine Intrige. Im ungünstigen Falle reagiert er gar nicht, weil er vollkommen verschlossen und hartherzig geworden ist. Wenn auch Freunde und Verwandte aus seinem Umfeld, die mir günstig gesonnen sind, keinen Erfolg haben und ihn weder sachlich noch auf der Gefühlsebene erreichen können, sollte ich juristische Hilfe in Anspruch nehmen.

Beispiel 2
„Ich habe meine Frau verlassen, weil ich mich unsterblich in eine andere verliebt habe. Meine Ehe hatte sich totgelaufen. Wenn ich nach Hause kam, bekam ich nur Schuldzuweisungen zu hören, von der früheren Romantik war nichts mehr übrig. Ich erkannte meine Frau nicht wieder. Im Bett lief auch nichts mehr. Ich fragte mich, wieso ich eigentlich „weitermalochte" und immer

wieder versuchte, es ihr Recht zu machen, was ja eh nie klappte. Was immer ich auch versuchte, es war zu wenig, zu viel, zu früh, zu spät oder ganz und gar falsch. Ich bekam den Eindruck, dass ich nur noch der Bezahler der Rechnungen war. Oder der Babysitter, wenn sie sich mal wieder überfordert fühlte und ihre Freiheit brauchte. Klar liebe ich meine Kinder. Ich will sie auch wirklich nicht verlieren. Aber ich brauche auch Zärtlichkeit und Zuwendung. So konnte es nicht weitergehen! Und als sie dann kam, schlug der Blitz bei mir ein! Sie ist genau das Gegenteil meiner Ex! Sie ist zärtlich und humorvoll, wir lieben dieselben Sachen und haben jede Menge Spaß miteinander. Jetzt zickt meine Ex-Frau herum, will mir die Kinder entziehen, macht mir das Leben mit immer neuen Forderungen schwer und funkt in mein neues Glück."

Auch hier gilt: Erst einmal analysieren. Nach der Prägungsanalyse erfolgt meine Persönlichkeitsbefragung: Wer bin ich wirklich? Was habe ich getan und warum? In welchen Bereichen kann sich meine Frau wirklich verletzt fühlen, wo müsste ich mehr Verständnis für sie aufbringen? Wie kann ich es mir erklären, dass sie so extrem auf mich reagiert? Was hat ihre Geschichte damit zu tun, ihre Kindheit, ihr Verhältnis zu Mutter und Vater? Wieviel Liebe hat sie bekommen? Wo ist die Ursache für das Defizit, aus dem heraus sie so wütend kämpft und die Schuld auf mich projiziert? Wie oft habe ich verständnislos reagiert, weil ich das System nicht durchschaute? Und was ist mit mir? Wo stehe ich? Wie viel habe ich bekommen? Wo konnte ich meine Gefühle nicht zeigen, weil ich sie zu tief vergraben hatte? Warum?

Ich sollte mich an einzelne Situationen erinnern und genauer hinschauen, wer was warum gesagt und getan hat. Nicht nur in meiner Ehe, sondern auch in meiner Kindheit und Jugend. Ich muss im Augenblick der Analyse unbedingt ehrlich zu mir sein. Niemand (Irdisches) schaut mir über die Schulter und „dreht mir einen Strick daraus," um mich (gesellschaftlich oder moralisch) zu lynchen. Analyse bedeutet immer: Größtmöglicher Gewinn an Einsicht! Analyse ist eine Lampe, die Licht ins Dunkel wirft. Ich schaue hin und zähle auf, was ich sehe. Ich kritisiere das Gesehene nicht, ich nehme es einfach zur Kenntnis. Habe ich die Inventur gemacht, entscheide ich, was von dem Gesehenen ich dort liegen lassen und was ich entfernen, reparieren oder umfunktionieren möchte. Mehr nicht. Und weniger auch nicht. Analyse heißt einfach nur Sichten und mittels Verstand und Herz auf Logik Überprüfen. Die Frage lautet: Macht es Sinn? Fühlt es sich richtig, also „warm" an?

Ich weiß nach der Analyse mehr. Ich weiß mehr über mich und über sie. Das könnte mich natürlich handlungsunfähig machen. Wenn ich jemanden hasse, ist es viel leichter, ihn anzugreifen und niederzuringen, als wenn ich ihn verstehe. Wir müssen einander aber nicht niederringen. Wir alle sind Menschen. Ritzt man unsere Haut,

rinnt bei allen (Irdischen :-)) rotes Blut heraus. Ich werde nach der Analyse anders über meine Ex-Frau denken und anders mit ihr umgehen. Ich muss nicht plötzlich alles tun, was sie will. Es wird aber eine Veränderung auch in ihrem Verhalten zu spüren sein. Die Erfahrung besagt, dass Menschen, an die ich mit Liebe denke, positiver auf mich reagieren als wenn ich sie inständig hasse. Auch wenn sie kilometerweit entfernt sind, spüren sie die Energien, die ich zu ihnen schicke. Hass wirft einen Schatten über den Menschen, an den ich dabei denke. Er fühlt sich schlechter.
Wodoo-Zauber funktioniert auf diese Weise. Auch wenn der Verzauberte nicht weiß, dass er gerade verzaubert wird, spürt er den Schatten, der auf ihn geworfen wird (wenn er emotional nicht verhärtet ist). Wenn er vom Zauber weiß, galoppiert natürlich die Angst sofort los und verstärkt die negative Wirkung. Das soll jetzt nicht bedeuten, dass mich bei jedem Unwohlsein, das ich mir nicht sofort erklären kann, jemand mit Wodoo traktiert. Das ist in unserem Kulturkreis sogar eher selten. Oder sagen wir so: Im Prinzip bedienen wir uns der Techniken des Wodoo täglich, ohne es zu bemerken. Oder sagen wir es noch anders: Die Macht der Gedanken wird von uns unterschätzt und meistens unbewusst benutzt, verschleudert und falsch ausgerichtet. Die Gedanken produzieren unsere Realität. Wild wuchernde Gedanken, Karussell-Gedanken beladen mit Problemen, Ängsten und Zweifeln unterstützen und produzieren Probleme, Ängste

und Zweifel. Wenn ich also meiner ehemaligen Frau, mit der ich eng verbunden war und mit der ich Kinder habe, in Gedanken meine Liebe und meinen Respekt sende, wird sie es als unbewusste, lichte Einwirkung spüren. Es kann sogar sein, dass sie etwas spürt und genau in diesem Augenblick an mich denkt. Es passiert häufig, dass wir an jemanden denken und wir ihn im nächsten Augenblick treffen oder er uns anruft. Davon ist die Rede. Es handelt sich um die Verbindung aller mit allen durch Schwingung. Gedanken und Gefühle sind spezifische Schwingungen, die sich den anderen mitteilen.

„Meine" Kinder können sich ein Beispiel an mir nehmen, wenn ich mich „einwand-frei" benehme. Was ist mir lieber? Dass sie einen Vater haben, der sich moralisch abgeklärt benimmt oder einen, der tobt, manipuliert, sich rächt, kritisiert, sich beklagt, anschwärzt und mit Schaum vor dem Mund gegen ihre Mutter wettert à la: „Frauen eben!"? Und umgekehrt: Wollen die Kinder eine Mutter haben, die sich ununterbrochen über ihren Vater beklagt, ihnen ein ums andere Mal beweist, wie schlecht, verantwortungslos und lieblos er sich verhält à la: „Männer eben!"?

Lässt sich meine Ex-Frau nicht „umstimmen" von den melodischen und harmonischen Frequenzen meiner weiterentwickelten und übergeordneten Liebesfähigkeit und hat auch kein anderer einen mäßigenden „Einfluss" auf sie, muss ich vielleicht, wenn sie es auf die Spitze treibt, einen Anwalt einschalten. Aber erst dann.

Beispiel 3

Ich erkenne mit plötzlicher, grausamer Klarheit, dass ich mit meiner neuen Partnerschaft nichts Neues, sondern etwas Altes, Wohlbekanntes gewählt habe. Ich habe nur den einen Partner gegen den anderen ausgetauscht, ohne etwas an meiner Grundunzufriedenheit zu ändern. Die beiden verhalten sich so ähnlich, dass besser sie einander hätten heiraten sollen und nicht ich einen der beiden. Was habe ich bloß getan? Was habe ich mir angetan und meinen Kindern?

Ich bin schlicht und einfach der Prägung gefolgt. Wie oben bereits mehrfach erwähnt neigen wir dazu, entweder einen Partner zu wählen, der Mutter oder Vater sehr ähnlich oder jemanden, der diametral entgegengesetzt strukturiert ist. In beiden Fällen ist die Wahl nicht ganz aus freien Stücken erfolgt, sondern war gebunden an das Muster, das sich in uns seit der frühen Kindheit eingeprägt hat. Es gilt: Nur, wenn sich die Partnerin/der Partner so verhält, wie ich es kenne/erkenne, ist es die/der Richtige. Das, was wir kennen, muss nicht gut und angemessen sein. Aber es besitzt einen großen Pluspunkt! Wir kennen es! Und somit wissen wir, wie wir damit umgehen können. Etwas zu kennen, vermittelt uns ein Wohlgefühl. Warum? Wir sind doch so neugierige, experimentierlustige Wesen! Wir „funktionieren" so, weil wir den Selbsterhaltungstrieb in uns tragen. Und mit „Selbst" ist nicht der geistige, übergeordnete Teil in uns gemeint. (Freud war da eher materialistisch gesonnen). Gemeint ist:

Purer Überlebensdrang der Materie! Also eher der Erhaltungstrieb. (Das Selbst wäre nämlich weiser und würde nur das von den Eltern kopieren und imitieren, was der eigenen Wahrheit wirklich entspricht. Dann müsste man auch nicht alles, was nicht passt, später wieder mühsam aus dem Unterbewusstsein herausoperieren).

Das heißt aber nicht automatisch, dass der Typ Mann oder der Typ Frau, den wir durch Vater und Mutter in uns abgespeichert haben, grundsätzlich Hölle bedeutet und vermieden werden muss. Es hängt ganz davon ab, wer sie waren und wie viel sie uns von ihrem wahren Selbst gezeigt und vorgelebt und wie reif/unreif und liebevoll/lieblos sie sich dabei angestellt haben. Manchmal ist diese Prägung nur gut und manchmal ist sie nur schlecht und meistens ist sie eine Mischung aus gut und schlecht und war, salopp ausgedrückt: „Gut gemeint - dumm gelaufen." Niemand ist eben perfekt.

Auch wenn ich (vielleicht mit Schrecken, vielleicht nur mit Interesse) feststelle, wie sehr Prägung prägt, heißt das nicht, dass ich automatisch einen falschen Partner gewählt habe. Es lässt mich erst einmal nur erkennen, dass der Partner, den ich „gewählt" habe, auch nicht frei von Prägung ist. Das kann neugierig machen. Wie sähe der Partner denn in seiner reinen Urfassung aus? Und – neue revolutionäre Erkenntnis: „Wie sähe ich denn in meiner reinen Urfassung aus?" Und: „Wie würden wir beide zusammenpassen, wenn wir alles, was nicht echt in uns war, aus uns herauswerfen würden und ganz neu aufeinander zugingen?" Das sind die richtigen Fragen. Und das ist der Beginn der Lösung. Wenn wir diesen Schlüssel benutzen, öffnen sich neue Räume, in denen wir Schätze entdecken können. Zum Beispiel den Schatz der Wahrheit über mich und die des anderen. Bisher unentdeckte Fähigkeiten tun sich auf, meine innere Schönheit, die sich bisher nicht entfalten konnte, wird sichtbar. Wahrscheinlich finde ich auch Kummer, Enttäuschungen, Wut, Angst, Zweifel, Hass, Gefühle, die unterdrückt und weggeschlossen für einen ständigen Missklang „gesorgt" haben. Es sind Gefühle, die ich erst jetzt in ihrer Tragweite erkenne und spüre und in andere Bahnen lenken kann.

Aus dem „Du musst, du sollst, das sagt man nicht, das tut man nicht, was sollen die Nachbarn denken, wer kann dich schon liebhaben, wenn du so bist wie du bist, sei brav, Dummkopf, Schlaumeier, Faulpelz, hässliches Entlein, Mathegenie, beleidigte Leberwurst, Alleskönner, Supermann" wird ein

ICH BIN DER ICH BIN UND ES IST GUT SO.

Wenn beide Partner an diesem Punkt angekommen sind, wird sich das Glück dazugesellen. Es kann sein, dass weder ich noch mein Partner das schaffen. Es kann sein, dass unsere Beziehung dahintorkelt und schließlich mit dem Laternenpfahl kollidiert. Es kann sein, dass wir uns wieder voneinander trennen. Dann ist es so wie es ist. Es kann aber definitiv besser für mich und die

Kinder werden, wenn ich mich weiterhin konsequent auf den Weg zu meiner wahren Natur mache.

Beispiel 4
Die Kinder der beiden neu kombinierten Partner verstehen einander nicht. Es gibt ein ständiges Gerangel. Wer hat wen am liebsten? Werden die eigenen Kinder bevorzugt oder stehen plötzlich die anderen mehr im Mittelpunkt, weil Mama oder Papa beweisen wollen, dass sie unparteiisch sind?
Meine An-Sicht als Kind dazu:
„Ich hatte eine Mama, einen Papa und eine Schwester. Jetzt habe ich zwei Papas und drei zusätzliche Geschwister. Zusammengenommen mit der Ex meines zweiten Papas, (die aber nur selten auftaucht, weil sie selber eine neue Familie hat), sind wir dann zu neunt. Ich sehe meiner Mama zu, wie sie versucht, gerecht zu sein und allen zu beweisen, dass sie sie lieb hat. Dabei bemerkt sie gar nicht, dass sie leerläuft. Ich beobachte das an vielen Beispielen. Sie ist oft gereizt und ungerecht, weil zu viel gleichzeitig auf sie einstürmt. Sie verliert dann leicht den Überblick, handelt und redet zu schnell und sagt meistens das Falsche. Das tut mir wirklich Leid, aber sie ist so hektisch, dass sie mir nie richtig zuhört. Ich könnte ihr sonst helfen und mit Rat und Tat zur Seite stehen. Ich sehe oft, dass etwas falsch läuft. Wenn sie zum Beispiel meinen „neuen" kleinen Bruder ständig maßregelt, weil

sie findet, dass er schlecht erzogen sei und sich bei Tisch aufführe wie ein Wilder, (was auch stimmt), merkt sie nicht, dass er niemals auf sie hören wird, weil er sich von seiner eigenen Mutter verraten fühlt und seine Wut nun an ihr auslässt. Er bräuchte mehr Zuwendung und Verständnis. Schon er allein wäre für meine Mama ein „Fulltime-Job." Ich würde ihr gerne sagen, dass sie es langsamer angehen lassen soll. Sie wird nicht alles auf einmal schaffen können. Das Zusammenwachsen einer Patchworkfamilie braucht viel Zeit und Geduld. Sie sollte sich nicht alles zu Herzen und so persönlich nehmen. Sie hält jede misslungene Erziehungsaktion für einen persönlichen Rückschlag. Sie scheint zu denken, sie würde in einem fort nur versagen. Dabei stimmt das gar nicht. Ich sehe doch, wie sie sich abmüht und für sich selbst gar keine Zeit nimmt. Ich glaube, sie sollte besser mal Ferien machen. Von uns Kindern meine ich. Wir kämen, glaube ich, im Augenblick besser ohne sie zurecht. Wir könnten uns dann gegenseitig kennenlernen, ohne dass Mama und der neue Papa (in guter Absicht) dazwischengehen und diplomatisch unter uns zu vermitteln suchen. Wir müssen uns erst beschnüffeln wie kleine Hunde. Die spielen manchmal auch nicht sofort miteinander, sondern müssen erst einmal abklären, wer sie sind, was sie im Sinn haben und wie sie sich aufstellen wollen. Bedrohlich wird das Ganze ja erst, wenn man uns keine Zeit gibt, das abzuklären. Also bitte: Papa II und Mama I (oder wer auch immer in welcher Kombination) – gebt uns Zeit. Und seid geduldig und gelassen. Und nehmt nicht alles persönlich. Und lacht mal ein bisschen mehr. Und nehmt uns ernster. Hört uns bitte öfter zu. Lasst euch nicht ständig reinreden. Lasst Kritik und Schuldzuweisungen einfach mal weg. Keiner braucht das. Wir brauchen Liebe, ihr braucht Liebe. Das ist ganz einfach."

Es gibt die hochinteressante Polanski-Verfilmung eines Bühnenstücks von Yasmina Reza: „Der Gott des Gemetzels." Das Gemetzel bezieht sich nicht auf physische Brutalitäten, sondern auf den Psycho-Kampf zweier Ehepaare. Ausgangspunkt ist eine tätliche Auseinandersetzung zweier Jungs auf dem Schulhof. Empört kreuzen die Eltern des Geschädigten bei dem anderen Paar auf, um es zur Rechenschaft und den Jungen zu Entschuldigung und Entschädigung zu verpflichten. Bei Kaffee und Kuchen verstricken sich „die glorreichen Vier" in Widersprüche, gehen ständig wechselnde Koalitionen untereinander ein und haben längst die Ursache ihrer immer mehr aus dem Ruder laufenden Begegnung aus den Augen verloren. Im Abspann (und nachdem das Handy des notorisch Telefonierenden in der Tulpenvase gelandet ist), kann man die Jungs, um die es ging, beim friedlichen Spiel beobachten. Sie haben den Vorfall längst vergessen und sich interessanteren Dingen zugewandt.

Es geht beim Leben auf der Erde im Prinzip um die Veredelung der eigenen Persönlichkeit. Je reifer wir sind, desto besser gewappnet können wir uns fühlen, kritische Situationen zu bestehen und das Schiff aus unruhigen Gewässern in sanfte, stille Buchten zu steuern. Der Kapitän in uns (unser Geist in Verbindung mit unserem Herzen) muss wissen, wohin er segeln will. Der Steuermann in uns will die Anordnungen befolgen und darf nicht durch ständig wechselnde Anordnungen des Kapitäns verwirrt und vom Wege abgebracht werden. Die Mannschaft in uns (Körper und Seele mit ihren verschiedenen Bedürfnissen) braucht die Standfestigkeit des Kapitäns, um sich ideal ins Geschehen einzufügen und die Segelfahrt durch gute Koordination aller Beteiligten zum Gelingen zu bringen. Harmonisierung von Geist, Seele und Körper ist das Ziel, dem wir uns verschrieben haben. Zeigen wir unseren Kindern, wie es geht und lassen uns dabei von ihnen beraten und inspirieren.

DIE OMA

Nur der, der aus dem inneren Mangel
in die Fülle geht, lernt zu geben.

Es kann sein, dass ich mit Missmut auf meine Kindheit zurückblicke. Man hatte vielleicht zu wenig Zeit für mich oder zu wenig Liebe oder beides. Vielleicht wurde mein Bruder vorgezogen? Oder die Eltern waren aufeinander und ihre Liebe oder ihren Streit fixiert. Man setzte mich immer unter Druck und gab mir das Gefühl, mich nur zu „lieben", wenn ich alle Voraussetzungen dafür erfüllte. Man hörte mir nicht zu. Egal, was ich auch versuchte, um an Lob und Nähe zu kommen – es war nie genug oder nicht gut genug. Immer gab es etwas an dem auszusetzen, was ich tat. Tat ich es nicht, war es ebenfalls falsch. Ständig wurde mir die Schuld für irgendetwas zugeschoben.
Ich führe meine Unsicherheit, meine Selbstzweifel und Ängste, meinen unterdrückten Groll, meine Schwermutsanfälle und Liebessehnsüchte, die mich immer wieder in die Irre führten, auf diese misslungene Kindheit zurück. Meine Eltern interessieren sich immer noch nicht für meine Wahrheit. Sie fühlen sich immer gleich angegriffen und schlagen mich zurück mit den Worten: „Wir haben alles gegeben und uns für dich krummgelegt, und das ist nun der Dank dafür."
Und dann werde ich schwanger. Und dann bekomme ich das Kind. Und dann sehe ich, wie

meine Mutter, die mich als Kind stets auf Abstand hielt und mir meine innigen Liebesbezeugungen abgewöhnte, mein Baby auf den Arm nimmt und es herzt und küsst! Ich beobachte, wie sie es anlächelt und mit ihm redet. Wie sie abwinkt, wenn das Kleinkind etwas kaputtmacht und säuselt: „Macht doch nichts, mein Kleiner/meine Kleine. Ist doch nicht so schlimm! Oma ist nicht böse mit dir."

Fassungslos werde ich Zeugin dessen, dass sie ihrem Enkelkind anstandslos das gibt, was sie mir mein Leben lang vorenthielt! Was passiert da? Wieso tut sie das? Warum geht es plötzlich bei meinem Baby und bei mir nicht? Denn die überschwängliche Omaliebe erstreckt sich nicht zwangsläufig auch auf mich, die Mutter des Babys und die Tochter dieser herzigen Oma!

Was tun?

Wissen ist Macht. Wenn ich nicht weiß, warum jemand etwas tut, ist dieser Jemand unberechenbar. Er ist und bleibt ein Rätsel. Kenne ich hingegen seine Motive, wird alles klarer und ich werde handlungsfähiger. Ich kann mit der Wahrheit eines Menschen etwas „anfangen."

Im Kapitel „Empfängnis" erwähnte ich den Tatbestand schon, dass wir nicht geschichtslose Wesen sind, die aus dem Nichts kommen und in das Nichts zurückgehen und dass wir zu Menschen kommen, die auch ihre Geschichte mit sich herumschleppen. Ich sollte also genau hinschauen, unter welchen Umständen meine Mutter aufgewachsen ist. Wenn sie meine Fragen abwehrt und

mich nicht mit ihrer Erinnerung beehrt bzw. sich weigert, ihre Wahrheit aus dem verschlossenen Inneren „herauszurücken," kann ich entweder Verwandte und Freunde fragen oder allgemeiner auf die Lebensbedingungen ihrer Kindheit und Jugend schauen.
Mit Liebe kommen wir, häufig verlernen wir sie und müssen sie uns zurückholen.
Wir verlernen sie durch die Konfrontation mit Katastrophen, Krisen, Streitigkeiten, Hunger, Not, kriegerischen Auseinandersetzungen. Alles beginnt im Kleinen. Das Baby lernt Tag für Tag, Sekunde für Sekunde. Eine Sekunde häuft sich auf die andere, ein Tag folgt dem nächsten. Das aufwachsende Kind sammelt. Es lernt sich anzupassen. Aus seinem mitgebrachten Liebesvorrat schöpft es noch eine Weile. Mancher Vorrat wird nicht leer, und das Kind schafft es, seine Liebe zu allem Geschaffenen zu bewahren. Oft schafft es das nicht oder nur halberlei. Es wird selber hartherziger und liebloser; vielleicht nur ein bisschen, vielleicht ein bisschen mehr. Es wächst auf. Man verlangt viel vom Kind, vom Heranwachsenden, vom jungen Menschen. Er soll funktionieren. Hier und da gibt es vielleicht Glücksschnipsel. Der Mensch trifft auf andere Menschen, die auch nach Liebe suchen und etwas davon bewahrt haben. Man tut sich zusammen. Doch das Leben ist nicht leicht. Es wird geheiratet. Ein Kind meldet sich an. Oder andersherum: Ein Kind meldet sich an. Es wird geheiratet. Man nennt das im Volksmund: „Mit Rückenwind heiraten", weil die Fa-

milien aus Angst vor öffentlicher Demütigung ihre „missratenen" Kinder so heftig antreiben. Hat man genug Geld für eine eigene Wohnung? Vielleicht ja, vielleicht nein. Dann wohnt man vielleicht bei den Eltern oder Schwiegereltern, die man auch nicht auf Rosen gebettet hatte.

Meine Mutter, die sich jetzt als Super-Oma entpuppt, hat vielleicht erst jetzt, nachdem sie das Leben mit Mann und Kindern (unter anderem mit mir) einigermaßen „gemeistert" hat, den Eindruck, den wahren Gefühlen ihren Lauf lassen zu dürfen. Die Last der Verantwortung ruht auf anderen Schultern als den ihren, und sie darf einfach da sein, ohne ununterbrochen beweisen zu müssen, dass sie es wert ist, dazusein. Und diese Oma, die sich endlich befreit hat von vielen, wenn auch nicht allen Zwängen, sagt sich jetzt kummervoll oder wütend: „Ich bin endlich soweit, einem Kind wirklich Liebe geben zu können. Und jetzt hockt da meine Tochter im Hintergrund, die sich ewig benachteiligt fühlte und missgünstig beobachtet, wie ich meinen Enkel herze und küsse. Sie denkt immer nur an sich. Hat sie nicht bemerkt, wie ich mich immer abgemüht und mein Bestes gegeben habe? Ununterbrochen habe ich geschuftet.

Und was macht sie? Sie jammert und klagt, ich hätte sie nicht genug geliebt. Ja, sie wirft mir sogar vor, ich könnte gar nicht lieben! Das wäre doch gelacht. Ich herze und küsse dieses Kind und zeige es ihm und ihr und allen, dass ich doch lieben kann!" Ja, es ist oft ein Gefühlsgemisch, das uns umtreibt. Es ist die Gleichzeitigkeit von Gut und Böse und allen Schattierungen dazwischen, die das Miteinander so kompliziert werden lässt. Die gute Mutter, die böse Mutter, die unsichere, trotzige, beklagenswerte, um sich schlagende, belehrbare, unbelehrbare, um Verständnis und Liebe heischende, verletzende, großzügige, geizige Mutter – diese Mutter gibt jetzt die gute Oma.

Erstens: Niemand ist perfekt.

Zweitens: Bin ich besser als sie?

Drittens: Es ist gut, dass sie versucht, eine gute Oma zu sein. Sie bemüht sich, ihre (von ihr im Geheimen natürlich selbst empfundenen) Fehler am Enkelkind wiedergutzumachen. Natürlich hat sie meine Anklagen vernommen und in sich hin- und hergewendet, um sie zu überprüfen. Natürlich weiß sie, dass sie weder perfekt war noch ist. Wenn ich sie im Gutsein unterstütze, wird sie es leichter zu haben, gut zu bleiben. Voraussetzung ist, dass ich auf meine Ansprüche in Sachen „Mutterliebe" verzichte. Ich trete einen Schritt zurück und gebe „den Ring frei" für das Stück: Das Kind und die Oma. Beide werden profitieren. Es geht nicht um Konkurrenz. Es geht um Liebe. Das Stück könnte langweilig werden. Wird es aber nicht. Ich übe, mir die Mutterliebe selber zu geben. Ich rede nett und aufmunternd mit mir. Ich lobe mich, wenn mir etwas gut gelungen ist. Wenn etwas danebengeht, sage ich mir: „Macht doch nichts. Es wird alles wieder gut. Versuch es einfach noch einmal!" Zusätzlich bin ich die gute Mutter für mein Kind. Ich muss die Fehler meiner Mutter nicht wiederholen. Ich beginne neu und im Sinne der Liebe. So wie ich sie verstehe und leben kann.

Und ich bin die gute Tochter in dem Sinne, dass ich meiner Mutter nichts mehr nachtrage. Ich öffne meine Herz für sie und für mich, und gemeinsam mit meinem Ehemann oder Partner öffnen wir unsere Herzen für das Kind. So werden alte Fehler gut gemacht: Indem man sie nicht wiederholt.

KRIPPE UND KINDERTAGESSTÄTTE

Unser Heim ist dort, wo die Liebe herrscht.

Haben wir uns als Eltern oder Alleinerziehende dazu entschieden, das Kleinkind in die Krippe oder das ältere Kind in den Ganztageskindergarten zu geben (ich spreche nicht vom Kindergartenmodell, bei dem das Kind zwei Jahr vor der Schule den Vormittag verbringt), dann haben wir dafür mehrere Gründe.

Erster Grund: Die Alleinerziehenden brauchen schlicht und einfach jemanden, der auf das Kind aufpasst, während sie arbeiten, um Geld zu verdienen und sich und das Kind „durchzubringen." Es kann sein, dass, selbst wenn der Vater den Unterhalt bezahlt, das Geld hinten und vorne nicht reicht. Das hängt natürlich auch von meinen Ansprüchen ab, aber sagen wir: Meine Ansprüche sind gemäßigt und nicht überzogen. Ich will ja gar nicht täglich shoppen, im Restaurant essen und wochenlange Reisen in die Karibik buchen. Es soll nur eine gesunde finanzielle Absicherung geben. Ich brauche also Zeit für die Arbeit.

Wenn das so ist, sollte ich mir nicht immer wieder ein Bein, sondern mich hinter mich selber stellen, um mich zu unterstützen. Denn wenn mir täglich das Herz blutet, weil ich Angst habe, das Kind könnte unter meiner Abwesenheit leiden, leiden beide, Mutter und Kind. Das kleine Kind muss natürlich mit der Trennung fertig werden. Ein echter Schaden entsteht aber erst dann, wenn ich offensichtlich leide und einerseits beim Kind bleiben möchte, mich aber andererseits gezwungen sehe zu gehen. Das Kind fühlt meine Angst und wird panisch. Es möchte mich beschützen, retten und auf jeden Fall in meiner Nähe bleiben. Denn wenn die starke, beschützende, alleswissende Mutter solche bedrückenden Angstgefühle und Gewissensbisse hat, muss eine schreckliche Gefahr sie bedrohen.

Ich als Mutter erlebe dann täglich (als Widerhall der unvermeidlichen Trennung von meiner Mutter) immer wieder den Schock der Trennung und zusätzlich der Fremdbestimmung. Ich suche Schuldige, um mich zu entlasten: Vielleicht den Ex, der nicht oder nicht genug zahlt oder die Großeltern, die nicht bereit oder fähig sind, auf das Kind aufzupassen oder vielleicht zu weit entfernt wohnen. In mir baut sich ein Trotz und eine große Gegenwehr gegen die Tatsache auf, dass ich überhaupt arbeiten gehen muss, wo mich doch das Kind braucht. Andererseits bin ich mir vielleicht noch nicht mal sicher, dass ich beim Kind bleiben will.

Wir beide, Mutter und Kind, stecken fest. Das äußert sich meistens in Geschrei bei der Kindesübergabe und bei etwas älteren Kindern durch das Umklammern der mütterlichen Beine mit der flehentlichen Bitte, nicht zu gehen. Wird das Kind trotzdem täglich abgegeben, gewöhnt es sich tatsächlich früher oder später daran, stumpft aber ein wenig in seiner Gefühlsintensität ab: Trotz ihrer ausgesandten Alarmsignale und Notzeichen

will meine Mutter sich offensichtlich von mir, dem Kind, nicht helfen lassen. Ich muss also meine Angst um sie verdrängen, zahle dafür aber mit dem dumpfen Gefühl des Versagens und der Verantwortungslosigkeit; dazu Trennungsschmerz und Einsamkeit.
Das Kind wird dann liebevoll und unter Mühen von den Erzieherinnen und Erziehern abgelenkt und so gut wie möglich umhegt. Das Kind wird das alles im Unterbewusstsein ablegen und zunächst vergessen, weil es ja im Moment nichts an der Situation ändern kann. Ändern kann allein ich als Mutter die Lage. Entweder, indem ich mich entscheide, das Ganze positiv anzugehen und das Kind mit dem Satz abzugeben: „Bis gleich, mein Schatz. Ich geh arbeiten, du spielst hier richtig schön, und nachher erzählen wir einander, was wir erlebt haben." Man kann das schon einem kleinen Kind so sagen. Es fühlt sich dann von Anfang an ernst genommen, respektiert und weiß, dass es nicht irrtümlich und gegen den Willen der Mutter in der Krippe abgegeben und festgehalten wird. Es würde vielleicht trotzdem lieber mit der Mutter zusammenbleiben, aber es gewöhnt sich an den neuen Rhythmus. Irgendwann wird es auch den Zusammenhang zwischen Arbeit, Geld und Sicherheit knüpfen und versteht die Sinnhaftigkeit des mütterlichen Vorgehens.
Zweiter Grund: Es kann sein, dass ich als Mutter freie Zeit für mich brauche. Vielleicht bin ich noch nicht bei mir angekommen und fühle mich von einem kleinen Kind überfordert. Selbst wenn

ich nicht alleinerziehend bin, kann das vorkommen. Im Prinzip gilt: Am liebsten ist das kleine Kind bei der Mutter. Aber sobald die Mutter sich nicht wohl dabei fühlt, wird das Kind leiden und sich minderwertig und verantwortlich fühlen. Deshalb ist es besser, es in der Kindertagesstätte in die Hände von ausgebildeten und kinderlieben Betreuern zu geben als zu Hause zu sitzen, dem Kind ein Verhalten vorzuleben, was es nach meinem Willen eigentlich nicht imitieren soll oder von ihm so genervt zu sein, dass ich gereizt und ungehalten auf seine Lebensäußerungen reagiere und mich hinterher deswegen schäme.

Ich gebe das Kind also ab und kümmere mich um mich selber. Das Ziel ist, dass ich mich lieben lerne und dann auch eine liebende Mutter sein kann. Ich brauche ebenso viel Geduld im Umgang mit mir wie mit allen anderen. Beobachte ich mich beim Wiederholen von Fehlern nützt es nichts, mich immer wieder innerlich zu beschimpfen oder mir zur Strafe etwas zu verbieten oder aufzuerlegen. Der einzige Ausweg ist, mir zu sagen: „Ja, das habe ich getan. Ich habe es getan als Ersatz für Liebe. Ich suche jetzt echte Liebe. Ich fange bei mir an. Ich liebe mich. Und ich übe täglich, die zu sein, die ich wirklich bin. Ich suche das Kind in mir, das noch genau so stark lieben kann wie mein Kind. Gemeinsam schaffen wir es." Und dann übe ich tatsächlich täglich, ganz ruhig und gelassen zu sein, zu atmen, jede Menge Zeit zu haben, meinen Kopf nicht mit Problemgedanken „zuzumüllen"

Dritter Grund: Es kann sein, dass ich es für gut und anregend halte, wenn das Kind frühzeitig mit anderen Kindern in Kontakt kommt, vielleicht, weil es (noch) ein Einzelkind ist. Das ist auch ein Grund, der nicht ganz von der Hand zu weisen ist. Aber, wie gesagt: Kinder ziehen es vor, bei der Mutter zu bleiben. Wenn sie sich die Zeit nehmen kann und will, für das Kind dazusein (und später vielleicht für Geschwister, die sie natürlich erst einmal „bekommen" muss), ist das ein sehr schönes Liebesgeschenk. Das alte Modell: Vater arbeitet, Mutter bleibt zu Hause und sorgt für die Kinder, hat nicht ausgedient. Es ist liebevoll, praktisch und stellt all die zufrieden, die sich bewusst dafür entscheiden. Vater bleibt zu Hause und sorgt für die Kinder und Mutter arbeitet, funktioniert nur, wenn beide wirklich dahinterstehen. Dann ist es genauso gut. Wichtig ist, dass man geduldig ist! Wir können mit kleinen Kindern das lernen, was wir vorher vergeblich in vielen Yogakursen, beim Reiki und autogenen Training versucht haben uns anzutrainieren: GEDULD. Unser Tempo im Umgang und beim Lernprozess kleiner Kinder muss verringert werden. Nur nicht bei der Bewegung. Da machen die Kinder uns was vor!

KOCHEN KANN SPAß MACHEN

*Wir brauchen keine Nahrung,
sondern Lebensmittel.*

Oft stöhnen die Frauen: „Wie öde! Jeden Tag Essen Kochen ist anstrengend! Immer muss man was auf den Tisch bringen! Immer muss man sich was einfallen lassen! Und dann meckert doch immer einer daran herum!" (Von Männern höre ich das seltener. Liegt es daran, dass sie, wenn sie kochen, es gerne tun oder liegt es daran, dass ich nicht oft genug mit Hausmännern rede?)
Viele, vor allem berufstätige Frauen, greifen auf Fertigprodukte zurück, tauen Paketinhalte auf, schieben alles in die Mikrowelle und warten, bis es „Kling" macht. Ich würde sagen, nur das „Kling" ist okay; es hört sich lustig an. :-) Was das andere angeht: Ich rate zu einer klaren, sauberen und nachvollziehbaren Nahrung. Denn der Spruch: „Der Mensch ist, was er isst" ist nicht so ganz aus der Luft gegriffen. Außerdem werden durch die hyperpotente Strahlungsattacke im Mikrowellenherd viel zu viele Vitamine, Enzyme (ohne die nichts im Körper funktioniert!), Fettsäuren und sekundäre Pflanzenstoffe zerstört oder verändert. Einziger Vorteil: Es geht schnell und brennt nicht an.
Wenn wir uns von Fertignahrung ernähren und unsere Geschmacksorgane an zu viel Zucker gewöhnen, zu viel Salz, künstliche Aromen, chemische Weich-, Hart- oder Haltbarmacher in

allen E-Varianten, die man sich vorstellen kann, dazu Pestizide, Rückstände und Verschmutzungen, die man nicht sieht und schmeckt, weil alles mit einem Zuviel „zugeballert" ist, wird unser Organismus irgendwann sagen: „SO NICHT!" Wenn wir dann versuchen, alle Sünden und Versäumnisse mit Nahrungsergänzungsmitteln und Mineralstofftabletten wiedergutzumachen, strapazieren wir unseren Körper noch mehr, denn er braucht all diese Mengen von Magnesium, Eisen, Chrom, Fluor, Jod, Selen, Zink, Mangan, Nickel, Zinn usw. gar nicht. Man spricht ja deshalb von Spurenelementen, weil wir nur ganz wenig davon brauchen. Ein zu wenig erzeugt natürlich Mangelerscheinungen, ein zu viel jedoch vergiftet das Köpersystem sogar. Deshalb Vorsicht bei der Einnahme! Wenn man auf eine ausgewogene Ernährung achtet, ist das auch gar nicht oder sehr selten und nur niedrig dosiert nötig.

Der Organismus unserer Kinder ist jung und strapazierfähig, doch wir wollen ja nur das Beste für unsere Kinder. Und das Beste ist rein und einfach. Wenn wir ihnen diesen Grundsatz beibringen, werden sie sich immer gut und gesund ernähren und auch in diesem Bereich ein Gefühl für das Richtige und Echte bekommen. Es gilt: Lieber weniger essen und dafür gut. Weniger essen ist kein Problem. Kinder haben ein gutes Gespür, ob ihr Körper Nahrung will oder nicht. Sie verhungern nicht freiwillig, man muss sie also nicht zum Essen anregen. Die altbekannte Erpressungszeremonie: „Ein Löffel für Papa, ein Löffel für Mama"

hat schon viel Schaden angerichtet. Kinder, die man zum Essen zwingt, werden dick. Man sagte früher, sie müssten „was zum Zusetzen haben", aber legte die Anlagen zum lebenslangen Fettdepot. Wir leben ja nicht mehr im Mittelalter, unsere Kinder sterben Gott sei Dank nicht durch Hungersnöte oder Armut. Deshalb ist es wichtig, sie ihr eigenes Maß bestimmen zu lassen und nicht ihren Teller vollzuhäufen mit der Anordnung: „Was auf den Teller kommt, wird aufgegessen."
Die Kinder sind nicht sehr anspruchsvoll. Gemüse knabbern sie am liebsten roh. Das tun sie freiwillig. Man stelle irgendwo eine Schüssel mit gestiftelten Möhren hin, Gurkenscheiben oder Paprikaschnitzeln, und die Schale wird innerhalb überschaubarer Zeit leer sein. Ebenso geht es Äpfeln oder anderem Obst. Achtet auf die Qualität! Paprikas sind häufig gespritzt, vor allem wenn sie aus Spanien kommen. Ich habe die Berge von Pestizidkanistern neben den riesigen, mit Plastikplanen bedeckten Plantagenfeldern gesehen. Schmeckt hin! Wenn Paprika nicht nach Paprika, sondern nach einem seltsamen Chemiecocktail schmeckt, dann habt ihr noch intakte Geschmacksorgane, die euch sagen: „Iss das nicht. Das ist schädlich. Es schmeckt eklig." Gurken im Winter haben auch oft einen seltsamen Geschmack. Wenn die Kinder sagen: „Das schmeckt komisch. Ich will das nicht essen", beharren wir oft darauf, sie sollten es doch essen. Wir sind da sparsam und möchten natürlich nichts wegwerfen. Ich verstehe das. Aber wenn das Kind

Recht hat, dann würden wir es strenggenommen zwingen, etwas Giftiges zu essen, nur weil wir es nicht ertragen können, Geld umsonst ausgegeben zu haben oder Essen wegzuwerfen. Es ist aber besser, mit Pestiziden verseuchtes Essen wegzuwerfen und sich dafür einzusetzen, dass es mehr Bioanbau gibt. Das Gemüse, das man auf dem Markt kaufen kann, ist zwar nicht immer komplett pestizidfrei angebaut, aber immerhin ist es frisch und vorwiegend lokaler Herkunft. Das ist auf jeden Fall besser als in Plastik eingeschweißte Supermarktprodukte.

Zurück zum Kindergeschmack: Kinder bevorzugen, wie man allerorten immer wieder hört, mediterrane Küche, also Pizza und Spaghetti. Da diese beiden Gerichte so oft verlangt werden, können wir sie so zubereiten, dass ein Festmahl daraus wird. Wir brauchen dazu noch nicht einmal Vollkorn-Spaghetti, denn die werden meistens abgelehnt mit der Begründung: „Wir wollen richtige Spaghetti." (Ein Besuchskind schaute vor Jahren auf die Vollkornspaghetti auf seinem Teller und fragte vorsichtig: „Die sehen alt aus. Habt ihr auch Neue?")

Was wir also brauchen, sind gute, richtige Spaghetti; die Profis nehmen die leicht rauen, die es im Laden gibt, aber es sind natürlich auch Bio-Nudeln zu empfehlen, die keine Pflanzen"schutz"mittel enthalten und vielleicht nicht rau sind. Sie werden, je nach Geschmack, „al dente" oder etwas weicher gekocht. Abschrecken gilt unter Profis als undenkbar und ist ein großes Verbrechen!

Man schütte die Nudeln in ein anderes Gefäß ab und bewahre somit die Kochflüssigkeit. Von dieser kann man später ein wenig wieder zugeben, falls die Nudeln zu trocken sind und aneinander kleben.

Dazu kommt gutes Olivenöl! Es muss in Bio-Qualität genommen werden, da wir und unsere Kinder sonst Gefahr laufen, Glyphosate und sonstige Chemikalien aufzunehmen. Noch werden sie als Pflanzenschutzmittel bezeichnet statt wahrheitsgemäß als Menschenkillermittel, die kollektiv verboten werden sollten. Außerdem trainiert ein gutes, sauberes Olivenöl die Geschmacksnerven und bringt unseren Kindern bei, wie man „lecker" und „gesund" verbindet, ohne ein „großes Ding" daraus zu machen. (Obwohl es natürlich ein großes und wichtiges Ding ist!)

Wollen die Kinder eine Tomatensoße dazu haben, ist es leicht, keine Fertigsauce zu nehmen, sondern pure pürierte Tomatensoße aus der Glasflasche (es gibt auch Pakete oder Dosen). Man nehme gewürfelte Zwiebeln und, nach Belieben, eine oder zwei oder drei fein geschnittene Knoblauchzehen und brate sie in etwas Olivenöl an. Dazu gieße man das Tomatenpüree samt frischen, kleingehackten Kräutern wie Rosmarin, Basilikum, Thymian oder einer großen Prise der Trockenmischung aus dem Gewürzregal. Man kann natürlich auch frische Tomaten benutzen. Dazu kauft man im türkischen Laden die superreifen Tomaten, aus denen die türkischen Kenner ihre Soßen zubereiten. Man schnitzelt diese Tomaten

klein und kann durchaus den Saft und die Kerne mit hineingeben und später mit Tomatenmark andicken. Es gibt das Tomatenmark nicht nur in der Aluminium-Tube, sondern auch in Gläschen. Man gebe etwas Salz und Pfeffer hinzu, und fertig ist das Ganze. Man kann die Soße variieren und auch als Suppe gebrauchen. Dafür würde man weniger Tomatenmark nehmen, eventuell mit Curry würzen (Curry enthält wesentliche Gesundmacher oder –erhalter) und vielleicht einen Schuss Sahne zugeben. Das muss aber nicht unbedingt sein. Ein Schuss Olivenöl wäre besser, weil auch „das flüssige Gold des Südens", (das in vielen Varianten von Gelb-, Grün- bis Braungold gewonnen wird), ebenfalls zu den extremen Gesundmachern und –erhaltern zählt.
Die Tomatensoße kann man auch für die Pizza benutzen! Wenn man also nicht nur die Spaghettimahlzeit, sondern auch die Pizza für den nächsten Tag mit einkalkuliert, kann man gleich die doppelte Menge Tomatensoße herstellen. Die Pizza braucht einen Boden, der belegt werden kann. Es ist möglich, einen fertigen Boden zu kaufen. Es ist aber auch möglich, keinen fertigen Boden zu kaufen. Entweder lernen wir, wie kinderleicht ein Hefeteig zubereitet ist oder wir greifen auf den Trick zurück, halbierte Ciabatta-Brote oder übrig gebliebene Vollkorn- oder Weißbrotschnitten vom Frühstück wie eine Pizzaunterlage zu betrachten.
Wir können darauf die Tomatensoße geben und, nach Belieben, Salami oder Thunfisch mit gewür-

felten Zwiebeln und Kapern, Zucchinistückchen, Porreeringen, leicht vorgegartem Spinat, Paprikastreifen oder was auch immer darauf verteilen und mit Käsescheiben belegen. Man kann die in Plastik abgepackten Fertigscheiben kaufen und jede einzelne auspacken und den Müll in den gelben Sack werfen. Man kann aber auch frischen Käse kaufen und ihn selber schneiden. Es gibt gute Käsemesser. Für die Pizza eignet sich auch Schafskäse oder Mozzarella. Der Kuh-Mozzarella verwandelt sich bei Hitze allerdings in Gummi, daher rate ich von ihm ab. Der Büffelmozzarella schmilzt und schmeckt besser. Ich weiß aber nicht, woher plötzlich die vielen Büffel kommen können, die den Globus mit Büffelmozzarella überschwemmen und fürchte, dass entweder gepanscht wird oder Büffel gequält. Ich rate daher zu Bio-Büffelmozzarella, was ihn zu einem Stückchen Gold verwandelt, sich also nicht wirklich für Pizza eignet. Es ist ein wertvolles Lebensmittel und sollte bewusst gegessen werden. Geeigneter ist dann Halloumi, ein weiteres traditionelles, mediterranes Erzeugnis, eine Mischung aus Kuh-, Schaf- und Ziegenmilch.

Wie stellt man selber einen Hefeteig her? Versucht es mal wie ein Kind: Ihr schüttet Bio-Weizen- oder Dinkelmehl in eine Schüssel, in die Mitte bröselt ihr ein Stückchen frische Hefe und gebt ein wenig Zucker dazu. Dann gebt ihr einen Schuss lauwarmes Wasser in die Mitte und rührt die Hefe samt dem Wasser in die Kuhle ein. Die Hefe wird sich auflösen. Vergesst nun nicht das

Salz, vielleicht einen kleinen Löffel voll, denn ihr seid ja in der Experimentierphase. Dann schüttet noch mehr lauwarmes Wasser dazu. Nicht zu viel, sonst wird es Mehlsuppe. :-) Jetzt gebt einen guten Schuss Olivenöl hinein und rührt zunächst mit einem Holzlöffel. Wenn ihr feststellt, dass die Masse nicht zu klebrig ist, könnt ihr mit beiden Händen in die Masse greifen und kneten. Aber Achtung: Stellt vorher die geöffnete Mehlpackung dicht neben euch. Sind die Hände erst einmal so richtig vollgesaut und klebrig, kann man weder ans Handy gehen, noch Hände schütteln noch eine Küchenschranktür öffnen, hinter die wir, ordentlich wie wir nun mal sind, die Mehltüte geräumt haben.

Der Teig ist richtig, wenn er weder zu klebrig noch zu trocken ist. Er soll geschmeidig und elastisch sein. Man kann ihn dann hochwerfen und wieder auffangen, ohne auf ewig mit ihm verbunden zu bleiben. Es lohnt sich, Pizzateig kneten zu lernen. Nichts schmeckt besser als das Selbstgemachte! Und wir wissen genauer, was drin ist!

Varianten in diesem Zusammenhang sind Ciabatta-Scheiben, dünn bestrichen mit grünem oder rotem Pesto, grüner oder schwarzer Olivenpaste, Tapenade, bestehend aus Oliven, Sardellen und Anchovis und beliebigen anderen Aufstriche, die inzwischen überall zu haben sind. Wenn man das kurz in den Ofen schiebt, hat man sofort ein leckeres Essen und kann Reste, die sonst schnell verderben würden wie Brot oder Pesto, sinnvoll nutzen. Dazu ein frischer grüner Salat oder Tomatensalat mit feingeschnittenen Zwiebelchen und die Kinder werden nur meckern, solange sie es noch nicht kennen und nie probiert haben.

Einer meiner Lieblinge ist auch die Variante, auf ein halbiertes Ciabatta-Brot Basilikumpaste zu streichen, dicke Tomatenscheiben darauf zu legen und das Ganze mit zwei Scheiben Ziegenkäse zu überbacken. Man kann auch die Tomaten und die Paste weglassen und stattdessen den Ziegenkäse mit Thymianblättchen bestreuen und mit Honigschleifen beträufeln.

Als Kinder-Mittagessen eignen sich auch Kartoffeln sehr gut. Man koche morgens die Kartoffeln mit der Schale und schneide sie mittags in Hälften, ohne sie zu pellen. Den Ofen kann man jetzt auf den höchsten Hitzegrad stellen. Man bestreiche die Schnittflächen der Kartoffeln mit Olivenöl, streue Sesam, etwas Salz und Rosmarin darauf (vielleicht wachsen diese Kräuter ja im eigenen Kräutergarten, im Topf auf dem Balkon oder am Küchenfenster). Sobald der Ofen heiß genug ist, schiebe man das Blech oder die Bleche (je nach Größe der Familie) hinein. Bei einem Blech nimmt man Ober- und Unterhitze, weil die Kartoffeln sonst zu sehr austrocknen. Bei mehreren Blechen übereinander kann man getrost Umluft wählen, weil der Feuchtigkeitsgehalt im Ofen durch die Menge des Garguts in Balance gehalten wird.

Während die Kartoffeln bräunen, bereite man einen schönen Kräuterquark. Man wähle Topfen (einen bayrischen Quark von exzellenter Qualität) oder beliebigen Magerquark, Hauptsache, er ist nicht in die gängigen Weichplastikverpackungen gefüllt, denn dieser Quark schmeckt nach Plastik und enthält Spuren von Plastikverbindungen. Hartplastik ist okay und wenigstens in dieser Hinsicht unschädlich. Wir mischen den Quark entweder mit Joghurt oder einem Schuss Milch, hacken so viele Kräuter, wie wir besitzen oder greifen auf Trockenkräuter zurück (Salatkräutermischungen eignen sich gut, weil sie oft auch Lauchringe und Zwiebeln enthalten) und geben ein wenig Salz dazu. Man kann auch, je nach Belieben, Rosenpaprika und Pfeffer nutzen. Dazu, wie immer, ein frischer grüner Salat. Das ist nur im Winter ein Problem. Wir können dann zum Beispiel auf feingeschnittenen Spitzkohl oder Endiviensalat zurückgreifen.

Bei Salatsoßen sind die Zutaten ausschlaggebend. Ein gutes Öl, zum Beispiel Leinöl, Kürbiskernöl, Walnussöl, geröstetes Sesamöl etc. verleihen jedem Salat eine andere Geschmacksnote. Um das bezahlen zu können, könnt ihr im Biomarkt immer mal wieder auf Angebote zurückgreifen. Es reicht aber auch ein gutes Olivenöl und ein gutes Sonnenblumenöl für eine abwechslungsreiche Küche. Der Balsamico, der allerorten günstig verkauft wird, ist nicht der originale „Aceto Balsamico Tradizionale di Modena", sondern der mit Zuckercouleur gefärbte „Aceto Balsamico di Modena." Wer sich über den gewaltigen Herstellungsunterschied zwischen beiden informiert hat, zieht den bezahlbaren einfachen Bio-Balsamico vor oder nimmt normalen Weinessig. Der echte alte Balsamico ist nämlich nur unter Mühen und in langwierigen Prozessen herzustellen und deshalb auch viel teurer.

Für eine kleine Portion guter Salatsoße (für die große einfach verdoppeln oder verdreifachen) mischt ihr zum Beispiel 3 Esslöffel Öl mit einem Esslöffel Essig, dazu gebt ihr einen guten Spritzer Agavendicksaft oder einen Teelöffel Honig, einen Teelöffel Senf, einen viertel Teelöffel Kräutersalz und den Saft einer Tomate. Je nachdem, welchen Essig und welches Öl ihr benutzt, welchen Honig, welchen Senf und welche Salzmischung, wird der Geschmack schon variieren. Es macht einen großen Unterschied, ob ihr Essig oder Zitrone benutzt. Eine Soße auf Joghurt-Basis zum Beispiel mag den Zusatz von Zitronensaft. Die beiden Zutaten gefallen einander gut. Man nehme also 3 Esslöffel Joghurt, den Saft einer halben Zitrone, etwas Honig, Agavendicksaft oder Ahornsirup, Senf, Öl und Salz, eventuell gibt man einen Schuss Sahne oder Milch dazu und kann diese Soße perfekt mit einem frischen grünen Salat kombinieren oder sehr fein geschnittenem Endiviensalat, der zu Unrecht von vielen abgelehnt wird. Kinder werden mit Begeisterung lernen, ihn so fein wie möglich hinzubekommen.

Im Winter schmecken die Blattsalate oft müde, überdüngt und irgendwie „komisch." Feingeschnittener Weiß- oder Rotkohl kann durchaus einspringen. Hierzu passen Walnussöl und geröstete Walnüsse hervorragend (man würde die

Zitrone als Säuerung bevorzugen) oder Kürbiskernöl mit gerösteten Kürbiskernen (hier würde Balsamico gut schmecken und eventuell ein Schuss frisch gepresster Bio-Orangensaft.) Leicht angeröstete Sonnenblumenkerne und Sesamsaat (Achtung, springt in der Pfanne!) geben Salaten und anderen Gerichten ebenfalls eine spezifische Richtung und sorgen immer wieder für Abwechslung.

Ein weiteres, leicht herzustellendes Gericht ist das Omelett. Ich persönlich mag das Rührei nicht so gerne. Schon zuzusehen, wie jemand andauernd in der Pfanne herumrührt und dem Ei die Chance nimmt, seinen eigenen Weg zu gehen, peinigt mich. Heraus kommt auch oft eine eher krümelige Trockenmasse (ich entschuldige mich hiermit bei allen Rührei-Fans, aber:) Deshalb bevorzuge ich das Omelette. Hierbei nehme man für eine normale Portion vier Bio-Eier, gebe eine Prise Salz und frische, feingehackte Kräuter hinein, vermische alles mithilfe eines Schneebesens oder einer Gabel und erhitze einen Stich Butter oder einen „Schubs" Olivenöl in einer Pfanne. Man gieße die Eiermasse hinein und warte, bis sie ein wenig an der Unterseite gestockt ist. In dieser Zeit zerbröckele man einen halben Feta-Schafskäse. Dann wende man das Omelette einmal, gebe den Schafskäse dazu und setze einen Deckel auf die Pfanne. Nach weiteren Minuten, in denen das Ei stockt, wende man vorsichtig alles zum zweiten Mal, sodass der Schafskäse kurz mit dem heißen Pfannenboden in Berührung kommt

und serviere das Ganze. Ja, es ist wieder möglich, die magische Tomatensoße dazu zu reichen! Sie schmeckt in diesem Zusammenhang besonders gut in Salsa-Ausrichtung mit etwas Chili und gemahlenem Kreuzkümmel. Omelette-Varianten ergeben sich durch Zugabe einiger fein geschnittener Zucchinischeiben, Paprikastreifen, Pilzen oder...oder...oder... Man lasse seiner Phantasie und seinen Wünschen freien Lauf. Kinder, die so kochen lernen, neigen auch später zum Experimentieren und bleiben nicht ihr Leben lang auf ihren Pommes mit Mayo sitzen. Die man natürlich auch genießen kann. Allerdings nicht, wenn man darauf sitzt. :-)
Um nicht immer wieder auf Weißbrote zurückgreifen zu müssen, kann man selber Brot backen. Es gibt die beliebten Brotbackautomaten. Man kann auch sein eigenes Rezept und die alte Vorgehensweise entwickeln. Mein Basis-Rezept hat sich seit der Studentenzeit über viele Jahre entwickelt und geht in etwa so:

Körnerbrot

Vorbereitung: 200 g Gerstenkörner in einem Liter Wasser aufkochen und bei kleiner Hitze eine halbe Stunde köcheln lassen (Vorsicht: Gerste kocht leicht über!). Dann eine viertel Stunde offen stehen und auf lauwarme Temperatur abkühlen lassen.

Eine Tüte flüssigen oder pulverisierten Sauerteig mit einem Würfel Hefe und einem Esslöffel Honig oder Rübenkraut in einer großen Schüssel vermischen. Die Gerstenkörner samt Kochwasser und weitere 500 ml lauwarmes Wasser in die Schüssel schütten. Zwei gestrichene Esslöffel Meersalz und je eine Handvoll Kürbiskerne und je zwei Handvoll Walnusskerne und Sonnenblumenkerne dazugeben.

200 g Roggen
200 g Dinkel
100 g Kamut oder Weizen
100 g Hafer
100 g Hirse
100 g Buchweizen...

...zusammen mit Fenchelsamen, Kümmel und Korianderkörner (Menge je nach Wunsch) auf feinster Stufe und in die Rührschüssel hineinmahlen. (Ersatzweise kann man sich Mischgetreide im Reformhaus mahlen lassen oder schon gemahlenes Mischmehl benutzen). Alles vermischen und eine Stunde gehen lassen.
Etwa 200 bis 250g 405er Weißmehl (Biodinkel) unterrühren, sodass der Teig eine mittelfeste, also nicht zu trockene und nicht zu feuchte Beschaffenheit bekommt. Eine Kasten-Backform (36 cm lang, 10 cm hoch) fetten und mit Sesam ausstreuen. Vier Esslöffel Teig abnehmen, mit vier Esslöffeln Wasser vermischt in ein großes Schraubglas füllen; in den Kühlschrank stellen.

Dies ist der Sauerteig, den man beim nächsten Brot benutzen kann. Den restlichen Teig einfüllen, mit Großblatt-Haferflocken und einem Mehrfach-Backpapier bedecken.
In den kalten Ofen auf die zweite Einschubleiste von unten schieben, auf 250 Grad Umluft schalten. Nach etwa vierzig Minuten den Ofen auf Ober/Unterhitze 180 Grad stellen. Eine weitere halbe Stunde backen. Das Backpapier abnehmen, das Brot aus der Form lösen und mit der Unterseite nach oben weitere zehn Minuten abbacken. Dazu den Ofen nochmal auf höchste Hitze stellen. Wenn wir man jetzt auf das Brot klopft, muss es hohl klingen. Klingt es muffig, lassen wir es bei leicht geöffneter Backofentür in der Resthitze nachgaren und holen es erst heraus, wenn Ofen und Brot ausgekühlt sind. Sonst holt man das Brot direkt heraus und lässt es auf einem Gitterrost abkühlen. Vorsicht: Nicht in warmem Zustand schneiden! Das zerstört und quetscht die noch weiche Krume und lässt das Brot später bröckelig werden. Es schmeckt frisch am besten mit Butter und Salz.
Man kann das Brot auch aus nur einem oder zwei Körnersorten zubereiten und weniger oder mehr Nüsse und Samen hinzugeben. Man kann praktisch alles damit machen und so lange variieren, bis man entweder die allen genehme Mischung gefunden hat oder immer weiter herumprobieren, weil es solch einen Spaß macht. Hauptsache die Zutaten sind schmackhaft. Sie sind nur wirklich schmackhaft, wenn sie echt sind.

Sobald wir also nachfragen und hinschauen, können wir überall den Dingen auf den Grund gehen und das Reine, Echte wiederfinden. Deshalb ist reine, echte Nahrung nicht nur wichtig für unseren Körper, sondern auch für Geist und Seele. Echte Nahrung fördert unsere Sensibilität im Umgang mit dem, was die Erde uns schenkt und dem, was wir Menschen in unserer Kunstfertigkeit daraus machen. Das bringt uns alle zum Staunen, egal, ob wir gerade Eltern oder Kinder sind.

KINDER IN DER KÜCHE

„Hilf mir, es selbst zu tun." Maria Montessori

Kinder wollen mitmachen. Sie wollen lernen und sich nützlich machen. Das sollten wir ihnen weder aus Angst noch aus Zeitstress verbieten. Kinder können viel mehr als wir denken. Und viel früher als wir denken.
Deshalb können sie, sobald sie „selbst-ständig" sind, (also auf ihren zwei Beinen stehen können, ohne umzufallen), auf einen Hocker klettern, Teig ausrollen und Plätzchen ausstechen, aber auch Gemüse schnipseln. Keine Angst vor dem Messer. Wenn man dem Kind erklärt, dass das Messer scharf ist und ihm vormacht, wie man es benutzt, wird es sich seltener bis gar nicht daran schneiden. Angst macht bekanntlich unsicher. Ja, richtig: Übermut macht leichtsinnig. Das stimmt. Der Übermut entwickelt sich aus dem Mut, den ich nicht haben dürfte, weil Mama oder Papa gesagt haben: „Vorsicht! Das tut weh. Mach das nicht! Das wird böse enden." Weil aber die Kräfte in mir brodeln und ich alles selbst ausprobieren will, setze ich mich über das Verbot hinweg und stürme „leichten Sinnes" in den Über-Mut, der mich alle Vorsicht vergessen lässt und meistens in den „Schlamassel" katapultiert („Schlamassel" ist jiddisch und bedeutet: Schlechtes Glück :-)). Dann tut es wirklich weh und ich merke mir die Ursache für den Schmerz oder renne beim nächsten Mal wieder los und tue mir wieder weh.

Weil ich weiß, dass das Kind sowieso alles ausprobieren wird, leite ich es als Mutter lieber an. Gerade bei potentiell gefährlichen Dingen ist es wichtig, dass das Kind den richtigen Umgang damit lernt, um sich nicht zu verletzen. Wenn ich dem Kind sage:
„Nein, nein, das macht aua" und ich ziehe es von der Schere, dem Messer, den Streichhölzern, der Kerze weg, wird es sich magisch davon angezogen fühlen. Vor dem Krabbelkind sollte ich natürlich alles in Sicherheit bringen. Dem älteren Kind aber kann ich die Hand führen und mit ihm zusammen ein Herz aus einem Stückchen Papier schneiden oder ganz langsam mit einem Messer eine Banane in Scheiben zerteilen. Anfangs ist es wichtig, keine harten Gemüse mittels des Kinderhändchens in „Angriff" zu nehmen, da hier das Messer leicht abrutscht und man zu viel Druck ausüben muss. Um dem Kind nahezubringen, dass Scheren oder Messer verletzen können, kann man ganz leicht mit der Spitze ins Fingerchen pieksen und erklären: „Vorsicht, das kann weh tun/ Aua machen." Das reicht meistens als Erklärung. Das Kind wird erstaunt aufmerken. Der Schmerz wird nicht groß, aber als Schmerz erkennbar sein. „Aha", denkt sich das Kind, „das bedeutet: Weh tun" oder: „Das ist also ein Aua."
Der Umgang mit Feuer ist etwas schwieriger zu erklären. Denn dass aus einer kleinen Flamme ein großes, unbeherrschbares Feuer entstehen kann, muss das Kind sehen. Deshalb sind Lagerfeuer nützlich. Zusammen mit dem Kind schichtet man

Holz auf und macht ein kleines Lagerfeuer. Das Kind fühlt, dass das Feuer wärmt, aber nach einer Weile zu heiß wird. Es tritt einen Schritt zurück. Man kann zusammen mit dem Kind nun vor- und zurückgehen, um fühlbar zu machen, wann das Feuer angenehm und ab wann es unangenehm wird. Im Haus kann man natürlich dem Kind, sobald es Interesse zeigt, die Hand führen, um ein Streichholz zu entzünden, damit es nicht unbeaufsichtigt herumzündelt. Man sollte aber eine pantomimische Vorführung folgen lassen, wie weh eine Kerzenflamme tun kann. Ich als Mutter oder Vater kann meinen Finger der Kerzenflamme nähern, zurückzucken und „Auau!" rufen, um zu verdeutlichen, dass hier eine echte Gefahr lauert. Wenn das Kind das nachahmen möchte, dann lasse ich es zu, es sei denn, es hielte seinen Finger in die Flamme. Später kann ich den Kindern vormachen, dass schnelle Bewegungen der Finger durch die Flamme nicht weh tun. Von langsamen Bewegungen würde ich ihnen abraten. Kinder vertrauen uns umso mehr, wenn wir bereitwillig auf sie und ihre Fragen und Bedürfnisse eingehen, ihnen wichtige Informationen geben und sie selber ausprobieren lassen. Dafür müssen wir natürlich anwesend sein. Sind wir selten zu Hause, lernt das Kind anders. Es lernt in der Krippe oder im Kindergarten. Wir sehen dann in der Zeit, die wir mit ihm verbringen, wie weit es sich entwickelt hat und was wir wann bei ihm weiterentwickeln helfen.
Wie weit wir gehen und wann wir was tun, hängt

von vielen Faktoren ab - vor allem von der Beschaffenheit des Kindes. Ist es von Natur aus eher schnell oder eher langsam? Ist es feurig und kämpferisch oder nachdenklich und beobachtend? Neigt es zu heftigen, voreiligen Aktionen oder lässt es sich Zeit? Denn jedes Kind ist anders. Prägung und Erziehung sind ja nur die eine Seite der Medaille. Auf der anderen Seite stehen wir als Geistwesen, die schon manches erlebt haben und deshalb viel Eigenes mitbringen.

Es kann aus diesem Grunde zum Beispiel auch vorkommen, dass bereits Neugeborene eine wahnsinnige Angst vor dem Feuer zeigen. Im Advent oder zur Weihnachtszeit geborene Kinder zeigen manchmal panische Reaktionen. Bei einigen reicht schon das Knistern eines aus Zellophan ausgepackten Straußes, um es in angsterfülltes Gebrüll ausbrechen zu lassen. Hier handelt es sich um das Phänomen der Erinnerung an ein früheres Leben. Wenn wir bedenken, wie viele Menschen auf der Erde bereits durch Feuer umgekommen sind, können wir uns lebhaft ausmalen, wie wir beim nächsten Versuch mit dem Planeten Erde und dessen Gesetzen auf die neuerliche Konfrontation mit unserer letzten Todesursache reagieren. Oft haben wir auch geliebte Menschen durch Feuer verloren. Allein der Abwurf deutscher Brandbomben auf europäische Länder und später die der Alliierten auf Deutschland im verheerenden letzten Krieg haben Abertausende das Leben gekostet. Nicht zu zählen die Toten durch Feuer in der gesamten Menschheitsgeschichte.

Wenn wir nicht aus dem Nichts kommen und nicht ins Nichts gehen, spielt die Vergangenheit eine Rolle, und mit ihr die Art, wie wir im letzten Leben zu Tode gekommen sind: Durch Feuer, Wasser, Erde oder Luft. Vielleicht sind wir auch häufig friedlich in die andere Dimension eingegangen. Das spielt eine große Rolle. Aber das nur nebenbei.

Ab wann ist ein Kind fähig, sich ein Spiegelei zu braten? Unsere Kinder haben das im Schnitt mit 2 Jahren begonnen. Sie standen auf dem Kinderstühlchen vor dem Herd und führten alles korrekt aus, was ich ihnen vorgemacht hatte: Die Pfanne auf das Kochfeld stellen, ein Stückchen Butter hineingeben, den Knopf drehen und zuerst auf Stufe 12 stellen und, sobald die Butter zu brutzeln beginnt, das Ei hineinschlagen und auf Stufe 8 herunterschalten. Nun einen Deckel auf die Pfanne legen und ein paar Minuten warten, um dann die Pfanne mit dem fertigen Ei von dem heißen Feld auf das kühle Nachbarfeld zu schieben und aufzupassen, nicht aus Versehen mit der Hand oder dem Arm auf das noch heiße Feld zu kommen. Den Deckel beiseitelegen, vom Stühlchen steigen und die Pfanne mit Bedacht (damit sie nicht zu sehr in Schieflage gerät und das Ei herausrutscht) vom Herd nehmen und ins Esszimmer transportieren, wo schon ein anderes Kind (oder Mutter oder Vater) emsig herbeigeeilt ist und einen Untersetzer auf den Tisch gestellt hat. Ein Spiegelei kann man auf vielerlei verschiedene Arten verändern. Es wurde hier viel experimentiert. Die mit Gouda überbackene Version wurde zum Favoriten gekürt.

Bei Kindergeburtstagen im Grundschulalter kam es vor, dass die Gäste sich selbst ihre Pizza machen durften. Die Teigbällchen lagen schon fertig zubereitet da, daneben stand der Krug mit Tomatensoße und in einer Reihe standen Schüsselchen mit möglichem Belag: Mais, Pilze, Zucchinistückchen, Thunfisch, Salami, Zwiebelringe, Oliven, geriebener Gouda. Jedes Kind dürfte ein Teigbällchen zu einem kleinen Rund ausrollen und sich den Belag selbst zusammenstellen.

Ja, natürlich klebte der Boden, und die Küche sah nicht so aus wie im Katalog. Aber hinterher räumten alle auf, und es sah wieder so aus wie vorher (auch nicht wie im Katalog, aber das können und sollen „Kinderküchen" auch nicht). Wenn eine Küche zu sauber aussieht, erkennt man, (neutral beobachtet, gedacht, gefühlt und ausgedrückt), dass die Begeisterung fürs Putzen die Begeisterung fürs Kochen übersteigt. Aber das kann man natürlich halten wie man will. Sauberkeit ist unbestreitbar ein wichtiger Faktor und sollte nicht vernachlässigt werden. Ständige Angst vor Unsauberkeit, Jagd nach Flusen und Flecken und zentimeterweise verrückten Gegenständen deuten hingegen auf Druck, Zwanghaftigkeit und innere Unausgewogenheit hin.

Der „Putzfimmel", wie der Volksmund ihn nennt, ist relativ weit verbreitet und entwickelte sich aus der Erziehung zum ordentlichen, zivilisierten Menschen. Ab wann wird Sauberkeit zu einem

Wahn? Wenn ich nicht mehr leben kann, ohne hinter mir sauberzumachen. Welches Bild meiner selbst liegt diesem Verhalten zu Grunde?
Ich möchte hierzu nur sagen: Wir sind von Natur aus lichte, liebende Wesen und somit rein. Die Vorstellung der Unreinheit, die von Kirche und Gesellschaft propagiert und mit bestimmten menschlichen Verhaltensweisen kombiniert wurde und wird, war ein Machtinstrument, um die Gesamtheit zu kontrollieren. Die Erbsünde der katholischen Kirche war eine geniale Erfindung, um ultimative Kontrolle ausüben zu können. Heutzutage erledigen das unausgeglichene Diktatoren wie Kim Yong-Un oder das Politbüro der kommunistischen Partei Chinas.
Das persönliche Empfinden der Unreinheit aber kann sich aus der „Sünde" entwickeln, die wir mittels unseres Gewissens als solche empfinden und die uns keiner eingeredet hat. Sünde bedeutet für unser Gewissen: „Ich habe nicht aus Liebe gehandelt." Habe ich häufig nicht aus Liebe gehandelt, fühle ich mich unrein. Ein Putzfimmel kann sich also einerseits aus meinem Wunsch speisen, dem Umfeld zu gefallen, seine Vorgaben zu erfüllen, als Vorbild für die Gemeinschaft zu dienen und eine Position zu bekommen (man schaue sich nordkoreanische Nachrichtensprecherinnen an) oder andererseits aus dem Empfinden der eigenen Unreinheit/Lieblosigkeit (oder aus einer Kombination beider Motive).
Wenn Kinder mein ausgeklügeltes Putzsystem durcheinanderbringen, weil sie „Dreck machen",

habe ich zwei Möglichkeiten: Ich überdenke mein System und korrigiere es oder ich zwinge das Kind, meinen Sauberkeitsansprüchen zu genügen. Im zweiten Falle werde ich dann selber dazu gezwungen sein, mit dem Staubwedel und Putzeimer hinter dem Kind herzurennen, es auszuschimpfen, weil es sich, seine Kleidung oder den Ort seines und meines Lebenswandels beschmutzt hat und hinter ihm herzuputzen. Das wird viel Zeit und Kraft kosten, mich (und meinen Partner) an den Rand des Wahnsinns treiben und mein Grundproblem konsequent außer Acht lassen: Dass ich mich unrein fühle.

Der Ausweg ist einfach: Sobald ich liebe, bin ich rein. Es gilt also, täglich Liebe im Umgang mit anderen Menschen zu üben; das bedeutet Herzlichkeit, Respekt, Mitgefühl, Humor, Toleranz und Verantwortungsgefühl als konstante Basis meines Verhaltens anzunehmen.

MEINE KINDHEIT

„Bettinas Welt war immer heiter." Mein Vater

Ich war immer ein selbstbestimmtes Kind, auch wenn man mir das nicht unbedingt anmerkte. Ich war im Prinzip immer freundlich (abgesehen von den Momenten, wo ich gekotzt und geschrien habe, weil keiner gemerkt hatte, dass meine Speiseröhre zu eng war und ich Milch sowieso nicht gut vertrug). Deshalb mochte ich den despektierlichen Namen „Käsesäusi" nicht besonders. Säusi nannte ich mich selber, sobald ich sprechen konnte. Ich sprach dann im Großen und Ganzen eher Chinesisch, nannte das Essen „Mm'eina", Flüssigkeiten „Jaujau", Tante Wichern hieß „Wüham" und die Putzhilfe namens Frau Lang „Tangkang." Aber das macht ja jeder so oder ähnlich.
Der Name Säusi entsprach meinem Energievolumen, das heute wie damals sehr hoch war und mich zu unablässiger, freudiger Tätigkeit antrieb. Zusätzlich musste immer alles einen Sinn ergeben. Sinnloses lehnte ich ab oder mochte es nicht. Meine Mutter war in zweifacher Hinsicht gut gerüstet, eine Mutter zu sein: Ihr Vater war künstlerisch veranlagt, protestantisch-anthroposophisch und etwas extrem schwärmerisch/idealistisch ausgerichtet, die Mutter, eine von fünf Töchtern des hugenottischen Elsässers Ferdinand Gauterin, gastfreundlich und praktisch veranlagt, dazu sehr auf korrekte Außenwirkung bedacht. Meinem Opa wird nachgesagt, er hätte nie ruhig am Tisch

gesessen, sondern immer irgendetwas erschaffen. Aus Brotresten wurden abenteuerliche Fabelwesen geknetet, aus Orangenschalen Männchen geschnitzt. Seine Schneegestalten, Sandschlösser und Kasperlefiguren sind legendär. Alles bekam durch ihn eine neue, schöpferische Ordnung. Oft sah man ihn zeichnen und aquarellieren. Sein Garten war riesig und machte viel Arbeit, versorgte aber Familie, Nachbarschaft und später Kriegsgefangene das ganze Jahr hindurch.

Meine Mutter ließ sich zuerst als Kindergärtnerin ausbilden. Sie übte den Beruf nie im kommerziellen Rahmen aus, sondern blieb zu Hause bei uns, ihren beiden Töchtern. Obwohl sie, aus der Kriegsgeneration stammend, als Erwachsene keine Nähe mehr aufbauen und keine Wärme mehr vermitteln konnte, machte sie (für mich) sehr vieles richtig. Sie bastelte mit uns, las vor, sang mit uns Kinderlieder oder lustige Reime und gab uns Raum, kreativ zu sein. Wir durften mit Wasserfarbe die Küchenfenster bemalen, mit Mamas „Klamotten" und Stöckelschuhen Verkleiden spielen, hatten einen Kaufladen, ein Kasperletheater, für das ich Stücke schrieb, und eine kleine Kinderküche, in der ich, nach dem Kinderkochbuch „Die Kochjule" (von Köllnflocken herausgegeben), Haferflocken in immer neuen Varianten mit Banane, Äpfeln, Nüssen, Honig und Zucker mischte.

Später, als wir aus dem Zentrum des Städtchens mehr aufs Land zogen, war ich oft alleine unterwegs in den Blumenwiesen und Weizenfeldern und im Geheimniswäldchen, in dem ich Mutproben absolvierte à la: Über den Bach springen, auf den höchsten Baum klimmen und in Windeseile wieder herunterklettern, Ameisen essen, mit geschlossenen Augen den Weg durchs Dickicht finden und, auf dem Spielplatz, den Todessprung wagen. Der Todessprung geht so: Man klinke sich mit angewinkelten Beinen kopfüber ans Reck, bringe sich in Schwung und wage auf dem Höhepunkt der Schwungbahn den Absprung, sodass man nicht nur elegant auf den Füßen landet, sondern auch noch stehen bleibt und eine Verbeugung würde machen können, (was ich aber nie tat, da es kein Publikum gab und ich auch keins gewünscht hätte).

Am Reck kannte ich mich aus. Während ich den Schulsport später zutiefst ablehnte und sogar Angst vor dem Sprung über den Kasten entwickelte, konnte ich stundenlang am Reck turnen. Tausende von Umschwüngen vorwärts und rückwärts, Tausende Absprünge kommen da zusammen. Wenn ich schaukelte, dann am liebsten auf ganz hoch in den Himmel ragenden Schaukeln. Ich konnte Stunden damit verbringen, in den Himmel zu schwingen und mich frei wie ein Vogel zu fühlen. Mein Brieffreund Robbie, Nachbarjunge meiner Tante Ricky in Pullach, wartete oft ungeduldig auf die Fortsetzung unserer Radtouren, falls wir an den sagenhaft hohen Schaukeln des Spielplatzes vorbeikamen und ich mal wieder nicht widerstehen konnte. Robbie war pragmatischer veranlagt und fand

nichts Besonderes am Schaukeln. Auf dem Spielplatz in meiner Siedlung sahen mich die Puppenwagenmädchen aus der Nachbarschaft verständnislos „Wundersteine" suchen, seltsam glatt-polierte, edel aussehende Steine in allen Braun-, Rot- und Ockertönen, manchmal auch in tief glänzendem Schwarz. Später erfuhr ich, dass es Achate waren, Halbedelsteine, zu denen ich in meinem Buch „Solé oder der Weg zum Sein" geschrieben habe:
„Der Achat ist ein seit langer Zeit hoch geschätzter Stein, der Glück und Geborgenheit vermittelt. Er ist in Hohlräumen entstanden, die durch Gasblasen beim Erkalten der Lava gebildet wurden. Dadurch bekommt er die charakteristische ovale Form, die ihn zu einem Symbol für den menschlichen Embryo werden lassen. Deshalb wird er als Schutzstein bei Schwangerschaften genutzt. Seine Energie unterstützt das Heranwachsen des Kindes im Mutterleib und stärkt die Gebärmutter. Er hat eine wunderschöne Zeichnung, die ‚Bänderung', die dadurch entsteht, dass er verschiedene andere Kristallquarze eingelagert hat, zum Beispiel Karneol, Onyx, Jaspis, Chalcedon, Amethyst und Bergkristall. Dadurch entsteht ein vielfarbiger, abwechslungsreicher Stein, der uns zeigt, wie Harmonie durch die Integration vieler verschiedener Elemente erreicht werden kann.
Achate ziehen unsere Aufmerksamkeit in sich hinein. Sie bilden Landschaften und führen uns in unsere eigene Ruhe und Geborgenheit. Sie sind Führer in dieser Landschaft, fördern unser

Wachstum und bringen uns zu unserer inneren Reife. Der Achat schenkt uns eine ruhige Kraft, die uns ausgewogen sein lässt und Entscheidungen in beschaulicher Bedachtsamkeit treffen lässt. Diese Entscheidungen sind praktisch orientiert und gut umsetzbar. Er holt uns heraus aus unserer Ungeduld und befriedet uns mit seinen warmen, teils milchigen Erdtönen.

Wenn wir mit einer Achatscheibe meditieren, können wir sie zunächst vor eine Kerze halten, sodass die eingeschleusten Kristalle funkeln und glitzern und die Farben zu strahlen beginnen. Wir betrachten sie eine Weile, dann legen wir sie oder einen anders geformten Achat auf unseren Bauch, verbinden uns mental mit seiner Kraft und sagen uns: ‚Ich fühle mich geborgen. Wie der Embryo im Mutterleib, so bin ich in dir, Schöpfergeist, geborgen. Du bist für mich da, ich lasse all meine Sorgen los und überantworte sie dir.' Bei einer Entscheidung, die ansteht, fügen wir hinzu: ‚In der ruhigen Abgeklärtheit meines Inneren reift meine Entscheidung. Und ich reife mit ihr. Ich bin bereit, sie umzusetzen.'"

Ich hatte mir also auf dem Spielplatz die mütterliche Nähe besorgt, die ich zu Hause so nicht bekommen konnte. Zusätzlich formte ich aus Lehm Klöße, die dann auf dem Spielplatz ihrerseits Mutproben absolvieren mussten, die sie leider meistens nicht bestanden. So lernte ich mich an die menschliche Natur und ihre/meine Mängel erinnern, trainierte aber unbeirrbar weiter, um sowohl meinen Erdklößen als auch mir selber das

Durchhalten beizubringen. Mit Puppen habe ich weniger gespielt, sie waren mir zu leblos. Da waren mir die Klöße lieber. Sie machten einem nichts vor und zeigten sich so, wie sie wirklich waren: Verletzlich und instabil. So wie die menschliche Hülle aus Materie verletzlich und instabil ist. Der Mensch Adam wurde von Gott aus Adama (Hebräisch: Erde) gemacht. An anderen Stellen wird vom Staub gesprochen (Afar), von dem wir kommen und zu dem wir zurückkehren, sobald uns Gott den Atem genommen hat. Dem ersten Buchstaben im hebräischen Alphabet Aleph wird die Zahl 1 Achad zugeordnet. Die Eins steht für Wind, Atem/Geist (Neshama und Ruach, auch für Wind gebraucht) und Seele (Nefesh). Aus der Eins heraus wurde alles geschaffen; deshalb beginnt auch das Wort Adamah (Erde) mit der Eins des Aleph, und Adam, der erste Mensch (in der uns bekannten Verbindung aus Körper, Seele, Geist), bekam seinen Namen Erdkloß. Eva wird im Hebräischen mit Chawah bezeichnet. Das H, auch CH, Zeichen für Leben (Chaim) deutet auf den durch Gott verliehenen Lebensatem und die Fähigkeit, Leben zu schenken. Man kann in dieser Richtung beliebig weitergehen und vieles entdecken.

Ich verbrachte die meiste Zeit meiner Kindheit draußen. Ich habe sehr viel durch die Natur gelernt. Ich habe auch sehr viel durch meine Eltern gelernt. Da sie sich während ihres Kirchenmusikstudiums in Detmold kennengelernt hatten, spielte Musik eine große Rolle. Mein Vater, der

später ein passionierter, somit guter und beliebter Realschullehrer wurde, war immer im Dienst. Das konnte anstrengend sein, aber im Schnitt war es natürlich nützlich. Er reiste gerne. Also reisten wir viel. Reisen bildet bekanntlich auf eine sehr tiefe Weise und öffnete mir den Blick für andere Kulturen. Auch bei den Tanten Renata in Paris und Ricky in München lernte ich viel dazu.
Mein Vater war ungeduldig und charismatisch, humorvoll und idealistisch. Heute ist er all das ohne die Ungeduld. Er ermutigte mich zum Lernen, Lesen, Musizieren, Musik hören und Schreiben. Meine Mutter gab Klavierunterricht, konnte wunderschön singen und Geschichten schreiben, pflegte Haus und Zaubergärtchen und versorgte mich mit Büchern aus der großen und kleinen Bücherwand. Ich fraß den Inhalt der Bücher regelrecht. Oft nahm ich sie mit in den Wald, las sie im Wipfel eines Baumes oder inmitten von Wiesenblumen, umsummt von Bienen, Hummeln und anderem Getier, am Feldrain oder im Weizenfeld, bis all das in unserer Umgebung in einem geradezu irren Tempo vernichtet wurde und der Industrialisierung zum Opfer fiel. Manchmal lag ich auch zusammen mit meiner Mutter bequem ausgestreckt auf meinem Jugendzimmerbett und wir lasen, bewaffnet mit grässlich süßen Schoko-Fruchtstäbchen, den Büchereistapel durch, während die Blumen aus dem magischen Gärtchen zum Fenster hereindufteten.
Das und ihre Wacht an meinem Bett während meiner schweren Lungenentzündung im Alter

von zehn waren die Augenblicke größter Nähe, die sie entstehen lassen konnte. Doch ich spürte hinter der Fassade immer ihr großes Herz, ihr Mitgefühl, ihre Verantwortungsbereitschaft und Hingabe. Ihre Hände waren magisch und heilsam. Als ich sie/ihren Körper vor kurzem im Sarg liegen sah, waren es ihre Hände, die meinen Blick auf sich zogen. Die mütterlichen Hände sind wichtiger als man denkt. Wenn sie wirklich berühren, berühren sie auch die Seele. Das vergisst ein Kind nie.

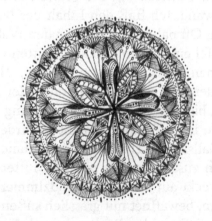

MEIN KIND LEHNT MICH AB ODER: ICH LEHNE MEIN KIND AB

„Es gibt viel mehr Dinge zwischen Himmel und Erde, als sich unsere Weisheit träumen lässt." Shakespeare

Was tun, wenn ich mein Kind nicht mag. Oder wenn das Kind mich nicht mag? Das ist eine furchtbare Zwickmühle und quält einige Menschen ihr Leben lang. Manchmal ergibt das eine das andere: Wenn ich mein Kind nicht mag, gibt es vielleicht irgendwann auf und mag mich schließlich auch nicht mehr und umgekehrt. Deshalb ist es wichtig, alles zu überprüfen, was falsch gelaufen sein könnte. Es stehen folgende Fragen im Raum:
Wollte ich das Kind haben oder ist es durch einen „Unfall" entstanden? Stellt es eine Belastung für mich dar? Liebe ich den Kindesvater, ist er mir gleichgültig, hasse ich ihn, ist er mir unbekannt? Wollte er mich durch die Schwangerschaft binden? War ich bereit, Mutter zu werden? Wollte ich eigentlich studieren, eine Ausbildung oder Karriere machen, Geld verdienen, reisen, mich selber finden, ein entspanntes Leben ohne Kinder führen? Fühle ich mich fähig, einem Kind Liebe und Zuwendung zu geben? Halte ich mich für geduldig genug? Hasse ich das Kind, weil es mir eine Geburt und die damit verbundenen Schmerzen „zugemutet" hat? Habe ich schwerwiegende Fehler begangen, das Kind immer zu irgend jeman-

dem „abgeschoben", habe ich es gereizt und ungerecht behandelt, meine Wut, meinen „Frust", meine Unzufriedenheit mit mir selber an ihm ausgelassen? Bringt es mich immer wieder dazu, mich „falsch" zu verhalten, sodass ich Gewissensbisse haben muss und es weit weg wünsche, damit ich weder weitere Fehler begehe noch weitere Gewissensbisse haben muss. Muss ich es vor mir schützen oder habe ich das Gefühl, mich vor ihm schützen zu müssen?
Jede Frage will eine Antwort haben. Sobald ich bei einer der hier aufgeführten oder in mir ruhenden Fragen mit Ja antworte, lohnt es sich, genauer hinzuschauen. Ich notiere eine Situation, die damit in Zusammenhang steht. Ich schreibe auf, wer beteiligt war, was genau geschah, was es in mir und was in dem Kind auslöste und wie ich reagiert habe. Ich frage mich dann, warum ich so und nicht anders reagierte? Was hat das mit meiner Kindheit, mit meinen Erinnerungen zu tun?
Sobald ich mir darüber einen Überblick verschafft habe, kann ich zu meinen Lösungsideen schreiten: Was fällt mir als Lösungsweg ein? Wie könnte ich demnächst so handeln, dass es sich „gut", liebevoll, also richtig anfühlt? Was könnte ich sagen? Ich kann mir durchaus einige Formulierungen aufschreiben. Je humorvoller, also wärmer sie sind, desto eher öffnet sich im Kind eine „zugeknallte" Tür. Und wenn ich die Sätze vorformuliere, dann habe ich sie schon im Sinn und kann auf sie zurückgreifen, falls das Verhalten des Kindes in mir neuen Widerstand aufbaut

oder mich selber trotzig, gereizt, ungerecht und unverschämt werden lässt.
Und: Wie könnte ich das Kind ansehen? Denn so wie Blicke töten können, können sie auch heilen. Nicht immer finden wir die richtigen Worte. Und nicht immer sind Worte das Richtige. Auch Berührungen sagen oft besser das, was wir empfinden, als Worte, die wir vielleicht nicht finden oder so zusammensetzen, dass sie das Gegenteil von dem ausdrücken, was wir eigentlich damit hatten sagen wollen.
Es kann auch sein, dass vorhergehende Leben für die Problematik ver-antwortlich sind. Hier folgt nun das Beispiel einer Mutter (alle Beteiligten mit veränderten Namen), die ihr Kind ablehnte und es trotz vieler Versuche und im Gegensatz zu den anderen Kindern einfach nicht von Herzen lieben konnte.
Die Ausgangslage: Jan ist verheiratet mit Susanne, die große Probleme mit sich, ihrer achtjährigen Tochter Jasmin und ihrer Schwägerin Tatjana hat. Susanne weiß nicht, warum sie ihre Tochter nicht annehmen kann, manchmal hasst sie Jasmin regelrecht! Tatjana ist Jans Schwester. Sie liebt die kleine Jasmin und versucht, Susannes Ablehnung durch ihre Liebe wettzumachen. Deshalb ist Susanne eifersüchtig auf sie. Die kleine Jasmin ist zerrissen. Sie versteht sich selber nicht. Außerdem hat sie eine seltsame Angewohnheit entwickelt: sie zupft sich nachts die Augenwimpern aus. Selbstbestrafung? Weswegen? Alle sind alarmiert. Sollen sie mit Jasmin zum Psychologen

gehen? Oder mal bei Bettina (:-)) vorbeischauen? Ich schlage eine Zeitreise in Form einer Rückführung vor. Susanne bittet ihren Mann, es für sie zu tun. Für beide ist klar, dass sie einander schon lange kennen. Womöglich waren sie auch zusammen, als das Problem auftauchte, dass jetzt ihr Leben vergällt.

Als Jan mich besucht, läuten die Osterglocken Sturm. Während unserer Sitzung läuten sie immer wieder. Für mich ist das schon ein Signal der Selbstbefreiung, ja, regelrecht der bevorstehenden Wiederauferstehung. Jan ist sehr aufgeregt. Er glaubt, er „könne das nicht", ist überzeugt, dass er nichts sehen werde. Es geht nun in den Alphazustand, bei dem der Zeitreisende immer noch reaktionsfähig ist und alles im Gedächtnis behalten kann, was vorgeht. Ich habe mir eine bestimmte Vorgehensweise angewöhnt: Ich zähle von 12 bis 0 und leite goldenes Licht durch den ganzen Körper. Blockaden lösen sich in diesem Licht meistens nach und nach. Sobald der Zeitreisende so richtig schwer in den Polstern liegt, verwandelt sich die Null magischerweise in eine Wendeltreppe, die nach unten führt; er steigt hinab, bis er in einem nur durch Kerzen erleuchteten Raum angekommen ist. Von dort zweigt ein Gang ab. Der Reisende geht hinein und sieht rechts und links viele weitere Gänge mit Bücherregalen voller dicker, alter „Schinken" oder Bücher neueren Datums. Er wählt einen Gang aus, betritt ihn und schaut sich um. Dann bekommt er die Aufgabe, das Buch herauszuziehen, das ihn am meisten

„anspricht" und ihm somit Antwort auf seine Frage geben wird. (Wir aktivieren so das Wissen um unsere „innere Bibliothek", in der alles abgespeichert ist, was wir je erlebt haben). Es gilt: Sobald er das Buch aufschlägt, wird eine bildhafte Szenerie erscheinen, die sich weitet und so groß wird, dass er hineingehen kann.
Jan zögert zunächst, gibt sich dann aber einen Ruck, tritt innerlich auf das Regal zu und zieht ein Buch heraus. Er öffnet es, heraus quillt eine Schar wilder mongolischer Reiter! Ich sondiere, ob Jan das bemerkt hat und frage:
„Was siehst du?"
Er schaut (mit seinen inneren Augen) umher und sagt dann:
„Eine Wiese, rechts und links geht es hoch."
„Aha."
Er hat keine Reiter gesehen.
„Sind dort auch... Pferde oder... Vögel?" halte ich meine Frage vage, um ihn nicht zu beeinflussen.
Nein, er sieht keine Tiere. Stattdessen sieht er sich: einen jungen Mann mit gelocktem Haar, das ihm auf die Schultern fällt. Er ist gerade auf dem Heimweg in sein Dorf, in dem er schon seine Kindheit verbracht hat. Er ist Tischler, hat die Tischlerei von seinem Vater übernommen. Lebt der Vater noch? Der erste Schmerzpunkt. Nein, die Eltern sind vor kurzem beide an einer Seuche gestorben, als er 18 war.
Nun kehrt er in sein Haus zurück, zu seinen beiden kleinen Töchtern und seiner Frau, der Jugendliebe, auch aus dem Dorf stammend.

„Kannst du lesen und schreiben?"
„Ja."
„Welches Jahr schreiben wir denn?"
Er überlegt und sagt dann:
„Irgendwas mit 1650 ... kann auch später sein. Vielleicht später... Ich weiß nicht genau."
„Schau auf den Kalender."
Er schaut sich um. Schweigt.
„Wir haben keinen Kalender."
„Kein Problem. In welchem Land befindest du dich?"
Wieder überlegt er, ist unsicher.
„Deutschland? Österreich?"
„Du gehst jetzt weiter in der Zeit. Ein paar Jahre sind vergangen. Was siehst du?"
Er schaut und schaut, aber es passiert nichts, außer, dass die Kinder größer geworden sind und sie als Ehepaar älter.
„Gut, dann geh solange weiter auf dem Zeitstrahl, bis du irgendetwas Außergewöhnliches siehst. Eine große Hochzeit, ein Unglück, kriegerische Handlungen..."
Er schweigt. Einige Zeit vergeht.
„Da!"
„Was ist denn da?"
„Da kommen ganz viele Reiter auf unser Dorf zu!"
„Was sind das für Reiter?"
„Das sind ... sie sehen irgendwie ... mongolisch aus!"
„Und was machen sie?"
Er wird aufgeregt.
„Sie zerstören das Dorf. Sie verwüsten alles!"

„Kommen auch Leute zu Tode?"
„Nein, ja, ich weiß nicht."
Er wird noch unruhiger.
„Was passiert?"
„Ein Reiter hat meine Frau auf sein Pferd gerissen! Was soll ich tun? Ich kann nichts tun. Ich habe kein Schwert. Was soll ich machen? Die Kinder...!"
„Wo sind deine Kinder?"
„Sie haben sich versteckt!"
„Wie entscheidest du dich? Für deine Frau oder deine Kinder?"
„Ich... ich muss bei meinen Kindern bleiben! Gegen den Reiter mit seinem Säbel habe ich keine Chance!"
Er entscheidet sich für die Kinder, ist aber ab diesem Zeitpunkt von Gewissensbissen zerfressen.
„Was passiert dann? Geh weiter in der Zeit."
„Ich lerne eine andere Frau kennen."
„Aha."
„Sie... sie heißt Carolin."
„Ist sie nett?"
„Ja. Und hübsch. Und sie ist... gut zu den Kindern."
„Lieben die Kinder sie?"
Schweigen.
„Die eine ja, die andere... ist traurig."
„Aha."
Schweigen.
„Kommt deine Frau irgendwann zurück? Geh weiter in der Zeit."
Er schaut und schaut und nickt dann langsam.

„Ja, sie kommt zurück. Etwa nach ... 10 Jahren. Sie sieht alt aus, abgemagert, sehr alt"
„Und was machst du?"
Er windet sich.
„Ich ... ich habe inzwischen ja eine neue Frau."
„Und was machst du jetzt?"
Sie finden eine Lösung. Die neue Frau, Carolin, ist einverstanden, die seelisch gebrochene erste Frau im Haus aufzunehmen. Sie leben fortan zusammen, die Kinder akzeptieren die Situation und finden sie schließlich gut. Sie sind ja auch erwachsen und selber schon verheiratet. Alle leben friedlich (bis auf die Angstattacken der Entführten), bis zuerst sie und dann der Mann sterben.
Und nun kommt die entscheidende Frage:
Wer ist wer im heutigen Leben?
Jan erkennt alle wieder:
Seine jetzige Tochter Jasmin war der mongolische Reiter.
Seine jetzige Frau Susanne war damals seine erste Frau, die Dorfschönheit und große Liebe.
Seine jetzige Schwester Tatjana war Carolin, die zweite Frau.
Jan war extrem beeindruckt und erleichtert! Und verstand endlich den Zwist zwischen den beiden Frauen, die Ablehnung, die seine Frau der Tochter Jasmin (ihrem ehemaligen Entführer) entgegenbrachte und die qualvollen Gewissensbisse der Tochter, die unbewusst die Schuld annahm und sich dafür nach alter Mongolen-Methode bestrafte (das Augenwimpern-Ausziehen gehörte

zu den gängigen Foltermethoden der Mongolen und leitete gewöhnlich noch Schlimmeres ein). Wäre man bei diesem Familienproblem konventionell vorgegangen, wären alle notwendigerweise auf dem „Holzweg" gelandet, einem Weg, der unvermittelt und im dichten Wald endet. Übrigens: Was Jan, der sich nie besonders für Geschichte interessiert hat, nicht wusste war, dass 1683 die Türken vor Wien standen und auch Tataren, Seldschuken und Mongolen als Kämpfer dabei hatten. Sie verwüsteten die Städte und Dörfer im Umfeld und ermordeten oder entführten die Einwohner. Wäre es nicht gelungen, sie zurückzuschlagen, sähe Europa heute anders aus. Dass Jan das Jahr nicht genau festlegen konnte, hängt damit zusammen, dass sich Dörfler zu jener Zeit nicht, wie wir heutzutage, immer des Datums und der Jahreszahl bewusst waren. Sie lebten mit den Jahreszeiten, den Wetterbedingungen und hatten genug damit zu tun, ihr Überleben zu sichern. Im Schnitt lag Jan aber richtig. Wenn man davon ausgeht, dass wir im Jahr 1672 eingestiegen waren, wären die Töchter zum Zeitpunkt der Entführung ihrer Mutter etwa 11 bis 12 gewesen. Aber das alles ist nicht wirklich wichtig und soll auch keinen „Beweis" für die Wiedergeburt darstellen. Es heißt nur eins: Rückführungen können nützlich sein. Man muss aber keine Rückführungen durchführen, um die Probleme in der Familie zu lösen, die sich durch Ablehnung aufgrund früherer Ereignisse ergeben, auch wenn sich die Situation in der Beispielfamilie sehr ent-

spannte. Es hat sich im Schnitt auch nicht erwiesen, dass Rückführungen automatisch gelingen oder, falls sie gelingen, Heilung und Abhilfe bewirken. Es reicht aber oft schon das Wissen, dass etwas dieser Art passiert sein könnte, um uns zu beruhigen und Lösungswege zu eröffnen.
Auch im Alltag nützt der lapidare Satz:
„Ich verstehe es nicht, aber es wird schon seinen Grund haben und zu irgendetwas nütze sein!"
Ebenso wie der Satz:
„Es wird alles gut!"
Mit dem ersten Spruch sagt der Kapitän (Geist) dem Steuermann (Herz) und dem Rest der Mannschaft (unserem System Seele-Körper):
„Ich lasse mich von etwas Höherem führen. Habt keine Angst. Alles ist logisch und sinnvoll. Ich vertraue vollkommen auf die höhere Führung in unser aller Glück und empfehle auch euch, dies zu tun. Auch wenn wir nicht immer sofort alles wissen oder erkennen, werden wir es vielleicht später verstehen."
Mit dem zweiten Spruch signalisiert der Kapitän noch einmal sein absolutes Vertrauen. Da die Mannschaft daran gewöhnt ist, dem Kapitän zu folgen, wird sie sich ruhig verhalten und einfach weiterarbeiten. Sie revoltiert nur, wenn der Kapitän weder Ziel noch Richtung kennt, kein Vertrauen hat, keine beruhigenden Ansagen mehr macht und das Schiff erkennbar im Sturm des Lebens schlingert und unterzugehen droht. Erst dann entwickeln sich die psychischen und physischen Notstände, und die Mannschaft funkt

SOS. Rückführungen beinhalten die Gefahr, dass man süchtig nach ihnen wird und immer wieder neu nachschauen will, was einem damals wohl alles passiert ist. Wie jemand im jetzigen Leben, der „nur noch" in der Vergangenheit lebt, nicht mehr offen für das Jetzt ist, für den Augenblick, der gerade sein Türchen aufmacht und angemessen freundlich begrüßt werden will. Da wir aber alle einen riesigen Erinnerungsschatz in uns tragen, kann es nicht schaden, uns Fragen zu stellen und ein wenig nachzuforschen. Es gilt: Das, was wir ohne Gefahr herausfinden dürfen, werden wir herausfinden. Das kann sich in plötzlichen Erkenntnissen äußern und Bildern, die sich vor das innere Auge schieben oder Träumen, die durch ihre „Echtheit" bestechen und uns das sichere Gefühl vermitteln, nicht symbolisch gemeint zu sein.

In den symbolhaften Träumen bedient sich das höhere Bewusstsein in Verbindung mit der Engelsphäre unserer Fähigkeit zur Assoziation. Das bedeutet: Zu jedem Ereignis und jeder Person, jedem Geschöpf, jeder Pflanze fällt uns spontan etwas ein. Zu einem Hund fällt uns je nach Erlebnishorizont Treue oder Angst, Begeisterungsfähigkeit oder körperliche Verletzung ein. Im Symboltraum bedeutet das also: Es handelt sich um meine Treue, meine Angst, meine Begeisterungsfähigkeit, meine Verletzung. Verfolgt uns ein Mann, irren wir durch dunkle Gassen, begegnen wir plötzlich einem lächelnden Alten, befinden wir uns mit einem Male auf einer Blumenwiese inmitten von lachenden Menschen lauten die sinnstiftenden Fragen: Was in mir verfolgt mich? Ist es mein Selbsthass, der mir immer auf den Fersen hängt und mich nicht zu mir kommen lässt, ohne mich zu bedrohen? Was sind das für dunkle Gassen in mir? Sind es die Wege meiner Gedanken und Gefühle, die mir immer wieder düstere Szenarien vorspielen und mich er-innern an meine Lieblosigkeit, meine Wut, mein Hass, mein Neid? Der lächelnde Alte – wer ist das in mir? Bin ich das selber in meiner Urform? Ist es mein Geist, der alles durchschaut und genau weiß, dass nur die Liebe mich retten wird und mit den schönen Eigenschaften (den lachenden Menschen) in mir wieder in Verbindung treten lässt?

Traumdeutung kann ebenso gut oder besser helfen als Rückführung, weil sie greifbarer ist. Wir träumen häufig und mühelos. Manche wundern sich über ihre Träume, wenige halten sie für wichtig genug, um sie zu deuten. Dabei stehen sie uns als kostenlose Therapieform und beratende Gurus stets zur Seite.

Wenn mir jemand sagt, er träume nie, kann das natürlich so sein. Es lohnt sich aber in diesem Falle, um Träume zu bitten. Es kann nämlich auch sein, dass das Unterbewusstsein immer noch auf einen früheren Befehl des Kapitäns in mir hört, der mir das Träumen verboten hat, weil er es als sinnlos, ärgerlich, belastend oder schlafstörend eingestuft hatte.

Lehne ich also mein Kind ab oder lehnt es, im Gegenzug mich ab, egal was ich tue, um ihm meine

Liebe zu zeigen, bewirkt schon der Gedanke daran, dass es eine Vorgeschichte gegeben hat, eine Entspannung auf beiden Seiten. Ich kann locker lassen und mir sagen: „Es gibt einen Grund dafür. Und auch wenn ich ihn im Augenblick nicht kenne, wird alles gut. Denn die Liebe wird alle Wunden heilen.

Ich verlange von meinem Kind diese Liebe im Moment nicht, weil es vielleicht etwas in Erinnerung hat, das es von mir distanziert. Doch mit der Zeit wird es sich mir zuwenden können. Ich gebe Raum und Zeit. Ich bedränge es nicht länger. Ich bedränge auch mich nicht mehr. Ich lasse locker und gehe davon aus, dass sich alles entspannen wird, sobald ich mich entspanne. Ich kann keine Liebe erzwingen. Aber ich kann meine Liebe geben. Ich gebe sie bedingungslos und egal, was geschehen ist. Ich gebe sie auch mir und verzeihe mir, falls ich etwas Schlimmes getan habe. Jetzt tue ich nichts Schlimmes mehr. Ich bemühe mich auf jeden Fall täglich darum, nichts Schlimmes zu tun. Ich bitte um Hilfe dabei. Falls ich in die falsche Richtung gehen sollte, bitte ich darum, es mir bewusst zu machen. Mein Wille ist Liebe. Mein Wunsch ist Liebe. Mein Herz ist voller Liebe. Mein Leben möge ein Abbild dieser Liebe sein."

KINDER UND KRANKHEIT

*Lasst mir meine Grippe und
gebt mir Zeit zu wachsen.*

Krankheiten haben zwei Funktionen: Sie härten ab und sie lassen wachsen und reifen. Wer selber als Kind krank war, fühlte sich danach stärker und widerstandsfähiger. Es sei denn, er wurde so mit Medikamenten bombardiert, dass der Körper sich nicht nur gegen die Krankheit selber, sondern auch gegen die medizinische Intervention wehren musste. Ideale Begleiter bei Krankheiten sind homöopathische Mittel, die nicht nur bei kleinen, sondern auch großen Krankheiten treu zur Seite stehen und dem Körper zu einer schnellen Heilung verhelfen; nicht indem sie ihm die ganze Arbeit abnehmen, sondern indem sie mittels potenzierter Heilpflanzen und Mineralien Impulse geben und die Selbstheilungskräfte richtunggebend verstärken. Ich rate zu einem begleitenden Büchlein, das über die wichtigsten Mittel informiert und zu einer Anschaffung einer homöopathischen Notfallapotheke. Bei Krankheiten, die über einen Schnupfen und eine Magenverstimmung hinausgehen, sollte man sich an eine Homöopathin/einen Homöopathen wenden, die/den man idealerweise sowieso schon als Hausärztin/Hausarzt gewählt hat (:-)).
Dazu besitzen die meisten ihre Geheimheilungsrezepte, überliefert von Omas und Opas, Müttern und Vätern. Manche schwören auf Pferdesalbe,

andere auf Calendulacreme, wir besitzen zusätzlich mehrere Kieselsäuregel-Packungen aus dem Reformhaus. Das Gel, aufgetupft auf Wunden, Schrammen und Hautunreinheiten wirkt schnelle Heilungswunder! Innerlich angewandt beruhigt es aufgeregte Mägen und stärkt Haare, Zähne und Nägel. Meersalz-Nasenspülungen helfen bei grippalen Infekten, dazu kommen Fußbäder und Quarkwickel, Kamillentee und Salbeimilch mit Honig. Man kann überall nachlesen, welche Hausmittelchen uns über den Berg helfen.
Kinderkrankheiten werden zunehmend seltener geduldet, da die Kinder ja immer häufiger in Krippen und Kindertagesstätten aufwachsen, wo es sich natürlich störend auswirkt, wenn die Windpocken oder Masern eingeschleppt werden, an denen sich am Ende noch die Erzieher/innen anstecken. Kinderkrankheiten sind nicht länger Privatsache. Meistens wird früh geimpft, damit bloß niemand „aus dem Ruder läuft."
Der Reifungsprozess bleibt so auf der Strecke. Zusätzlich ergibt sich ein wenig beachtetes Problem. Neben der reinen Abhärtung des jungen Körpers gegen das vielfältige Virenbombardement auf diesem Planeten entwickeln Menschen Krankheiten aufgrund psychischer und seelischer Missstände. Nehmen wir die Bauchschmerzen. Kinder klagen oft über Bauchschmerzen, wenn sie sich unwohl fühlen, Angst haben, etwas verschweigen, von dem sie glauben, dass es Ärger bringt oder der Lächerlichkeit aussetzt. Bei uns Erwachsenen ist es nicht viel anders.

„Etwas ist mir auf den Magen geschlagen", sagen wir häufig. Magen und Bauch bezeichnen energetische Bereiche im menschlichen Körper, die sehr sensitiv sind und eng mit unserem seelischen Wohlbehagen zusammenhängen. Das „Bauchgefühl" ähnelt einem Radarsystem, lässt uns Unausgesprochenes erahnen, nicht Materielles ertasten und für das normale Auge Unsichtbares erkennen. Zusätzlich gibt es uns Informationen über drohende Gefahren und „Ungereimtheiten." Der Magen macht sich einen Reim auf das, was um ihn herum geschieht.
Kopfschmerzen signalisieren, dass uns etwas zu viel wird. Wir sind überfordert, Probleme türmen sich auf, Gedanken überhäufen uns mit ihrer Geschwätzigkeit und verhindern ein normales Funktionieren des hochkomplizierten, auf unserem Hals schwankenden Supercomputers, den wir durch die Gegend balancieren. Man stelle sich vor, dass unser kleines Kind vor uns steht und ununterbrochen auf uns einredet. Oder umgekehrt: Wir stehen vor unserem Kind und reden ununterbrochen auf es ein. In beiden Fällen wird sich der Angesprochene früher oder später wehren und Einhalt gebieten. Und falls der „Quasselkopf" nicht aufhört zu reden, kann man immer noch gehen und die Tür hinter sich schließen. Gegen unsere Gedanken können wir uns hingegen selten zur Wehr setzen. Wir könnten schon, aber wir tun es nicht, weil wir sie seltsamerweise oft ignorieren, sodass sie ein Eigenleben bekommen und unser Kontrollzentrum im Kopf kom-

plett übernehmen. Die inneren Monologe quasseln vor sich hin, wir, die eigentlichen Kapitäne im Kontrollzentrum, schalten die Lautstärke der unablässig ratternden Stimme herunter und versuchen, nach außen hin normal zu funktionieren und so zu tun, als hätten wir alles unter Kontrolle. Unsere Kinder machen uns das nach. Irgendwann sitzen sie grübelnd und mit verdüstertem Blick am Küchentisch und klagen über Kopfschmerzen. „Mach dir keinen Kopf", raten wir dann, weise Raben, die wir sind, und unterdrücken gleichzeitig die Grübelgedanken, das sogenannte „Kopfkino", das unseren Kopf so schwer wie Blei macht. Wer „einen klaren Kopf bekommt", hat keine Kopfschmerzen mehr. Wenn ein Kind über Kopfschmerzen klagt, braucht es kein Aspirin, sondern ein ruhiges Gespräch, bei dem es den Kopf ausleeren kann und Ängste, Zweifel, Sorgen, Wut auf den Tisch kippen darf, wo dann alles gesichtet, aussortiert und neu geordnet werden kann. Hat das Kind oft Halsschmerzen und grippale Infekte, hat es „die Nase voll", es „steht ihm bis hier" (wobei meisten die Hand an den Kehlkopf wandert), es hat „einen Kloß im Hals" – all das deutet auf die Ursache häufiger Erkrankungen. Das Kind leidet unter Ängsten, Zweifeln, Traurigkeiten oder hat einmalig oder über einen längeren Zeitraum etwas Schlimmes erlebt, über das es nicht reden will. Auch in diesem Falle ist es wichtig, es nicht mit Antibiotika zuzuschütten, (damit es schnell wieder in die Schule gehen kann und weniger Lernstoff verpasst, um die Arbeiten nicht

zu ‚verhauen' und seine Zukunft nicht zu gefährden!!!), und dass man ihm auch nicht unterstellt, es wolle nur schwänzen und seinen Pflichten nicht nachkommen, sondern dass man sich die Zeit nimmt, mit ihm zu reden. So etwas leitet man möglichst nicht mit dem Satz ein: „Was hast du denn? Hat dir jemand was getan?" Oder gar: „Ist dir eine Laus über die Leber gelaufen oder warum grummelst du so herum?", sondern mit Schweigen. Man setze sich neben das Kind und sage nichts, damit es Raum bekommt. Wenn man lange genug da ist, wirklich da ist und nicht daran denkt, was man zum Mittagessen kochen muss oder wann man die Schuhe zum Schuster bringen will, wenn man also wirklich beim Kind ist, es wahrnimmt, aber nicht dringlich anschaut, sondern nur da ist, dann öffnet sich das Kind. Wenn alles heraus ist, kann die Krankheit gehen.
Krankheiten reden eine laute Sprache. Hautprobleme wie Neurodermitis bei Säuglingen und Kleinkindern sagen: „Hier wird zu scharf gedacht und geredet. Man verletzt einander. Ich wünsche mir einen liebevolleren Umgang in der Familie." Ohrenprobleme deuten in eine ähnliche Richtung. Das Kind hört zu viele Zurechtweisungen und Kritik. Vielleicht wird es selber kritisiert, vielleicht die Geschwister durch Mutter oder Vater. Vielleicht wird die Mutter auch durch den Vater oder der Vater durch die Mutter kritisiert. Eine Lungenentzündung bedeutet: „Ich kann nicht frei atmen. Etwas hier in der Familie, in der Schule oder meinem Umfeld schnürt mir die Luft

ab." Asthma beim Kind kann auf ein Familienmitglied weisen, das großen Kummer verschweigt und daran zu ersticken droht. Die Gürtelrose der Mutter kann bedeuten: „Es geht mir alles an die Nerven. Ich schaffe es nicht, meine innere Not zu zeigen, aber ich bin nervlich am Ende. Ich brauche Zeit für mich." Rückenprobleme deuten auf eine zu hohe Belastung hin. Meistens ist es der Druck, den wir auf uns selber ausüben, das Gefühl, allem und jedem genügen und die Lasten aller Menschen tragen zu müssen.

Krebs kann heißen, dass zu viele kreative Energien unterdrückt werden, Menschen in der Familie nicht authentisch genug leben, zu viel verschweigen, sich zu wenig in ihrer echten Gestalt zeigen, sich zu wenig erlauben. Denn das Wachstum der Tumor deutet auf eine Schöpferkraft hin, die, weil man ihr das Wirken im Außen nicht gewährt, im Innen aktiv wird. Brustkrebs kann auf Liebe, Nähe, mütterlichen Schutz und Trost verweisen, der nicht empfangen wurde. Herzprobleme gehen in eine ähnliche Richtung und beinhalten auch immer die Frage nach meiner Liebe. Bin ich bereit bedingungslos zu lieben oder verlange ich Gegenleistung? (Würde unser Herz für seinen Dienst als Gegenleistung bedingungslose Liebe fordern, müsste es schnell aufhören zu schlagen).

Selten ist es also nötig, sofort mit der Chemiekeule anzurücken. Man gebe ein wenig Zeit, um den Ursachen der Krankheit auf den Grund zu gehen. Es gilt: Kinderkrankheiten sind zum Abhärten da, die meisten anderen zum Aufhorchen. Wenn man sich für Impfungen entscheidet, dann sollte man auf keinen Fall übertreiben und nur das Notwendigste wählen; vor allem: nicht zu früh impfen. Wenn die Mutter stillt, ist das Kind auch gut geschützt und ist viel weniger anfällig. Aber natürlich brauchen wir noch Ärzte und Krankenhäuser. Wir können ihnen dankbar sein für ihre Kunst, ihre Hingabe und Präsenz in der Stunde der Not. Alle können hier zusammenarbeiten: Die Ärzte und Chirurgen aller medizinischen Richtungen, egal ob man es Pflanzenmedizin, Allopathie, Homöopathie oder oder oder nennt. Alle Menschen auf der Welt, die sich dem Heilen verschrieben haben, können zum Wohle aller zusammenarbeiten, um uns womöglich wahrhaftig gesund zu machen.

SCHULE

Wir sind extrem neugierig und lernen gerne.
Erklärt uns alles so anschaulich wie möglich.
Wir sorgen dann dafür, dass die Menschheit
dazulernt.

Sobald das Kind in die Schule geht, gehen wir auch wieder in die Schule. Wir „drücken" zwar nicht die Schulbank und haben es nicht mehr nötig, gelangweilt auf die Zeiger der Uhr im Schulzimmer zu starren, (wenn der Unterricht langweilig ist), aber Schule wird wieder ein Thema für uns.
Es kann sein, dass das Kind sich darauf freut, dass es wissbegierig ist und die Vorbereitungen sehr spannend findet. Alle fragen und reden davon, ob und wann man in die Schule gehe und ob man sich freue oder nicht. Und sie machen so seltsame Gesichter oder Bemerkungen. Oft lachen die Erwachsenen und meinen hinter vorgehaltener Hand, man werde sich bald weniger freuen und sich die ungebundene Zeit der frühen Kindertage zurückwünschen. Die Erwachsenen stehen dann auch zusammen und tauschen Anekdoten von früher aus. Da geht es dann weniger um das, was sie gelernt haben und was sie jetzt reifer und wissender gemacht hat, sondern um Streiche oder Lehrer, die gemein oder unfreiwillig komisch waren und geärgert wurden.
Mich als Kind verwirrt das. Denn einerseits machen sie mir das Lernen immer schmackhaft, an-

dererseits scheint die Schule, der Ort des Lernens, ein sehr widersprüchlicher Ort zu sein. Will ich da überhaupt hin? Vielleicht gibt es dort ähnliche Widersprüche wie zu Hause. Wenn ich zum Beispiel bäuchlings auf der Erde liege und das Treiben einer Ameise beobachte, zieht man mich hoch mit der Bemerkung, ich mache mich schmutzig und außerdem könne ich doch nicht den ganzen Tag lang faul auf dem Boden herumliegen. Ich solle mich gefälligst nützlich machen oder wenigstens etwas „Vernünftiges" tun. Lese ich ein Buch, was man mir auch sehr oft angeraten hat, werde ich angesprochen, ich solle jetzt endlich mal mein Zimmer aufräumen. Und zähle ich die Vögel im Baum, so werde ich gestört und abgerufen, weil ich die Matheaufgaben der Vorschule erledigen soll.

Das Leben ist ganz schön kompliziert. Vor allem, wenn man ständig versucht, es allen Recht zu machen. Ich möchte ja gerne lernen, aber was steckt hinter den Grimassen und vielsagenden Gesten, mit denen die Erwachsenen die Schule bedenken? Ich habe natürlich keine andere Wahl, ich muss hingehen. Meine Freundin hat mir erzählt, wenn man nicht in die Schule gehe, komme die Polizei und hole einen ab. Sie hat von solchen Fällen gehört. „Das ist wegen der Schulpflicht", hat sie mir erklärt und belehrend hinzugefügt: „Andere Kinder in anderen Ländern würden gerne in die Schule gehen. Es gibt sogar welche, die müssen stundenlang durch Wüsten gehen, über wackelige Hängebrücken balancieren oder auf Bergen herumklettern, um ein paar Stunden Schule haben zu dürfen." Das hat sie sicher von ihren Eltern oder aus dem Fernsehen. Ich sehe noch keinen Grund, nicht in die Schule gehen zu wollen. Ich würde es aber vorziehen, wenn man mir ganz klar sagen würde, was da eigentlich los ist.

Wir als Eltern sollten unsere Position zur Schule grundsätzlich klären. Unterstützen wir unser Bildungssystem oder nicht? Es kann sein, dass wir berechtigte Zweifel daran haben. Es wurde in den letzten Jahrzehnten ununterbrochen daran herumgedoktert und es ist durchaus kein geheilter, lebensfähiger Patient dabei herausgekommen. Im Gegenteil: Wir verstricken uns immer mehr in einen ideologisch gestrickten Riesenpullunder, der dem System Schule willkürlich übergeworfen wurde und an allen Ecken und Enden schlabbert und schlecht sitzt. Wir und unsere Schule machen keine „Bella Figura." Keiner scheint zu wissen, was wirklich wichtig ist.

Die Inklusion wurde verordnet, die Lehrer sind überfordert, die Schüler mit Defiziten dürfen nicht mehr auf die ihnen angemessene Förderschule gehen (wenn nicht Eltern und Lehrer ihre Existenz mit Zähnen und Klauen verteidigt haben) und müssen sich mit den normal Begabten messen. Da nicht genügend ausgebildete Pädagogen zur Verfügung stehen, herrscht schon jetzt Chaos. Dazu kommen die Flüchtlingskinder, die erst Deutsch lernen müssen, um eingegliedert werden zu können. Alles ist machbar, wenn man nur will. Ja, das stimmt. Dafür müssen alle an einem Strang ziehen und für das eintreten, was sinnvoll ist. Was brauchen wir für eine Schule? Was wünschen wir uns?

Wir wünschen uns gute Lehrer, die spannend und nachvollziehbar unterrichten können, selber begeistert von ihrem Stoff sind und immer dazulernen wollen. Wir brauchen kleine Klassen und fächerübergreifenden Unterricht. Lernen wir in Geschichte etwas über den Ostfrankenkönig Otto I. oder den bekannteren Karl den Großen, der einen Papst dazu brachte, ihn zum Kaiser zu krönen und das im Jahre 800!, (es gibt nämlich nicht nur die Nazis und das Dritte Reich), so können wir in Kunst uns vielleicht Abbildungen von Gemälden oder Gegenständen aus der Zeit anschauen und versuchen, sie nachzumalen. Wir könnten eine Klassenfahrt nach Aachen unternehmen und dann auf der Burg Rode in Herzogenrath ein bisschen Ritter und Burgfräulein spielen. In Deutsch können wir Literatur aus der Zeit lesen. Das Althochdeutsch klingt lustig und ein bisschen anders als heute.

In Mathe können wir so tun, als hätten wir die damalige Währung und müssten damit rechnen. Denn Karl der Große hat genau wie sein Vater (mit dem komischen Namen Pippin – so habe ich früher mal meinen Kanarienvogel genannt) das Münzrecht an sich gerissen und es zu Königsrecht gemacht. Wem hat er das Recht denn weggenommen? Den Adeligen und den geistlichen Herren, die damals eine große lokale Macht darstellten. Deshalb ist Deutschland so vielfältig und deshalb

hat jedes Bundesland eigene Verwaltungen, eigene Theater und Opern und Städte mit großer Vergangenheit.
Wie steht es mit der Musik der damaligen Zeit? Was wurde gesungen und gespielt? Welche Instrumente kamen damals vor? Das wäre also etwas für das Fach Musik. In Biologie würde man sich mal anschauen, welche einheimischen Tiere zu der Zeit in den mitteleuropäischen Wäldern herumliefen und welche auf Weiden und in den Ställen standen. Kannte man schon Giraffen und Elefanten? Giraffen kannte man damals nur vom Hörensagen oder von Abbildungen, über die man lachte, staunte und sie manchmal gar nicht ernst nahm. 1486 schaffte es eine Giraffe nach Florenz zu den Medicis; dann erst wieder im Jahre 1827 in Person der schönen Zarafa, (die Liebliche). Man geleitete sie, mit einem riesigen Regenmantel bekleidet, nach Paris, wo man sie jahrelang im Jardin des Plantes besichtigen und über den Heimatverlust hinwegtrösten konnte. Ali Pascha, der ägyptische Gouverneur, freute sich so über seinen Erfolg, dass er auch noch je eine Giraffe zu den jeweiligen Herrschern nach London und Wien schickte. Überall wurden diese seltsamen Wesen mit großer Begeisterung empfangen.
Und wie steht es mit Elefanten? Volltreffer! Der berühmte Kalif aus Bagdad, Harun ar-Raschid, schenkte Karl dem Großen einen weißen Elefanten namens Abul Abbas! Er kam pünktlich im Jahre 800 in Aachen an. Ein besonderes Geschenk für den frischgebackenen Kaiser! Der französische

Sonnenkönig Ludwig der Vierzehnte wollte in Versailles auch unbedingt einen Elefanten haben und bekam ihn auch. Er wollte nicht auf die Giraffe Zarafa im Jahre 1827 warten. Das hätte auch nicht geklappt, weil er da schon tot war oder besser: Nicht mehr als Sonnenkönig umherlaufen und Befehle austeilen, prachtvolle Schlösser und Festungen bauen und das Geld und viele Menschenleben für seine unentwegte Kriegführung ausgeben konnte! Elefanten Verschenken kam dann ab dem 13. Jahrhundert ziemlich in Mode. Sie machen ja auch ganz schön viel her!

In Physik könnte man mal ein paar Experimente in diesem Zusammenhang veranstalten. Denn es ergeben sich interessante Fragen wie: Was kann ein Elefant tragen, was heben, wie balanciert er sein Gewicht aus? Wozu ist der Rüssel da? Wieso kann der Elefant Lasten mit seinem Rüssel tragen? Wie viel Kraft muss er aufwenden, wenn er ein Schulkind heben will? Man könnte sich auch mal anschauen, wie man damals Burgen gebaut hat und Zugbrücken über den Burggraben, die man, wenn ein Feind anrückte, einfach hochzog. Wie viel Kraft muss ein Rammbock entwickeln, der ein Burgtor zum Splittern bringen will? Wie viele starke Kinder sind dafür notwendig?

Schon sind wir beim Sportunterricht angelangt. Spielerisch kann man die Turniere nachahmen, die damals abgehalten wurden. Womöglich findet ein Mittelalterfest in der Nähe statt, zu dem die Klasse mit dem Sportlehrer gehen und sich die Ritterkämpfe anschauen kann. Man sieht

dort auch das alte Handwerk: Schmiede, die, mit mächtigen Armmuskeln ausgestattet, den Hammer auf das glühende Metall schlagen, um es in Form zu bringen; Frauen, die aus einem Schafwollhaufen Fäden zaubern, aus denen man grobe und wärmende Pullis stricken kann und vieles mehr. Eventuell finden sich freiwillige Lehrer oder Eltern, die den Kindern nachmittags beibringen, wie man im Stil der damaligen Zeit töpfert, Holzschwerter schnitzt, Wolle spinnt, Laute spielt oder Minnesängerlieder zur Gitarre singt.
Um alles noch nachvollziehbarer zu machen, kann ich historische Filme sehen und Bücher lesen oder vorlesen oder mir vorlesen lassen. Ich kann auch versuchen, selbst ein Buch mit einer Handlung (vielleicht einer Liebesgeschichte) zu schreiben, die im Jahre 800 stattfindet. Das würde bedeuten, dass ich noch genauer wissen müsste/wollen würde, wie die Stellung der Frau, des Mannes und des Kindes in der damaligen Gesellschaft war, wie man lebte, sich einrichtete, kochte, mit welchen Betätigungen das Geld verdient wurde und vieles mehr. Denn eine Geschichte will ja stimmen. Es sei denn, ich schreibe eine Fantasiegeschichte. Das geht auch. Ich kann mit allen Elementen, die ich in der Schule zu Karl dem Großen und dem neunten Jahrhundert gelernt habe, eine Geschichte erfinden, die mit allem herumspielt und die Einzelheiten neu zusammensetzt. Das könnte Spaß machen. Dann würde man ein neues Mittelalter erfinden, einen neuen König vielleicht oder eine Königin? Man

könnte die Magd auf den Thron setzen. Vielleicht wollte sie letzteren nur abstauben und ist versehentlich vom Kalifen von Bagdad, der gerade zu Besuch war, für eine Königin gehalten worden. Womöglich verliebte er sich in sie, schenkte ihr auch einen Elefanten und nahm sie mit in den Orient. Ob sie sich im Harem wohlfühlen würde? Aber vielleicht überzeugte sie ihn ja so sehr von sich, dass er seine 555 Haremsdamen nach Hause schickte und nur sie haben wollte? Wer weiß das schon, da die Geschichte ja noch niemand geschrieben hat?
Ich sehe gerade: Die Begeisterung für Schule ist wieder einmal mit mir durchgegangen. Ich frage mich wie so oft: Wieso haben wir solch eine Schule nicht? Weil wir sie nicht haben. Haben tun wir eine Schule, die nicht so packend ist und auch nicht fächerübergreifend unterrichtet. Egal. Wir nehmen, was wir kriegen können. Das ist besser als das, was Menschen in vielen anderen Ländern bekommen.
Wir als Eltern können so vorgehen: Wir verzichten darauf, die Schule den Kindern einerseits schmackhaft und andererseits madig zu machen. Wissen ist ein Geschenk. In der Schule schenkt man uns Bildung, so gut man eben kann. Wir sollten das Geschenk dankend annehmen und das Beste daraus machen. Wir unterstützen unsere Kinder in ihrer Begeisterung, sind da, wenn sie aus der Schule kommen, hören zu, wo der Schuh drückt, wenn er drückt und helfen nur bei Bedarf. Wir sollten nicht ständig mit dem Hausaufgaben-

heft hinter dem Kind herrennen oder immer neben ihm sitzen und gleich korrigieren, wenn es einen Fehler macht! Geben wir unseren Kindern Zeit und Raum, sich das Wissen selber zu erobern. Wichtig ist nicht die Zensur, sondern das Wissen. Und Wissen muss weder wehtun noch Druck ausüben.

Wenn das Kind etwas nicht kann oder weiß und uns um Hilfe bittet, sind wir da und helfen. Oder es ist jemand da, den wir beauftragt haben. Ganztagsschulen gehen auch auf diese Weise vor, weil die betreuenden Lehrpersonen gar keine Zeit dazu haben, einem Kind zu oft über die Schulter zu schauen. Es muss schon fragen, wenn es etwas wissen will. Und dann ist jemand da, der die Antwort geben kann. Das ist gut. Nicht gut an Ganztagsschulen ist die Einschränkung der kindlichen Freiheit in der Gestaltung ihrer Zeit. Um das Leben kennenzulernen und seine Kräfte im Umgang mit der Natur und anderen Kindern zu erproben, braucht das Kind auch seine Zeit und seinen Raum. In eine Ganztagsschule gepfercht, hätte ich nicht all diese Stunden im Wald, auf den Blumenwiesen oder beim Hüpfkästchen-, Gummitwist oder Federballspiel auf unserer Straße verbringen können.

Wenn ein Kind um Hilfe bittet, ist es wichtig, nicht gereizt zu reagieren. Wir haben natürlich nicht immer große Lust, lateinische Vokabeln oder Grammatik abzuhören, und wir sind vielleicht auch gar nicht imstande, bei Mathe oder Englisch zu helfen. Hier können wir eben nur das

geben, was wir geben können. Aber wir sollten es geduldig und liebevoll tun. Und zugeben, wenn wir etwas nicht können, damit das Kind nicht in die Schule geht und zu hören bekommt, es könne nicht rechnen, wenn es Mamas oder Papas Rechenschritte vorzeigt und als eigene Erkenntnisse ausgibt. Also Vorsicht! :-)
Wenn wir dann das Kind noch unauffällig bei seinen Interessen unterstützen (bloß nicht draufstürzen, weil wir denken, dass dort seine große und finanziell abgesicherte Zukunft wie ein ungehobener Schatz liegen könnte!) fühlt es sich ernst genommen und nicht von einem fremden Willen gesteuert. Auf Reisen könnte man sich überlegen, nicht nur zu „shoppen" und den nächsten McDonald's suchen, sondern auch die Geschichte eines Ortes in groben Zügen zur Kenntnis nehmen und die einen oder anderen Kirchen, Schlösser und Museen von innen anschauen. Später dann interessieren sich die Kinder aus eigenem Interesse, aber auch aus Gewohnheit für das, was sie noch nicht kennen. Positive Neugierde kann man verlernen oder trainieren. Unseren Kindern zuliebe lernen wir dann auch immer mehr dazu und erfahren, wie viel Spaß Wissen machen kann und wie entmutigend es ist, vieles nicht zu wissen.
Wenn wir also selber solchermaßen mit Bildung umgehen, wird das Kind in der Schule gut zurechtkommen. Selbst wenn es nicht mit allen Lehrern und Klassenkameraden harmoniert, lernt es eben auch damit umzugehen und durch

das freundliche und respektvolle Verhalten, das es bei uns abgeschaut hat, immer eine Lösung für sein Problem zu finden.

Und: Die Lehrer sind im Allgemeinen viel besser als ihr Ruf. Sie haben nur so viel mit lärmenden und zu großen Klassen zu tun, dass sie sich irgendwann überfordert fühlen, gereizt und kraftlos werden und ihren Beruf nicht mehr mit Liebe ausüben können. Nicht nur deshalb ist es auf Elternseite wichtig, den Kindern Respekt beizubringen; Kinder sollten sich, genau wie wir, immer und überall respektvoll verhalten. Wir können den Kindern den Respekt nicht gleichzeitig verordnen und selber herumschimpfen und -toben. Respektvoller Umgang wird von uns vorgelebt: In der Ehe, im Umgang mit den Kindern und in unseren Äußerungen über andere (das gilt auch für politische „Statements"). Je kritischer, donnernder und selbstgerechter unsere Auslassungen über Politiker, Journalisten und andere öffentliche Personen sich ausnehmen und je öfter wir uns über irgendwen aus unserem Bekanntenkreis oder aus der Familie beklagen oder ihn negativ bewerten, desto öfter nehmen sich auch unsere Kinder Kritik heraus. Irgendwann trifft es dann uns. Respektlosigkeit ist ein echter Bumerang. Er kommt zurück. Je zielgerichteter wir jemanden abgeworfen haben, desto zielgerichteter kommt die Kritik zu uns zurück. Je öfter wir jemanden abwerfen, desto öfter knallt uns der Bumerang wieder vor die Stirn. Ein einfaches Gesetz, das für praktisch alles gilt, was wir aussenden. Natürlich auch für die schönen Worte und Gedanken. Die tun dann auch nicht weh. :-)

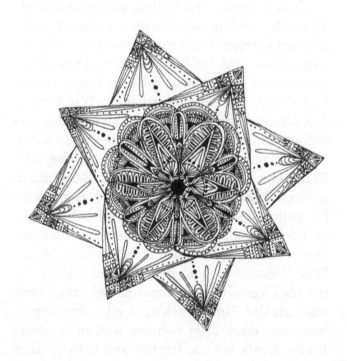

KINDER UND BERUF

Oh Gott, mein armes Kind - es wird untergehen!

Viele von uns machen sich viel zu viele Sorgen um ihre Kinder. Wären Jugendliche so schwach, wie Mütter meinen, dann gäbe es uns Menschen auf diesem Planeten schon lange nicht mehr. Es ist nämlich so: Kinder und Jugendliche sind gar nicht schwach. Sie sind sogar sehr stark. Leider finden wir sie im Kleinkindalter sogar zu stark und beweglich und verbringen Jahre damit, sie zu dämpfen und abzuschwächen. Sind sie dann in dem Alter, wo sie ihre Berufsrichtung wählen wollen, sind sie inzwischen schon fast selber davon überzeugt, dass sie es nicht schaffen können, einen Beruf auszuüben, weil die Ausbildungsplätze, laut Mütter- und Väter-Rabenalarm, zu knapp bemessen sind, die Studiengänge überlaufen und mit einem hohen Numerus-Clausus-Stacheldrahtzaun umgeben. Jeder (und sie selber auch) hält sie dann für zu sensibel, um dem Druck standzuhalten. Aber – sie müssen natürlich doch hinein - ins Verderben.

Mein Vorschlag: Um unsere Kinder optimal zu begleiten, sollten wir ihnen den Rücken stärken, statt ihnen in denselben zu fallen. Sie brauchen uns gar nicht so sehr bei ihren Entscheidungen. Nur weil wir meinen, sie bräuchten uns so sehr, mischen wir uns ständig ein, warnen, treiben an, unken, kritisieren und verzweifeln. Völlig entkräftet stöhnen wir: „Ich kann nicht mehr, ich muss mich um alles und jeden kümmern! Und keiner kümmert sich um mich!" Der Haken an der Sache ist: Wir sind nicht gebeten worden, uns in alles einzumischen, unsere Kommentare abzugeben und zu glauben, unsere Kinder könnten keinen Schritt alleine gehen. Will das Kind studieren, soll es studieren. Will das Kind nicht studieren, soll es das machen, was es machen will. Ein Studium macht nicht glücklich. Es macht nur glücklich, wenn die Materie, die man studieren will, einen begeistert und regelrecht „vom Hocker reißt!" Es macht glücklich, wenn man sich dort ausbilden lassen kann, wo man seine Begabung oder seine Hingabe spürt. Die systematische Zerstörung des dreigliedrigen Schulsystems samt dem dazugehörigen logischen Denken: ‚Jeder möge die Schulform wählen, die zu ihm passt' hat bewirkt, dass nunmehr möglichst alle Schüler das Abitur machen und ein Studium anstreben sollen; alles andere sei extrem ungerecht, hat man uns ins Hirn geblasen. Die armen Jugendlichen, die gerne Tischler, Schornsteinfeger, Elektriker, Lastwagenfahrer, Händler, Installateure, Lokführer, Anstreicher werden wollen, dürfen nicht mehr, weil sie ja studieren müssen. Um Mama und Papa nicht zu enttäuschen? Was wird denn aus den Massen von Psychologie- und Jurastudenten, die sich in Hörsälen mit mindestens 500 Mitstudenten drängen? Sie lassen sich von Professoren, die sich weder ihre Namen noch Gesichter merken können, zur Arbeitslosigkeit ausbilden, therapieren sich dann später gegenseitig oder klagen (sie sind ja vom Fach), weil sie keinen Arbeitsplatz finden.

Man möge den Jugendlichen Zeit und Raum geben, sich zu orientieren und das zu lernen und auszuüben, wohin ihr Kopf und Herz sie zieht. Da die Schulpolitik (die seit Jahren von weltfremden, ideologisch verbrämten Besserwissern verhunzt wird) die armen Kinder mit der Verkürzung von 9 auf 8 gymnasiale Schuljahre nun zu mehr Tempo verdonnert hat, wächst der Druck auf sie, dem sie ausweichen, indem sie scharenweise nach Neuseeland ‚abdampfen', um das für die Anbieter inzwischen zu einem lukrativen Geschäftszweig angewachsenen ‚Work and Travel' auszuprobieren; sie arbeiten und reisen, wobei inzwischen die Kosten dafür so angewachsen sind, dass man sich das Ganze kaum noch leisten kann. Trotzdem strömen die Jugendlichen ins Abenteuerausland, denn man hat ihnen ja gesagt, dass es zu viele von ihnen gibt. Man habe keinen Platz mehr für sie, heißt es. Und, um das alles zu rechtfertigen heißt es: ‚Die Jugend von heute hat kein Ziel mehr. Sie ist verwöhnt.' Ach, so ist das. Die Jugend hat Schuld. Die Jugend hat ja bestimmt auch die Gesetze und Verordnungen erlassen, die den ganzen Unsinn ins Wirken gebracht haben. Derweil blutet das Handwerk aus, obwohl es einen meterdicken goldenen Boden bekommen hat. Ein arbeitsloser Pädagogikprofessor wird demnächst definitiv weniger verdienen als ein Installateur. Mein Mitleid mit den Akademikern wächst enorm.

KINDER UND RELIGION

"Lieber Gott, mach mal den Wind aus!"
Johannes (4)

Kinder haben einen sehr einfachen, direkten Draht zu Gott, wen oder was man auch damit bezeichnen will. Sie akzeptieren mühelos eine väterliche Figur, die sie immer und überall schützt und den Weg weist, wenn man sich verirrt hat, so wie der ideale Vater. In vielen Ländern kommt ausgleichend eine Muttergottes oder mütterliche Gottheit dazu, die sich, wie die ideale Mutter, tröstend und liebevoll, warmherzig und verzeihend zeigt. Wir können zu kleinen Kindern, unabhängig von unserer Religionszugehörigkeit, vom „lieben" Gott sprechen. Und, da er nicht alles alleine regeln kann, können wir von den Engeln erzählen, die ihm und uns helfend zur Seite stehen. Wir können dem lieben Gott alles erzählen. Wir können ihn oder unseren persönlichen Engel um alles bitten, was der Liebe entspricht. Wir können bitten, dass es allen gut geht, dass keiner leiden muss, dass Frieden auf der Erde herrscht. Um ein neues Fahrrad zu bitten würde auch gehen, da ein Fahrrad sehr sinnvoll ist und Spaß macht. (Dann müssen allerdings die Eltern mithelfen, denn der liebe Gott hat meines Wissens keine Fahrradwerkstatt.) Jemandem zu schaden würde nicht gehen. Denn wenn ich jemandem schaden will, bin ich nicht in der Liebe; da wird mir kein Gott helfen und auch kein Engel. Eine gute Zensur? Ja, aber dafür würden wir selber sicher auch eigene Kraft und Lernfreude aktivieren wollen. Der Engel hilft uns dann beim Diktat oder bei der Mathearbeit, Ruhe zu bewahren und alles Gelernte zu behalten. Alles, was sinnvoll ist, was uns hilft, uns weiterbringt, uns Spaß macht und begeistert, ist auch das, was Gott und die Engel begeistert.

Wann hilft der Engel oder der liebe Gott und wann nicht? Und warum nicht immer? Die Erklärung für die kleinen Kinder, die vielleicht enttäuscht sind, wenn sie sich gewünscht haben, dass der Papa am Wochenende mit in den Zoo kommt, dann aber doch nicht mitkommen kann, weil er arbeiten muss, wollen wissen, wieso dieser Wunsch nicht erfüllt wurde, und die Älteren kommen mit der Zusatzüberlegung: „Warum nicht, obwohl der Wunsch niemandem schadete?"

Und so kann man erklären: „Weil die Arbeit, die der Papa machen muss, so schrecklich wichtig ist. Und niemand anderer übernehmen kann, was er da tut." Was auch stimmt, denn jeder ist wichtig im Arbeitsablauf. Ob es richtig ist, am Wochenende zu arbeiten, ist die Frage. Aber manchmal kann man es, aus unterschiedlichen Gründen, nicht umgehen. Die Kinder wissen dann, dass alles einen Sinn hat und die göttliche Gerechtigkeit neben Papas Arbeitsplatz auch alles andere verwaltet. David stellte sich das so vor:

GEHEIMER NUTZNIEßER

„Die armen Leute in Jugoslawien, die jetzt nichts zu essen haben", sinniert David (7 ¾) beim Mittagessen. „Die müssen jetzt hungern, und wir haben soo viel!"
„Ja, deshalb danken wir auch immer dem lieben Gott dafür, dass wir genug zu essen haben", sagt Christoph.
„Was passiert denn mit den Leuten, die dem lieben Gott n i c h t danken?" will David wissen. Verzwickte Frage. Doch da hat er die Antwort schon selber:
„Denen fällt wahrscheinlich zur Strafe immer Geld aus der Hosentasche, ein Zehner, ein Fünfziger, ein Hunderter... Und die ganzen Scheine finde ich und bin ganz reich!"

Dem älteren Kind können wir sagen: Gott, der alles erschaffen hat, ist ein geistiges Wesen. Wir können es uns in seiner Größe nur vorstellen, wenn wir die Gedanken ausschalten und einfach nur da sind. Man kann das auch Meditation oder Gebet nennen. Je ruhiger wir beim Gebet sind, desto eher kommen wir in den Zustand der Wahr-Nehmung alles Geschaffenen.
Wir können dem Kind, das mehr Fragen stellt und einigermaßen logische Antworten haben möchte, Gott so darstellen, dass er zwar weder nur männlich noch nur weiblich ist, aber in jeder Gestalt wohnen kann: In Frau und Mann und Kind und Tier und Pflanze und in allen Elementen (Erde, Feuer, Wasser, Luft) und im ganzen Weltraum

mit allen Planeten, Sonne, Mond und Sternen. Ferner können wir dem Kind erzählen, dass es Gott egal ist, in welcher Sprache und mit welchen Traditionen man sich an ihn wendet. Ihm, dem geistigen Wesen, das alles beinhaltet und uns aus sich heraus geschöpft hat, ist nur das Herz eines Menschen wichtig. Deshalb erscheinen auf der Erde in bestimmten Abständen die wahrhaft Liebenden. Sie sind oft auch Religionsgründer, um den Menschen zu helfen, ihre Liebe nicht zu vergessen. Doch wir Menschen vergessen leider die Liebe trotzdem immer wieder. Und es ist egal, in welcher Sprache der Mensch nicht liebt oder wie der Mund aussieht, aus dem sich Hassparolen drängen oder welche Farbe die Hand hat, die einen anderen niederschlägt.

Man kann den Kindern Gott in der Natur zeigen. Die Natur ist ein einziges Wunder. Alles greift ineinander, ist perfekt aufeinander abgestimmt und sieht schön, hässlich, seltsam, anregend, abstoßend, besänftigend und aufregend aus. Die Kinder lernen die Welt der Gegensätze kennen und sich als widersprüchliche Wesen einordnen. Sie lernen, dass sie als Menschen die Möglichkeit von Gut und Böse in sich tragen und immer wieder wählen müssen/dürfen zwischen vielen Möglichkeiten, die entweder sehr gut, gut, mittel, schlecht oder böse sind. Sie lernen auch, dass etwas, das sie gut gemeint haben, böse ausgehen kann. Deshalb brauchen sie, genau wie wir „Erwachsene" und scheinbar so kluge, welterfahrene Mamas und Papas, die überirdische Hilfe.

Wenn wir mit kleineren Kindern die Wunder und die Schönheit der Natur betrachten und sie ihnen, unserem eigenen Wissensstand entsprechend, erklären, müssen wir uns nicht mit Spitzfindigkeiten auseinandersetzen. Die Natur ist einfach da, weil Gott sie so geschaffen hat, und sie ist gut so. Das entspricht in etwa auch dem göttlichen Willen und seinem Schlusswort in der Genesis. Wir antworten also einfach und zunächst etwas ein-seitig. Jüngere Kinder können deshalb mit komplexen Antworten noch nichts anfangen, weil diese immer auch die Widersprüchlichkeit und Zwiegesichtigkeit der Schöpfung und jedes Phänomens auf der Erde beinhalten. Etwas kann gut und schlecht/böse/unangenehm zugleich sein, je nachdem, wie man es betrachtet. Kleine Kinder haben erst einmal genug damit zu tun, sich einigermaßen zurechtzufinden, laufen und sprechen zu lernen, zu üben, einfache Vorgänge einzuschätzen und Menschen, Tiere, Pflanzen zu erkennen. Je nach Alter und Art des Kindes können wir dann früher oder später komplexere und vielseitigere Antworten geben, die das Kind zum Nachdenken anregen.

In einfachen Beispielen können wir das noch so verdeutlichen:

Es regnet. Die Menschen ziehen lange Gesichter: „Blöder Regen." Die Erde, die Pflanzen freuen sich und sagen: „Danke." Es hört nicht auf zu regnen. Die Erde und die Pflanzen und Tiere sagen: „Nein danke, das reicht." Es gibt aber Wesen, die wollen immer Regen haben. Sie sagen: „Mehr davon!" Es

hört auf zu regnen. Die Erde, Pflanzen, Tiere und Menschen freuen sich und sagen: „Danke." Die Wesen aber, die immer Regen haben wollten, maulen. Es wird trocken und immer trockener. Die Erde, Pflanzen, Tiere und Menschen ziehen lange Gesichter und sagen: „Bitte etwas Regen." Es gibt aber Wesen, die wollen immer Sonne haben. Sie sagen: „Mehr davon!" Die Wesen aber, die immer Sonne haben wollten, maulen.
Schwieriger wird es hier: Gibt es Gut und Böse in der Natur? Wie erklären wir einem Kind, dass ein Vulkan nicht böse ist, obwohl er Feuer speit und Menschen tötet? Ab wann ist etwas „böse?" Wir definieren es als Menschen so: „Wenn keine Liebe da ist. Wenn der Mensch Hass gewählt hat statt Liebe." Aber auch: „Wenn jemand zu Schaden kommt." Das Kind lernt den Satz: „Meine Freiheit hört da auf, wo die des anderen beginnt." Aber was ist mit Unwettern und Katastrophen? Die kümmern sich nicht um die Freiheit der Menschen. Wenn ein Wirbelsturm das Meer aufwühlt, eine verheerende Flut verursacht, Häuser abdeckt, riesige Bäume entwurzelt, Autos durch die Luft wirbelt und viele Menschen tötet, nennt man ihn nicht böse, sondern eine „Naturgewalt." Naturgewalten dürfen, was Menschen verboten ist: Anderen schaden. Warum dürfen Naturgewalten das?
Es macht nichts, wenn wir dann sagen: „Weil es eben so ist." Denn diese scheinbar hilflose Antwort enthält auch einen Teil der Wahrheit zusammen mit Folgendem: „Es ist, wie es ist. Es ist,

weil es so ist. Es ist gut so, wie es ist. Es könnte auch anders sein, aber es ist nicht anders." Zum Schöpfungswunder gehört eben auch, dass wir die Frage nach seinem Sinn stellen und uns andere Möglichkeiten vorstellen können, zum Beispiel, dass es keine Wirbelstürme gäbe. Und was geschähe, wenn es keine Wirbelstürme gäbe?

Uns ist ein Gehirn gegeben, dass logisch konstruiert ist und Fragen nach Logik stellt. Und dieses Gehirn wacht über ein Körper-Seele-Geist-System, das die Logik des Gehirns immer wieder herausfordert, weil es sich, aus der Sicht des Gehirns, oft unlogisch verhält. Überdies ist der Gehirn-Computer mit einem gigantisch großen, ewigen Schöpfungskonstrukt konfrontiert, das den konventionellen Denkmechanismus überfordert. „Ewig" kann das Gehirn zwar denken, aber in seiner Konsequenz dem System Mensch nicht übermitteln. Denn das Gehirn, so kompliziert und wunderbar es aufgebaut ist, hat (solange wir es noch nicht zu hundert Prozent nutzen und somit halb verschlafen durch unsere Tage taumeln :-)) vorwiegend die Aufgabe, uns möglichst ohne Schaden durch ein Leben in der von uns als unberechenbar eingestuften Materie zu bugsieren.

Zurück zur Frage nach den Naturgewalten, die aus logischer Sicht berechtigt ist: Warum ist ein Wirbelsturm nicht böse, obwohl er viele Menschen tötet wohingegen ein Mensch schon als Mörder gelten würde, wenn er nur einen Menschen umgebracht hätte? Weil der Wirbelsturm keine Wahl hat, der Mensch hingegen schon.

Aber: In Kriegen verhalten sich Menschen auch oft wie Wirbelstürme. Die Soldaten sagen dann: „Ich hatte keine Wahl, ich musste es tun. Sonst wäre ich erschossen worden." Wer weiß, was dem Wirbelsturm zustößt, wenn er nicht so wirbelt, wie es ihm befohlen wurde? Oder ist der Sturm auch ein freies Wesen und macht, was es will und ohne auf die Konsequenzen zu achten? Zurück zum Menschen: Manche Menschen töten sogar gerne und auch ohne, dass man es ihnen befiehlt. Es macht ihnen überhaupt nichts aus, sie haben kein Mitgefühl und genießen ihre Macht. Vielleicht wirbelt auch der Wirbelsturm, weil er kein Gewissen hat. Einfach aus Jux und Dollerei. Oder steckt ein System dahinter? Ja. Welches System? Das kann man erklären.
Das System beruht auf bestimmten Spielregeln. Wir Menschen sind bewusste Wesen, die denken und fühlen können. Wir sind umgeben von Tieren und Pflanzen, die stufenweise weniger oder sagen wir besser: anders bewusst sind als wir. Denn wir alle sind über ein göttliches Überbewusstsein miteinander verbunden. Wir Menschen dürfen auf der Erde alles tun und lassen, was wir wollen und sind nur durch wenige Faktoren beschränkt. Denn es läuft nicht die ganze Zeit jemand hinter uns her und kontrolliert, ob wir jemandem schaden wollen oder nicht. Deswegen tun wir häufig das, was wir eigentlich nicht sollen. Denn wir sollen und wollen gut sein. Trotzdem ist da ein kleines Teufelchen in uns, das uns zuflüstert: „Probier' es doch mal aus. Es sieht dich ja kei-

ner." Wenn uns keiner dabei erwischt, scheint das gut für uns zu sein. Doch das System beinhaltet folgendes Gesetz: „Alles, was wir aussenden, kommt zu uns zurück." Das heißt: Weder eine gute noch eine schlechte Tat bleibt ohne Folgen. Tun wir Gutes, kommt Gutes zu uns zurück. Tun wir Schlechtes, kommt Schlechtes zu uns zurück. Es kann sein, dass sich das Schlechte sofort wieder auf uns zubewegt oder erst nach einiger Zeit, aber es kommt auf jeden Fall. Auch beim Gutsein kann es manchmal ein wenig dauern, bis auf derselben Frequenz Gutes zurückgesandt wird, aber es kommt auf jeden Fall. Das ist nicht grausam, sondern gerecht und sehr weise.

Die Menschen, die Böses tun, sind nicht alle gleich. Es gibt solche, die tun es extra und gerne. Es gibt solche, die tun es aus bestimmten Gründen wie Rache, Angst oder Not. Es gibt solche, die tun es, ohne es zu merken, weil sie entweder nur mit sich beschäftigt sind oder weil sie nicht gut genug nachgedacht und die Konsequenzen bedacht haben. Im hellen Bereich gibt es auch Unterschiede. Es gibt Menschen, die tun nur Gutes, damit man über sie spricht. Es gibt solche, die große Geldspenden geben, damit sie nicht so viel Steuern bezahlen müssen. Es gibt aber auch solche, die geben Geld, damit es den Armen besser geht.

Auf der Erde muss man eins lernen: Es gibt nichts, was es nicht gibt. Und: Alles ist irgendwie miteinander vermischt: Das Gute mit dem Bösen, das Helle mit dem Dunklen, das Echte mit dem Unechten, die Lüge mit der Wahrheit. Deshalb gibt

es Religion. Sie soll uns helfen, Klarheit in diesen Wirrwarr zu bringen. Das gelingt den Religionen nur dann, wenn sie nicht selber verworren und widersprüchlich sind. Deshalb gilt hier:
„Nur so wenig Vorschriften wie nötig, und so nah an der Liebe wie möglich."
Denn je mehr Vorschriften und traditionelle Verhaltensweisen es in den Religionen gibt, desto eher entartet sie zu einem Unrechtssystem. Unsere Aufgabe ist es, so gut wie möglich zu lieben und Licht in die Welt zu bringen. Egal, wie wir aussehen und welche Sprache wir sprechen – nur die Liebe zählt. Alles andere ist weniger wichtig.
Kinder interessieren sich brennend für religiöse Fragen. Denn die Liebe wohnt in ihnen, und sie wollen sie leben. Dabei stoßen sie an Grenzen. Nicht an göttliche, sondern menschliche Grenzen. Die erwachsenen Menschen schaffen es einfach nicht, den Kindern die Liebe auf der Erde vorzuleben. Sie leben ihnen stattdessen ein Gemisch aus allem vor und verwirren die Kinder damit. Deshalb ist es sehr wichtig, mit ihnen alle Fragen zu erörtern, die sie uns zu diesem Thema stellen werden und sie nicht aus Angst vor der eigenen Unwissenheit abzuwehren und zu sagen: „Ich hab keine Zeit für sowas" oder „Jetzt sei doch mal ruhig. Du fragst mir ja ein Loch in den Bauch!" (- eine für Kinder erschreckende Vorstellung).

ANALYTIKER

Vor dem Einschlafen fragt David (3 ½):
„Mama, wohnt Gott in meinem Bauch?"
Ich schweige verdutzt. Dann erinnere ich mich daran, ihm erklärt zu haben, Gott sei in allem. Langsam nicke ich:
„Ja."
„Auch in deinem?"
„Ja, auch in meinem; er ist überall."
„Auch in Omas?" David scheint fest entschlossen, Gottes Existenz in allen Bäuche der Umgebung nachzuweisen.
„Ja, auch in Omas."
David nickt im Halbdunkel und fragt dann:
„In welchem Bauch ist er denn zuerst?"

Ihr seht: Es geht in religiösen Fragen nicht darum, Recht zu haben, sondern sich Gedanken zu machen und dabei gleichzeitig zu wissen, dass unser Gehirn, je mehr wir es trainieren, tolle akrobatische Verrenkungen hinbekommt. Es gibt auch Fakten. Aber die Wahrheit, was ist sie? Wer hat sie, wenn es doch so viele und immer neue Gesichtspunkte gibt, die man berücksichtigen sollte? Hier streifen wir die Erkenntnis der Ewigkeit: Es gibt immer noch eine Frage hinter der Antwort und noch eine Antwort und noch eine Frage. Das Perpetuum Mobile ist in Kraft, Abbild der Schöpfung, das „Ding", das, einmal in Gang gesetzt, sich in alle Ewigkeiten weiterbewegt. Und noch etwas gilt: Da wir es denken können, ist es möglich. Hier bewegen wir uns auf die Kraft des Geistes zu, auf

Genesis 1: „Am Anfang war das (gedachte) Wort" und die Erschaffung unserer Realität durch den Strom der gedachten Wörter in unseren Köpfen.
Viele Deutsche sind Christen; wahrscheinlich ist auch die Mehrheit der Leser dieses Buches „christlich." Andere sind vielleicht mit mehr oder weniger Überzeugung jüdisch, muslimisch, buddhistisch, atheistisch und weiteres. Neben anderen wahren Propheten, Rechtsgelehrten und Religionsstiftern ist Christus ein idealer Mittler der Liebe. Was er unter Liebe verstand, hat sich uns über die Jahrtausende und trotz aller Manipulationen mitgeteilt, weil die Liebe in unseren Herzen wohnt. An diesem intuitiven Wissen können wir uns immer orientieren und auch den Kindern beibringen, wie sie sie erkennen.
Der israelische Schriftsteller Amos Oz lässt in seinem Buch „Judas" sein Alter Ego namens Schmuel Asch sinnieren:
„Der nackte Feigenbaum erinnerte ihn an den Feigenbaum im Neuen Testament, aus dem Evangelium nach Markus, an jenen Feigenbaum, den Jesus sah, als er von Bethanien kam und vergeblich zwischen den Blättern nach einer Frucht suchte, um sie zu essen, und als er nichts fand, verfluchte er in seinem Zorn den Baum, sodass er auf der Stelle verdorrte und starb. Schließlich wusste Jesus genau, dass kein Feigenbaum vor dem Pessachfest Früchte tragen kann. Statt ihn zu verfluchen, hätte er ihn besser gesegnet. Hätte er nicht ein kleines Wunder vollbringen können, sodass ihm der Baum auf der

Stelle eine Frucht hätte wachsen lassen?"
Amos Oz hat mich damit sehr zum Lachen gebracht. Als Kind hatte ich denselben Gedanken. Und heute sehe ich es trotz Kenntnis der Auslegungen, die im Feigenbaum einen unnützen Menschen sehen, den es auszumerzen gilt (sehr christlich!), in dieser Weise:
Auch das neue Testament ist, wie alle Bücher, von Menschenhand geschrieben. Es macht aber auch gar keinen Sinn, Jesus den Feigenbaum verfluchen zu lassen. Vielleicht wollte „der Evangelist Markus" etwas Gutes damit bewirken und den Leuten signalisieren:
„Von nichts kommt nichts! Rumsitzen kann jeder, aber es gehört sich nicht!"
Nichts leichter, als mal eben einen Satz umschreiben oder eine Begebenheit so deuten, wie man sie nun mal selber verstanden hat. Ist es logisch, dass Jesus einen Feigenbaum verdammte, weil er nicht zur Unzeit Früchte trug? Nein, es ist komplett unlogisch. Ich sehe Scharen von Theologen sich damit abmühen, während die einfache Wahrheit sein könnte: Die Geschichte ist frei erfunden.
„Sorry", sagt Markus dann von oben. „War nicht so gemeint. Hab's falsch verstanden. Nehmt es mir nicht übel. Aber lustig ist es schon, was daraus geworden ist. Mit einem Schuss Humor betrachtet, habe ich vielleicht doch nicht so falsch gehandelt. Ich hätte vielleicht, im Gegenteil, noch mehr Verwirrung stiften sollen."
Hierzu muss man noch wissen, dass keiner genau weiß, welcher Markus diese Schriften eigentlich

verfasst hat. War es der Markus, der bei der Gefangennahme „zugegen" war und nackt floh, weil ein römischer Soldat ihn an seinem Gewand festhielt und er hinausschlüpfen musste, um nicht im Kerker oder am Ende auch am Kreuz zu enden? Oder war es Markus, der Vetter von Barnabas, einer der ersten Christen, der aber die Missionsreise mit Paulus nicht durchhielt und deshalb mit Paulus verkracht war? Oder war es der Markus, der im ersten Petrus-Brief erwähnt war und in Rom weilte, was dem Vatikan natürlich viel besser gefällt? Tja, was ist Wahrheit? Die Liebe des Christus ist die einzige Wahrheit, an die wir uns auch hier halten können. Und ein liebender Christus zickt keinen Feigenbaum an!

Amos Oz hat übrigens eine interessante Theorie entwickelt. Er stellt sich vor, Judas sei ein Spitzel der Pharisäer gewesen und habe sich „undercover" bei den Jüngern Jesu eingeschlichen. Statt jedoch eifrig Bericht zu erstatten, begeisterte er sich für Jesus und seine gelebte, für jeden fühlbare und nachvollziehbare, verzeihende und warmherzige Liebe und wurde ein glühender Anhänger. Um Jesus einen größeren Wirkungskreis zu verschaffen überredete er ihn, sich in der Großstadt Jerusalem kreuzigen zu lassen, dann ein Wunder zu vollbringen und quicklebendig vom Kreuz zu steigen. Jesus ließ sich widerwillig auf das Projekt ein, denn er war sich seiner nicht sicher und hatte nie den Status der Göttlichkeit beansprucht. Doch Judas ließ nicht locker. Den Pharisäern „verklickerte" er, er wolle den selbsternannten „Gottessohn" zu Fall bringen. Die Römer musste er regelrecht dazu überreden, Jesus ins Visier zu nehmen, da zu jener Zeit ein ganzer Haufen von Propheten und Heilsbringern unterwegs war. Warum also sollten sich die Römer noch mehr Arbeit aufhalsen? Daher auch die offenkundige Unlust von Pontius Pilatus, Schritte gegen Jesus zu unternehmen. Als es dann doch geschah, musste Judas entsetzt erkennen, dass Jesus nicht vom Kreuz stieg, sondern daran verblutete. Daraufhin brachte er sich um. Die 30 Silberlinge, so Amos Oz, seien doch kein Grund für einen wohlhabenden Pharisäer jener Zeit gewesen, diesen ganzen Zirkus aufzuführen. 3000 Silberlinge vielleicht. Außerdem brauchten die römischen Soldaten keinen „Insider", der ihnen Jesus kenntlich machte. Jesus war eine öffentliche Person.

Gedankenspiele dieser Art sind wichtig und bringen es auf den Punkt: Bei aller Gläubigkeit brauchen wir auch logische Fakten oder nachvollziehbare Handlungen. Wir wollen immer wissen, warum etwas geschieht. Es kann so oder so sein. Das lässt uns keine Ruhe. Aber so ist es nun mal. Das bedeutet: ERDE. Das Sowohl als Auch, das Pro und Kontra, die Kehrseite der Medaille, die man immer wieder um- und umdrehen kann wie ein Perpetuum Mobile.

Da wir aber nicht alle lakonische Philosophen sind, die sagen können: „Ja, so ist es eben", haben die Widersprüche uns verwirrt; zusammengenommen mit dem langjährigen desaströsen

Umgang der Kirchen mit der wahren christlichen Liebe haben sie unsere teilweise Abkehr vom Christentum bewirkt. Die Missbrauchsskandale und finanziellen Unregelmäßigkeiten geben noch den letzten Schub, so sehr sich die Priester- und Pfarrerschaft auch liberalisiert und gegen den Strom stemmt.

Aber wenn ich aus der Kirche austrete und fortan (unbewusst) auch das Christentum vergesse, bleibt mir als Halt nichts mehr. Ich würde ein echtes Christentum begrüßen, ob mit oder ohne Kirche (ich habe nichts gegen Kirchen – sie sind meistens sehr schön und stimmungsvoll und geben Raum für Meditation) und mit dem Beispiel des liebenden und verzeihenden Christus im Sinn. Oder sagen wir: Ein echtes Menschsein in Liebe. Religion stiftet letztlich nur Verwirrung, indem sie Unterschiede höher bewertet als Gemeinsamkeiten. Wahre Liebe hingegen bewertet Gemeinsamkeiten höher als Unterschiede. Aber wenn wir sie wieder sinngemäß verstehen, nämlich als „Religio", heraus aus dem Zweifel hinein in die WiederverEinigung mit uns selber und dem Göttlichen in uns, können wir es schaffen, vielen Religionen in Deutschland Raum zu geben: Der Elternreligion „Judentum der Liebe" und ihren Kindern „Christentum der Liebe" und „Islam der Liebe", dazu den reinen, unverfälschten Buddhismus, ohne Kampf und Schwert als Lehre der Leere. Religionen mit Fetischen und Legionen von Heiligen, Göttern und Zwischenwesen verkomplizieren unser Dasein, führen uns in Sackgassen und lassen uns keinen Schritt mehr machen, ohne nicht irgendwem für irgendwas ein Blümchen zu opfern, ein Geldstückchen hinzuwerfen, ein beschriebenes Zettelchen in eine Fuge zu quetschen, einen Hühnerknochen zu befragen, eine Adlerfeder auf den Boden trudeln zu lassen, in ein Schweineohr hineinzuflüstern etc. Auch unablässiges Beten bringt nichts. Ein Gebet zur rechten Zeit ist gut. Einen rechten Ort dafür gibt es nicht. Überall ist ein rechter Ort für ein Gebet.

Ob die Kinder sich konfirmieren lassen oder zur Kommunion gehen wollen, können wir ihnen überlassen. Selbst wenn sie aus sozialen Gründen einfach nur das machen wollen, was die anderen machen oder wenn sich die Mädchen auch so ein schönes, weißes Kleid wünschen, ist das in Ordnung. Man sollte da nachsichtig und großzügig sein und keine Maßstäbe an Wahrhaftigkeit der Überzeugungen anlegen, die man vielleicht selber nicht aufbringt. Andererseits kann man zumindest darauf hinweisen, dass diese Traditionen dazu dienen, den Bund mit der Kirche zu erneuern, die sich mehr oder weniger in den Dienst Gottes gestellt haben. Ob sie das wirklich tut, kann man am Pfarrer und am Priester erkennen, die der Kirchengemeinde vorstehen. Und selbst wenn diese die Liebe eines Christus nicht so hundertprozentig überzeugend vermitteln können, sollten wir auch hier großzügig sein und anerkennen, dass sie es versuchen. So wie wir selber alles Mögliche versuchen, um gute

Menschen zu sein und das, was wir machen, so gut wie möglich hinzubekommen. Ob Eltern, die aus der Kirche ausgetreten sind, wieder in die Kirche eintreten, wenn das Kind hineinstrebt, muss jeder selber entscheiden. Scheinheilig soll keiner sein. Das nehmen uns die Kinder auch nicht ab. Man kann allem eine neue Chance einräumen, muss das aber nicht tun. Jeder ist frei. Der Glaube an Gott ist aber im Prinzip „gut." Er hilft uns, besser zu-Recht-zu-kommen in dem Sinne, dass er uns den richtigen Weg der Liebe weist und uns dazu verhilft, uns selber zu sehen und zu lieben und somit zu unserem Recht zu kommen.

Die Germanen nannten Gott noch „guda", eine geschlechtsneutrale Bezeichnung, die die Gesamtheit der Götter umschrieb. (Die männliche Bezeichnung für Gott und Gott-Vater bürgerte sich erst im 8. Jahrhundert ein). Die Juden, die Gottes Namen nicht aussprechen, weil er für eine Namensgebung zu groß und unfassbar ist, sprechen vom Ewigen oder von den „Elohim", den Schöpferwesen im Plural. Damit verwandt ist die Bezeichnung „Allah." Wir können ihn den Unaussprechlichen nennen, den großen Geist – dann sind wir ganz nah dran. Doch wenn wir ihn/es lieber Gott nennen, Allah, Manitu, Jahwe oder wie die Maori Himmelsvater Rangi und Erdmutter Papa oder wie die alten Griechen Uranos und Gaia oder wie die alten Japaner Izanagi und Izanami haben wir auch Recht. „Vielleicht", raunt unser Gehirn, „gibt es alles auf seine Weise. Vielleicht wurde jede Rasse

von einem anderen Schöpferpaar erschaffen, und es ist nicht nur eine jeweils angepasste kulturelle Note, dass die Schöpferwesen spezifische Namen haben. Vielleicht kommt jede Rasse von einem anderen Planeten. Vielleicht..." Ja, vielleicht. Vielleicht so oder so. Oder alles zugleich.
Das bedeutet: GEHEIMNIS LEBEN!
Wir dürfen es denken, also denken wir es auch. Und vielleicht erwischen wir dabei einen Zipfel Wahrheit. Deshalb ist Europa und jeder andere wahrhaft freie Hort der Geisteswissenschaft auf der Welt so wunderbar, weil wir hier hemmungslos wie Kinder fragen dürfen: „Warum ist das so?" und sagen dürfen: „Vielleicht weil es so und so ist", ohne, wie in früheren Zeiten oder vielen zeitgenössischen Ländern, gleich der Gotteslästerung bezichtigt zu werden. Und das ist genau das, was wir den Kindern schenken können: Eine grundsätzliche Liebe zu allem Geschaffenen, ein demütiges Aufgehen in der Harmonie und Schönheit der Welt und eine grundsätzliche Neigung, über alles nachzudenken, sich Fragen zu stellen und zu beantworten. Das hält sie und uns immer frisch und neugierig und begeisterungsfähig und verhindert, dass wir träge, intolerant, hochmütig und besserwisserisch werden.
Es folgen einige Aussprüche unserer Kinder zum Thema ‚Religion' (Auszüge aus meinem Buch ‚Die Welt durch Kinderaugen'):

SEHNSUCHT ZURÜCK
Wir spazieren durch den Wald, David (2 ½) sitzt im Kinderwagen. Plötzlich stellt er sich auf, deutet nach oben und ruft:
„Nate (David) innen Himmel pringen!"

VERSCHLEIERTER WOHNSITZ
David (3 ½) guckt aus dem Fenster. Plötzlich sagt er:
„Da is der liebe Gott!"
„Ach ja, der liebe Gott?" erkundige ich mich interessiert.
„Ja, da draußen. Da wohnt er."
„Ja, wo denn?"
„Da!" David deutet hinaus. „Da, in Nebel!"

FREUNDE
Am Abendbrottisch. Wir haben gerade gebetet: „Komm, Herr Jesu, sei du unser Gast...", da erkundigt sich David (4):
„Mama, warum beten wir immer?"
„Wir beten vor jedem Essen, um das Jesuskind einzuladen", erkläre ich.
„Ist das mein Freund?", will David wissen.
Ich nicke.
„Ich will aber nicht so viele Freunde haben", beschwert sich David. „Ich habe schon soooo viele! Zehn Stück habe ich!"
Er beginnt, seine vielen Freunde an den Fingern abzuzählen:

„Daniela Elskamp, Matthias, Christian..."
„Und das Jesuskind gehört nicht dazu?", wundere ich mich.
„Ja, so viele Finger hab ich doch gar nicht", brummelt David.
„Dann musst du eben eine Hand dazunehmen."
„Gut", seufzt David und gibt sich geschlagen. Er hebt die andere Hand und zählt auf:
„Jesus, Daniela Elskamp, das Christuskind..."

ELEKTRONISCHER GOTTESMANN
David (4) ist fasziniert von Kirchen. Ebenso fasziniert ist er von Pastoren, die per Mikro ihre Predigten halten.
Einmal gehen wir im Wald spazieren. David entdeckt einen Baumstumpf und ruft freudig:
„Oh, sieh mal, ein Gottesdienstbaumstamm!"
„Ein Gottesdienstbaumstamm?", wundere ich mich.
„Ja, der erzählt vom lieben Gott. Wie die Bäume zu trinken kriegen und wie die Bäume umfallen. Aber da muss noch ein Pastor... ehem ... ein Pastor kommen."
„Ein Pastor?"
„Ja, aber den muss man erst anschließen und dann kann der Gott sprechen."

LANGE GENUG GEWARTET
Es ist Pfingsten. Christoph erzählt David (4) von den Jüngern und dem Heiligen Geist, der sich in

Form von Flammen auf sie niederlässt. Der Heilige Geist ist fortan Gegenstand heftigen Interesses, und unser Sohn wird nicht müde, uns über die Beschaffenheit dieses merkwürdigen Wesens zu befragen. Der Tag vergeht, und David wird immer trübsinniger.

„Ach", seufzt er schließlich jammervoll, „jetzt habe ich schon so lange gewartet - wann kommt denn endlich der Heilige Geist?"

ÜBERQUALIFIZIERT
Monolog David (4 ½):
„I h r wisst ja nicht alles, aber i c h ! Ich bin nämlich der Schutzengel von euch! Sogar von der ganzen Welt! Ich bin s o g a r der Schutzengel vom lieben Gott!"

DICKFLÜSSIG
David (5 ½):
„Mama, wir waren heute mit dem Kindergarten in der Kirche. Weißt du, was die da haben? B l e i w a s s e r !!"

VORBILD
David (6): „Mama, ich hab gesehen, wie Pastor Lehmbrock das Wasser segnet. Er hat seinen Fingernagel reingetaucht und gesagt:
‚Gesegnet sei der Heilige Schein!' So mache ich das jetzt auch!"
Zum Frühstück gibt es daraufhin gesegnete Äpfel.

GEDRUCKT, ALSO WAHR
David (6) darf ein bisschen in unserem Bett ‚lesen'. Er nimmt sich einen Roman und berichtet:
„Jesus ist vor zweihundertviertausend Jahren geboren!"
Er blickt in unsere zweifelnden Gesichter, bohrt den Finger in die Seiten und beharrt rechthaberisch:
„Steht h i e r drin!"

SCHÖPFUNGSWUNDER
David (6 ½):
„Mami, guck mal. Wie schafft der liebe Gott es eigentlich, dass ich mit meinem Knie so machen kann und so und so, ganz ohne Strom?"

BEDENKLICHES SOZIALPAKET
„...dem lieben Gott, der uns vereint", beten wir.
„Was heißt ‚vereint'?", will David (7) wissen.
„'Vereint' heißt, dass alle friedlich beisammen sind", erkläre ich.
David denkt nach und fragt dann:
„Auch die Besoffenen, Mama?"

LEBENDIGES CHRISTENTUM
„Jesus hatte recht!" schreit David (7) und wedelt triumphierend mit einem Lego-Teil, das er verzweifelt gesucht hatte. „Wer suchet, der findet!"

SCHON DAGEWESEN
„Warum macht das Wasser das?", will Johannes (4) verwundert wissen und deutet auf das schaumige Hin- und Hergewoge des Meeres.
„Das hat der liebe Gott so gemacht", erläutere ich bereitwillig.
„Ach, war der auch schon hier?", staunt Johannes.

GÖTTLICHER HAUSMANN
Johannes (4) betrachtet ein Bild an der Wand.
„Wo habt ihr den gekauft?", will er wissen.
„Och, das ist schon lange her", sage ich. „Da warst du noch beim lieben Gott."
Johannes nickt verständig. „Ja, ja, da hab ich den mitgeholfen, den Frühstück zu machen."

ENDLICH HAT ER'S!
Auf dem Spielplatz in Aalten.
„Die Schaukel haben doch die Menschen von der Stadt gemacht, ne, Mama?", will Johannes (5) wissen.
„Nein." Ich will zu einer Erklärung ansetzen, doch Johannes ist zu sehr in seinen Gedankengang versunken:
„Aber das Holz haben doch die Menschen von der Stadt gemacht, ne, Mama?"
„Auch nicht."
„Aber der liebe Gott hat doch die Menschen gemacht, ne, Mama?"

BIBELFEST
Johannes (5) am Mittagstisch: „Wie heißt noch mal das Kind von Maria und äh...?"
„Joseph", helfe ich aus. „Und das Kind heißt Jesus."
„Ach ja. ‚Maria und Joseph betrosten das Kind!' singt Johannes nach einer Fantasiemelodie und fügt erklärend hinzu: „Weil das ja totgeht."

OLYMP AM SANDBACH
„Mama, Gott ist doch überall drin?", vergewissert sich Johannes (6) zum wiederholten Male.
„Ja", nicke ich.
„Auch in uns, ne?"
Ich nicke wieder bestätigend.
Am Abendbrottisch zählt Johannes alle Anwesenden und stellt befriedigt fest:
„Jetzt sitzen sechs Gotts am Tisch!"

GOURMET-GEBET
Johannes (6 ½) betet:
„Komm, Herr Jesus, sei du unser Gast, das Lieblings (-gericht), das du uns bescheret hast!"

KURZGESCHICHTE
Beim Bücherumräumen fällt mir meine dicke, alte, bebilderte Bibel in die Hände.
„Oh, schön, darf ich die haben?", fragt David (9) und zieht glücklich damit ins Esszimmer. Als das

Abendessen fertig ist, liest er immer noch.
„Wir wollen jetzt essen, David", sage ich und gebe ihm einen leichten Schubs.
Seufzend legt er das Buch aus der Hand und meint: „Die Geschichte is mir jetzt zu lang, die les ich später weiter."

ATHEIST
Das Essen steht auf dem Tisch, die Kinder warten auf das Gebet. Johannes (7) hat irgendwie so blitzende Augen.
„Heute kannst d u dir mal ein Gebet aussuchen", schlage ich ihm vor.
„Mmmm, welches nehme ich denn?" überlegt er, während sich die Augen kurz vor Nachdenken verdunkeln. Doch plötzlich ist das Glimmen wieder da! Johannes holt tief Luft, faltet die Hände und singt:
„Alle meine Entchen..."

KAHLKOPF
„Ich stell mir den Gott immer so ganz groß vor und ganz durchsichtig", erzählt mir Rebecca (7).
„Und er ist weder Mann noch Frau", ergänze ich.
„Ja", nickt Rebecca. „Er hat keine Haare, das ist klar."

ANRUF BEIM HEILIGEN PAAR
„Sollen wir bei Jürgen und Maria anrufen?", frage ich Marie (3).
„Ja!" Marie ist begeistert und stürzt zum Telefon. Jürgen meldet sich. Da fragt Marie:
„Hallo, is Jesus da?"

Marie (4 ½) betet:
„Lieber Gott, danke, dass du uns das Schlafen beigebracht hast. Und wenn ich jetzt ein Auge zudrücke, schlafe ich bestimmt!"

Ein anderes Mal: „Lieber Gott, wie schön, dass Du so nett und mutig bist. Aber ich fände es besser, wenn es keine Schule gäbe, dann könnte nämlich Rebecca mit mir in den Kindergarten gehen!"

NEUE GOTTHEIT
Wir sitzen auf dem Campingplatz in Frankreich, es ist dunkel, und wir philosophieren über Gott.
„Die Menschen haben verschiedene Namen für Gott", erkläre ich gerade. „Wir nennen ihn Gott, die Juden Jahwe, die Muslime Allah und die Indianer Manitou."
Marie (6) nickt andächtig und beschließt dann:
„Also ich nenne Gott auf jeden Fall ‚Winnetou'!"

KINDER ALS LEHRMEISTER IM TOD

Denkt daran: Wir leben. Wir sind gar nicht tot.

Der Tod des eigenen Kindes - das ist so ziemlich das Schlimmste, was sich Eltern vorstellen können. Manchmal sterben die Kinder schon im Mutterleib. Oder sie sterben in den ersten Lebenswochen oder –monaten. Oder sie sterben in den ersten Jahren. Oder sie werden 15, 16, 17, vielleicht 20 und sterben. Sie waren da, jung und schön und voller Lebenskraft, manchmal auch traurig und orientierungslos. Aber sie waren da, lebendig, zum Anfassen. Und dann sind sie plötzlich nicht mehr da. Tritt dieser Fall ein, leiden Eltern manchmal ihr ganzes Leben lang daran. Im Normalfall – ich denke jetzt nicht an extreme Problemfamilien oder Horrorszenarien aus den Entwicklungsländern – versuchen wir alles, um das Leben unseres Kindes zu erhalten und so schön wie möglich zu gestalten. Denn gerade die Kinder, diese kleinen Aufrechten, aus deren unbedarftem Munde noch die Wahrheit der reinen Beobachtung quillt, erfüllen uns ja immer wieder mit ehrfürchtigem Staunen über die Schöpfung an sich. Wie aus dem Nichts tauchen sie auf, angezogen durch den Schöpfungsakt der Eltern. Aus ihren Augen spricht häufig schon kurz nach der Geburt eine derartige Altersweisheit, dass wir uns voller Respekt und Neugierde fragen, wie das denn möglich sein könne und woher sie denn wohl kommen. In diesem Augenblick möchten wir uns ganz sicher nicht mit der Frage beschäftigen, wohin sie denn wohl gehen, wenn sie sterben. Und nur zögernd fragen wir uns dies selber, während wir aufwachsen und älter werden und uns dem Zeitpunkt unseres eigenen Todes nähern.

Wenn ein Kind „von uns geht", wirkt es oft wieder ganz weise, abgeklärt, geduldig. Extrem liebevoll tröstet es die Eltern, wenn die Zeit dazu bleibt, es versucht ihnen den Schmerz zu nehmen. Das Kind ist dann den sogenannten Erwachsenen häufig überlegen. Vielleicht weil es sich noch zu gut an das Reich erinnert, aus dem es in das irdische Leben geflattert kam?

Uns jedoch kommt es so vor, als sei die Spanne seines Lebens viel zu kurz gewesen, als müssten nun alle Möglichkeiten verrinnen, dieses Leben zu gestalten. Wir stellen uns vor, wie viele Glücksmomente vertan sind, wie viele Erfahrungen nicht gemacht, wie viel Liebe nicht gegeben und empfangen werden konnte. Die Vorstellung eines Lebens nach dem Tode in Form des „ewigen Lebens bei Gott" bleibt dann zwar abstrakt, ist aber immerhin ein Trost. Wir wissen dann, dass Gott sich um unser Kind kümmert, da es ja auch von dort herstammt.

Viele von uns stellen sich diesen Gott männlich und väterlich vor, gütig, aber auch strafend. Wir stellen ihn uns deshalb in dieser Weise vor, weil wir, wenn wir Christen sind, von Kindheit an dieses Gottesbild in uns aufgenommen haben. „Lieber Gott", beten wir. Oder wir sagen: „Herr, hilf mir." Im Umgang mit unserer Religion sind wir selbst oft kindlich. Wir glauben an die Geschichten aus der Bibel, von der wir natürlich inzwischen wissen, dass sich nicht alles so zugetragen hat, nicht zugetragen haben kann, wie es dort steht. Der Jahwe des Alten Testaments, der sich reichlich menschlich benahm, wegen kleiner Delikte heftig zürnen konnte oder in Eroberungsschlachten Partei ergriff, konnte unserem Bild des väterlichen Gottes nichts anhaben. Den mütterlichen Part übernahm die Jungfrau Maria. Es ist müßig sich zu fragen, ob sich unser Kind nach dem Tode vielleicht bei Maria besser fühlen würde, auf ihrem Schoße sitzend, mütterliche Wärme genießend.

Aber vielleicht verhält sich alles etwas anders. Nicht vollkommen anders, aber immerhin anders. Vielleicht geht das Kind gar nicht von uns, wenn es gestorben ist. Viele Menschen empfinden sogar besondere Nähe zu ihrem „toten" Kind. Vielleicht geht es nicht schnurstracks zu Gott und wird dann ins Paradies weiterverwiesen. Vielleicht bleibt es als Lichtwesen in der Nähe der Eltern, tröstet sie und vermittelt ihnen eine Liebe, die auf der Erde selten gelebt wird. Vielleicht verließ es seinen Körper, um die Eltern aufzurütteln, um ihrem Leben eine neue Ausrichtung zu geben, ihnen eine Chance zu geben, ihre Lebensumstände zu verändern, wenn diese sie eingezwängt und unglücklich bleiben ließen. Vielleicht wollen Kinder, wenn sie früh sterben, den Eltern gerade dadurch ihre Liebe beweisen, dass sie ihnen zeigen: „Schaut doch, wir sind alle unsterblich, wir können sogar wiederkommen und in einen neuen Körper schlüpfen, wir können kommen und gehen, um unsere Erfahrungen zu machen. Ihr spürt ja, dass ich nicht ‚tot' bin, ich bin hier, ihr könnt mich nur nicht sehen, weil ich keinen Körper mehr habe. Aber ich bin, wie alle hier um mich herum, ein Lichtwesen. Ich löse mich nicht einfach auf, nur weil ich aus dem materiellen Körper herausgeschlüpft bin. Bitte macht also das Beste aus meinem scheinbaren Tod, lebt und liebt so viel und so gut ihr könnt, gebt allen Menschen die Liebe, die ihr mir geben wolltet. Und wer weiß, vielleicht komme ich wieder zu euch zurück, direkt aus dem Lichtreich zu euch, damit ihr mich wieder anfassen könnt. Ich weiß ja, dass dieser Aspekt auf der Erde wichtig ist. Oder ich komme zu euren Kindern oder Verwandten oder Freunden. Und ihr werdet mich daran erkennen, dass ihr sofort eine besondere Beziehung zu mir bekommt."

Die Schöpfung ist ein riesengroßes Wunder! Sollte es wirklich innerhalb dieses Wunders von Vergehen und Wiederauferstehen einen Tod geben, so wie viele von uns ihn sich vorstellen, nämlich als Ende? Nein, im Perpetuum Mobile gibt es keinen Anfang und kein Ende, sondern ein immerwährendes Sein. Nur weil unser irdischer Verstand dies nicht denken kann heißt das nicht, dass Ewigkeit nicht existiert. Alles bewegt sich und verändert sich, vergeht, blüht in immer neuen Formen und Farben wieder auf. Das soll unser

Trost sein, wenn wir denken, dass wir jemanden verlieren. In einem schöpferischen, ewigen Universum kann man nichts verlieren, weil nichts verloren geht.

DIE GESCHICHTEN MEINER MUTTER

Meine Mutter begann vor Jahren, die Geschichten ihrer Jugend aufzuschreiben. Gott sei Dank, denn ich halte diese Erzählungen für sehr wertvoll und habe einige von ihnen in das Buch aufgenommen, weil sie sehr deutlich zeigen, wie sehr wir durch Familie und Umwelt geprägt und verändert werden und unsere Spontanität immer mehr der Vorsicht weicht. Die Geschichten sind zum Teil witzig, zum Teil nachdenklich, anregend und sehr aufschlussreich; sprachlich sind sie so gut, dass man fühlt: kein Wort ist zu viel und keins zu wenig gesetzt. Im Vorwort schrieb meine Mutter: „Ich selbst habe in meiner Jugend viel geschwiegen, viel verschwiegen aus Sorge, dem Bilde, dass sich meine Eltern von einer wohlerzogenen Tochter machten, nicht zu entsprechen."
Der heißgeliebte elsässische Opa Ferdinand Gauterin - der je nach Kriegslage Franzose oder Deutscher war - war ihr eine große Stütze. Er nahm sie schon als kleines Kind ernst und erklärte ihr die Welt. Sie war zwanzig, als der Krieg zu Ende ging. Er hat natürlich seine Spuren hinterlassen, aber auch die Grundlage gelegt für einen Erlebnis- und Lebenshunger, der prägend ist für die Aufbauzeit nach dem Krieg. Geschwiegen hat sie später auch viel, besonders, was ihr Innenleben und ihre wahre Meinung betraf. Oft konnte man nur rätseln, sie anschauen und sich in sie einfühlen, um zu wissen, wo sie sich aufhielt. Auch ihrem eigenen Mann war sie oft ein Rätsel. Doch

nun lasse ich meine damals noch spontane Kinder-Mutter selber sprechen:

- Geboren wurde ich in Velbert im Klarensprung Nr. 5 im Hause der Großeltern Gauterin. Der 20. November 1925 war ein ungemütlich kalter Frühwintertag, und gebracht hat mich nicht der Storch, sondern der Uhu, wie Großvater Fernand behauptete: Denn aus dem Zimmer, in dem mich meine Mutter mit Hilfe der alten Hebamme ans Licht der Welt beförderte, tönte es, bis ich da war unentwegt: „Uhu – uhuuu!" Ich war das erste Baumeister-Kind, und mein Vater hätte mich gerne Esther genannt, aber Mutter wählte den Namen Ruth, Emma-Martha-Ruth. Ich habe meinem Namen Ehre gemacht, denn ich bin meinem Gatten 26 Jahre später aus dem schönen Velbert in einen ziemlich rußigen Vorort der Stadt Dortmund gefolgt – klaglos!

MEINE MUTTER BEZAHLT'S

Fast jedes Jahr, bevor ich in die Schule kam, fuhren wir im Herbst zu Großmutter Baumeister in Bad Überkingen. Die lange Bahnfahrt fand ich aufregend. Wir fuhren immer die Rheinstrecke. Mein Vater kannte alle Burgen und wusste von jeder eine spannende Geschichte. Überkingen war Ende der Zwanziger ein Dorf mit sechshundert Seelen. Die Misthaufen lagen noch zur Straße raus, die Straßen selbst waren noch ganz ursprünglich, ohne Schotter und Asphalt. Nur am Badhotel ging eine richtige Straße vorbei: sie führte von Geislingen immer längs der Fils bis Wiesensteig. Die Eisenbahn, Tälesbahn genannt, weil sie durch das gesamte Filstal führte, soll der Grund für das Lied von der „Schwäb'schen Eisenbahn" gewesen sein. Um ihre Anwohner nicht zu ärgern, hat man die Ortsnamen im Lied geändert. Die Tälesbahn fuhr im Sommer mit offenen Wagen; sie bimmelte in einem fort, damit jeder ihr Kommen hören konnte. Im Dorf selbst war ich überall zu Hause. Autos gab es nicht, nur Kuhgespanne; die waren so langsam, dass man ihnen bequem ausweichen konnte. Am meisten Angst hatte ich vor der Gänseherde auf der Haugaß. Lief ich die steile Haugaß hinunter, um dem Schuster Schurr zuzugucken, nahm ich mir immer einen Stock mit. Aber es waren so viele Gänse, die schnatternd auf mich zukamen, dass ich nie so recht wusste, wie ich meinen Stock wirkungsvoll einsetzen sollte. Meist fing ich an zu

schreien, dann kam irgendwer und half mir gegen die Gänse. Gerne ging ich mit Großmutter zu Frau Schweitzer einkaufen. So wie in diesem Laden roch es in keinem Velberter Geschäft. Der Geruch war unbeschreiblich und nicht zu definieren. Es gab eben alles in diesem Laden, und alles verbreitete Duft als da war Bohnerwachs, Käse, Lederstiefel, Vanillestangen, Blumenseife, Salzheringe, Bonbons, Waschpulver – alles vermischte sich auf unnachahmliche Weise.
Einmal traf ich Frieda Scheifele. Sie war viel älter als ich, vielleicht zehn Jahre und ich war noch keine fünf. „Goscht mit mer, i will g'schwind zu der Frau Schweitzer." Gerne ging ich mit. Frida machte ihre Einkäufe. Zum Schluss bezahlte sie aber nicht, sondern sagte: „Meine Mutter bezahlt's." Draußen wickelte sie eine Waffel mit rosa Füllung aus dem Papier und teilte sie mit mir. Ich fand diese Art einzukaufen faszinierend. Am nächsten Tag probierte ich sie gleich aus. „Eine Zuckerwaffel bitte und...meine Mutter bezahlt's." Frau Schweitzer reichte mir breit lächelnd die Waffel über die Theke. „Is scho recht, Ruthle", sagte sie. Eine Zeitlang versorgte ich mich auf diese Weise mit Süßigkeiten aller Art. Eines Tages waren wir bei Onkel Jakob und Tante Anna zum Kaffee eingeladen. Die Großen erzählten sich was, ich klaubte aus meiner Schürzentasche eine Rolle Drops. Meine Mutter sah das und stellte sofort die peinliche Frage: „Woher hast du denn die?" Das Bewusstsein, dass meine Art einzukaufen nicht ganz recht war, hatte ich

immer schon gehabt, aber bei dieser gezielten Frage wurde mir schlagartig klar, dass mein Tun äußerst schwierig zu erklären sei und von meiner Mutter nie gebilligt werden würde. Sie löste das Problem auf konventionelle Weise: sie verdrosch mich fürchterlich und bezahlte die Rechnung bei Frau Schweitzer.

IM KRANKENHAUS

Als Fünfjährige hatte ich eine eitrige Bauchfellentzündung. An den Krankenhausaufenthalt erinnere ich mich genau, sogar an die Einlieferung. Ich sehe mich auf dem Bett meiner Mutter stehen, zwei Ärzte tasten an mir herum – ich schreie. Vater trägt mich die sechs Treppen hinunter zum Krankenwagen.

Im OP des Krankenhauses wäscht sich ein junger Arzt die Hände. Er fragt mich: „Warum waschen sich die Löwen in der Wüste nicht?" Ich kenne Löwen aus Bilderbüchern, aber auch vom Velberter Stadtwappen. Ich weiß es nicht, warum sie sich nicht waschen. „Weil sie kein Wasser haben", sagt der junge Arzt. „Aber zum Trinken doch", wage ich einzuwenden.

Da stülpt mir jemand ein Sieb übers Gesicht. Ich rieche etwas, das mich an Mutters Fleckenwasser erinnert. Und dann ziehen Löwen im Velberter Stadtwappen an mir vorbei – in allen Farben!

Ich wache auf, meine Mutter sitzt an meinem Bett. „Tu das dicke Ding von meinem Bauch", verlange ich, „und bitte was zu trinken." Nichts dergleichen. Ich mache das Bett nass – es ist mir furchtbar peinlich, ich entschuldige mich wortreich.

Zuerst lag ich mit zwei Jungen zusammen in einem Dreibett-Zimmer. In den ersten drei Tagen bekam ich nichts zu essen und zu trinken. Jede Stunde feuchtete mir eine Schwester die Lippen an. Die Qual war unbeschreiblich, besonders wenn die beiden Jungen ihr Essen bekamen.

In der dritten Nacht stand ich in meinem Gitterbett auf, warf die Schneeglöckchen aus der Vase, die auf dem Nachttisch stand, trank das Wasser und ließ die Vase auf den Boden fallen. Das blieb nicht unentdeckt. Niemand glaubte, die Vase sei mitsamt dem Wasser heruntergefallen – es war kein Wasserfleck da. Also wurde ich fest angebunden, denn außerdem hätte ich ein Glasröhrchen im Bauch, wie man mir sagte, und das könne zerbrechen, und dann hätte ich den ganzen Bauch voller Splitter!

Da lag ich also festgebunden, aber nicht mehr so durstig, und bekam nun teelöffelweise zu trinken. Der junge Arzt kam herein und machte sich an einem Wandschrank zu schaffen. „Können Sie mir bitte eine Schere geben?", bat ich eindringlich. „Ich will Papierpuppen ausschneiden – nur für eine Stunde." Aber der Arzt lächelte mich an und entgegnete: „Verbandscheren schneiden kein Papier." Ich trug die Bitte meiner Mutter vor, doch die durchschaute mich. Ich musste ihr versprechen, ganz ruhig zu liegen. Sie band mich los und verlangte von den Schwestern, dass es dabei blieb.

März, April, Mai – die Zeit verfloss. Alle Krankheiten, die auf der Kinderstation herrschten, suchten auch mich heim: Masern, Windpocken und sogar Läuse! Da legten mich meine Eltern auf die Privatstation – solo! Sie bezahlten für jeden Tag acht Mark extra, für damalige Zeiten eine Menge Geld. Ich langweilte mich entsetzlich,

obwohl meine Eltern, Großeltern und die ganze Verwandtschaft viel Zeit bei mir verbrachten. Aber da ich nun eine Ohrenentzündung dazubekam, war ich unausstehlich.
Ende Mai war es dann soweit: Ich durfte nach Hause. Ich sehe noch die Küche vor mir – sie kam mir anders vor, obwohl nichts verändert war. Es roch nach Bohnerwachs, und auf dem Küchentisch standen Blumen. Ich wollte gleich zu meinen Freunden auf die Straße, aber das durfte ich noch lange nicht. Nur mein Vetter Heinz von nebenan durfte „Mensch ärgere dich nicht" mit mir spielen, aber das langweilte mich. Ich wollte rennen, laufen Seilchen springen, Rollschuh fahren – alles nicht erlaubt! Ich musste mich schonen, damit das Riesending von Narbe am Ende nicht wieder aufging.

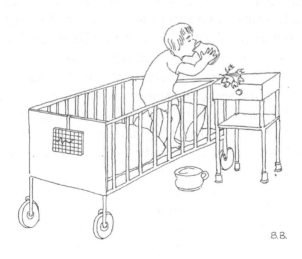

B.B.

DER ÖRGELSDREIHER

Nach meiner schweren Krankheit fuhren meine Eltern in den Harz. Die lange Krankenwache an meinem Bett hatte meine Mutter sehr erschöpft, zudem meldete sich mein Bruder an. Ich kam also für drei Wochen zu meinen geliebten Großeltern. Hoch und heilig musste ich versprechen, nicht wild herumzuturnen, nicht über Zäune zu klettern oder auf Bäume zu steigen, denn die Narbe müsse erst fest werden, wie die Eltern mir erklärten. Dabei war mein Bewegungsdrang enorm! Oma machte viele Spaziergänge mit mir, Opa ebenfalls. Das Tor zur Straße war immer abgeschlossen, aber die Mauer leicht zu überklettern. Daran aber dachten weder Opa noch Oma.
Eines Tages – ich versorgte in der Laube meine Puppen – zog der Örgelsdreiher mit seinem bunt bemalten Örgelskasten den Klarensprung hinunter. Er war alt und zerlumpt, aber er spielte wunderschön. Ich lief ans Tor, dann ins Haus zur Oma und bettelte um zwei Pfennige. Oma war stark beschäftigt, aber ich bekam das Geld. Das Tor war wie immer verschlossen, darum warf ich das Geldstück über den Zaun und presste mein Gesicht ans Gitter. Der Örgelsdreiher hörte auf zu spielen und machte sich daran, die Münzen einzusammeln, meine und die, welche aus einigen Fenstern auf die Straße geflogen kamen. Mein mitleidiges Herz krampfte sich zusammen: Dieser arme, alte Mann! Wie mühsam musste er sich bücken, um all die Pfennige von der Straße aufzu-

klauben! War denn keiner da, um ihm zu helfen? Ich zögerte keinen Augenblick! Flink kletterte ich über die Mauer, bückte mich nach den Kupferstücken und warf sie in die Blechdose, die auf dem Örgelskasten stand.

„Ich werde Ihnen helfen!", erklärte ich dem verdutzten Mann.

Fröhlich sprang ich voraus, klingelte an den Haustüren und rief:

„Geld für den Örgelsdreiher! Geld für den Örgelsdreiher!"

Dieser drehte fleißig an der Kurbel und ließ sich meine Hilfe wohl gefallen. Wir ließen den Klarensprung hinter uns und kamen zum Knippert.

Im Knippert wohnte Frau Wackermann, eine Bekannte von Mutter; sie hatte auch eine Tochter, Annemie, aber die war erst vier Jahre alt und viel zu affig zum Spielen. Mutter erzählte immer, Annemie Wackermann könne eine Schürze eine ganze Woche tragen, und dann sei sie immer noch nicht schmutzig. Dabei ruhte ihr Blick dann auf der meinigen, die nach zwei Stunden immer schon aussah, als hätte ich sie wochenlang getragen.

Also, diese Frau Wackermann warf doch tatsächlich kein Geld für den Örgelsdreiher aus dem Fenster! Ich war empört! Meine Mutter war doch nie im Leben mit einer Geizigen befreundet! Ich klingelte heftig an ihrer Haustür. Frau Wackermann schaute aus dem Fenster.

„Frau Wackermann, wo bleibt das Geld für den Örgelsdreiher?", schrie ich hinauf.

Frau Wackermann stutzte. „Bleib wo du bist. Ich komme sofort runter!", rief sie.

„Moment, bleiben Sie stehen", sagte ich nun zum Örgelsdreiher, der es merkwürdig eilig hatte, „gleich kommt viel Geld!"

Was dann kam, war nicht das große Geld, sondern eine aufgeschreckte Frau Wackermann, die mir die bohrende Frage stellte: „Weiß deine Oma, was du hier machst?"

Ich schüttelte stumm den Kopf, aber dann sprudelte ich los:

„Der arme alte Mann - keiner hilft ihm."

Frau Wackermann war nicht im Mindesten beeindruckt. Sie fasste meine Hand und sagte:

„Komm, ich bring dich zu deinen Großeltern."

Wo war bloß der Örgelsdreiher geblieben? Ohne Dank, ohne sich um mich zu kümmern, war er einfach davongefahren. Er hatte das Weite gesucht – ganz entfernt verklangen die letzten Örgelstöne.

Während Frau Wackermann am Gartentor klingelte, kletterte ich über die Mauer. „Um Gottes willen!", schrie sie, „deine Narbe!" An die hatte ich nun wahrhaftig nicht gedacht.

Oma hatte mich noch nicht vermisst und fiel aus allen Wolken, als sie hörte, dass ich den Garten verlassen hatte. Während sie sich die Hände an der Schütze abwischte, ließ sie Frau Wackermanns Sermon über sich ergehen.

„Frau Gauterin", begann die Frau, „Sie müssen unbedingt besser auf das Kind aufpassen! Wissen Sie, mit wem das herumgezogen ist?! Mit dem

dreckigen Straßenmusikanten!!"
So was war der Örgelsdreiher also auch, dachte ich und spähte ängstlich in Omas Gesicht. Oma schaute mich vorwurfsvoll an und säuerlich auf Frau Wackermann.
„Vielen Dank, dass Sie das Kind hergebracht haben", sagte sie und nahm mich fest bei der Hand.
„Und du gehst jetzt in das kleine Zimmer."
Es gab ein großes und ein kleines Wohnzimmer. Da saß ich nun in dem winzigen Raum und dachte über die Ungerechtigkeit der Welt nach. Wieso hatte ich dem alten Mann nicht helfen dürfen? In so vielen Geschichten halfen Kinder armen, alten Leuten und wurden immer dafür belohnt!
Ich hörte Opa zurückkommen. Undeutlich vernahm ich, was Oma ihm über mein Samariterwerk berichtete. Nach einer Weile kam er zu mir herein und sagte:
„Rüthlein, nun erzähl du mal."
Ich fing bitterlich an zu weinen – aus Erleichterung. Er hatte „Rüthlein" gesagt, dann war er nicht böse mit mir. Rüthlein erzählte.
„Emma!", rief Opa. „Wir gehen spazieren, Rüthlein und ich!"
Wir gingen nicht wie sonst nach links, sondern nach rechts in die Stadt. Bei Café Kitz machte Opa Halt. „Such dir aus, was du willst", sagte er.
Ich suchte mir die bunteste Torte aus, von der Mutter immer sagte, sie sei ungesund. Aber mein Vetter Heinz hatte mal gesagt: „Die Erwachsenen sagen immer ‚ungesund', wenn sie ‚zu teuer' meinen."

„Opa, ist die nicht ungesund?", vergewisserte ich mich und deutet auf das Kuchenstück mit rosa Creme und farbigen Zuckerperlen – Liebesperlen. Er lachte und meinte: „Du hast ein gutes Herz, dem schadet der Kuchen nicht."
Frau Wackermann hatte übrigens nicht ganz Unrecht. Denn als meine Eltern von ihrer Reise zurückkehrten, hatte ich den schönsten Narbenbruch; ich musste noch einmal operiert werden. Diesmal dauerte es nur drei Wochen, weil mich meine Eltern gleich solo legten.

HUSTEKUCHEN

„Hasse ne Flasche?", fragte mich mein Vetter Heinz.
„Hab ich."
„Denn komm."
Wir liefen die Königsstraße runter, überquerten die Bahnhofstraße. In Pickshaus Lebensmittelgeschäft standen die Gläser mit den Bonbons auf der Theke neben der Kasse. In einem waren die Himbeerbonbons, im anderen rotweiß gestreifte Zuckerstangen – und das Glas mit dem Hustekuchen.
„Bitte einen Hustekuchen", sagte ich und legte die zwei Pfennige auf die Theke. Frau Pickshaus nahm ein Stück Lakritzstange aus dem Glas.
„Du willst heute nix?", fragte sie. Heinz schüttelte den Kopf. Wir liefen zurück.
„Mutter, wo ist die Flasche für Hustekuchenwasser?"
Mutter gab mir eine Limonadenflasche.
„Tu nich zuviel Wasser drauf", beriet mich mein Vetter. „Korken drauf und unters Bett."
Da musste die Flasche bis zum nächsten Mittag liegen – Heinz hatte mich genau instruiert. Morgens angelte ich sie unterm Bett hervor, um zu sehen, ob schwarze Wolken um den Hustekuchen schwammen. Ja – sie schwammen!
„Mutter, pass auf beim Putzen. Weißte, der Hustekuchen..."

Mutter versprach es. Ich schnappte meinen Tornister.

„Dein Tafellappen ist dreckig", mahnte sie, „mach einen sauberen an die Tafel."

Brav knotete ich den schmuddeligen Lappen ab und ersetzte ihn durch einen neuen. Hoffentlich war Heinz noch nicht weg. Gott sei Dank – er wartete.

„Wird Zeit, komm schnell! Wat macht dä Hustekuchen?"

„Dä is richtich."

„Heute Nachmittag? Musse noch Klavier üben? Mach schnell un tu nich zuviel Wasser inne Flasche, hörsse? Sons kriechse kein Schaum."

Nachmittags saßen Heinz und ich auf der Treppe vor unserem Haus.

„Un jetz zeig ich dir, wie geschüttelt wird", sagte mein Vetter. „Ers langsam, siehste? Von oben nach unten."

Schmutzigbrauner Schaum quoll auf und blieb wie Bierschaum auf der dunklen Flüssigkeit liegen. Heinz öffnete die Flasche. „Mal gucken, ob et schmeckt." Er nahm einen gehörigen Schluck.

„Nich soviel, lass mich auch mal", verlangte ich. Es schmeckte wunderbar, süß und lauwarm.

„Da kommt doch nochmal Wasser drauf", belehrte mich mein Vetter. „Wird er dann nich zu dünn?", sorgte ich mich.

„Nö, dat Hustekuchenstück is doch noch nicht ganz geschmolzen."

Na, er muss es wissen, dachte ich. Nun dürfte ich schütteln und trinken, dann er schütteln und

trinken – ein herrliches Vergnügen, stundenlang.
Und das alles für zwei Pfennige!

DER HERR IM LOCH

Ecke Friedhofsweg/Königstraße befand sich das Polizeirevier. Unsere ruhigen und wilden Spiele fanden oft unter Aufsicht der Obrigkeit statt, die uns nie störte. Wir Kinder hatten ein gutes Verhältnis zu den Schupos. Neben dem Eingang zum Polizeirevier, links neben der Tür knapp über dem Boden, befand sich ein kleines quadratisches Fenster, mit einem Eisengitter gesichert. Das war das ‚Loch.' Wenn wir Kinder nicht gehorchen wollten, sagten die Erwachsenen oft:
„Jetzt hol ich die Polizei, und die steckt dich ins Loch!"
Eines Nachmittags bickelte ich mit Vetter Heinz. Heute heißt die Bickel Murmel. Es gab verschiedene Bickel: ‚Gris' waren die ganz einfachen aus Keramik, ‚Märm' die aus Marmor und ‚Gläs' jene aus buntem Glas, oft wahre Kunstwerke. Heinz hatte auf dem nicht asphaltierten Gehweg vor den Parkanlagen mit dem Schuhabsatz eine schöne, runde Bickelkuhle gedreht, als der Ruf ertönte:
„Sitzt einer im Loch! Sitzt einer im Loch!"
Wir sammelten hastig die Bickel ein und rannten zum Loch. Einige Jungen hockten schon davor und verdrehten die Hälse. Ich blieb in einiger Entfernung stehen, denn aus dem kleinen Fenster stank es immer nach Tabak, Schnaps und Erbrochenem. Die Jungen schreckte es nicht.
„Ich hab gesehn, wie sie'n gebracht haben", erzählte Günther, der Sohn eines der Polizeibeamten. „Der war ganz schön besoffen war der, der

konnte nich mehr allein gehen, den hamse mit zwei Mann geschleppt!"
„Und was machense jetz mit ihm?", wollte ich wissen.
„Nix", meinte Günther, „der bleibt da drin, bisser wieder nüchtern is."
„Und wenner krank is?", wagte ich einzuwenden.
„Der is nich krank, der is bloß besoffen! Komm, gehn wer wieder bickeln." Mein Vetter zog mich am Arm.
Da ertönte aus dem Loch ein Stöhnen und der Ruf:
„Ech han son Dooscht! Ech han son Dooscht!"
„Siehsde", sagte ich zu Vetter Heinz. „Der is krank, der hat Durst."
Mit Betrunkenen hatte ich keine Erfahrung, wohl aber mit Durstigen. Ich erkämpfte mir einen Platz am Fensterchen und bezwang meinen Widerwillen. Es stank entsetzlich aus dem Loch.
„Kann ich Ihnen helfen?", rief ich.
Im Dämmerlicht, in dem kleinen Raum unter mir, konnte ich einen Mann ausmachen. Er lag auf einer Pritsche und stöhnte zum Erbarmen: „Wat han ech forn Dooscht, wat han ech, wat han ech forn Dooscht."
Es galt also, schnell zu handeln, um dem Mann zu helfen. Ich sprang die Stufen zu dem Raum hoch, in dem sich die Polizisten aufhielten. Ich klopfte erst gar nicht an, sondern stürmte ins Zimmer.
„Der Herr da unten im Loch hat Durst!"
Die beiden diensthabenden Beamten guckten sich entgeistert an.

„Was willste?", fragte einer.

„Der Herr da unten hat Durst. Würden Sie ihm bitte was zu trinken bringen?", verlangte ich höflich, aber bestimmt.

Die Männer lachten. „Wie alt bist du eigentlich?", fragte der andere.

„Sieben Jahre", sagte ich und sah den Männern fest in die Augen.

Einer stand auf, nahm einen Becher und goss aus einer Emaillekanne, die auf einem kleinen Ofen stand, heißen Kaffee hinein – und trank selbst.

„Wenn wir den ‚Herrn'"- er betonte ‚Herr!' – „jetzt was zu trinken geben, kotzt der uns die ganze Bude voll! Ne, kleines Frollein, der muss erst mal wieder nüchtern werden, wenn du weißt, was das ist."

Ich machte einen Knicks und ging.

„Wat hasse denn da drin gemacht?", fragte Vetter Heinz.

„Och, nix. Komm, gehn wir bickeln."

GESTÖRTE SPIELE

Obwohl das Gelände um unsere Stadtwohnung in Velbert ideal war, zog es uns, meinen Vetter und mich, öfter in die weitere Umgebung. Die Gegend um den Bahnhof eignete sich herrlich zum Versteckspiel. Man traf sich in der Nähe des Güterbahnhofs bei dem Häuschen, wo die Fracht gewogen wurde.

Die Waage war für uns ein Wunder. Sie bestand aus einer großen Holzplatte mit Querleisten aus Messing, etwa zwei mal vier Meter groß. Auf diese Platte fuhren die Pferdefuhrwerke mit ihrer Fracht.

„Dat is Brutto", erklärte Vetter Heinz, der schon auf dem Gymnasium war.

Als die leeren Fuhrwerke vom Güterbahnhof zurückkamen, belehrte mich mein Vetter weiter: „Dat is Tara. Netto is jetz im Güterwagen."

Ich bewunderte meinen Vetter, begriff nichts, aber vergaß es nie.

Einmal, als wir wieder wie die Wilden um das Wiegehäuschen rannten, blieb ich an einer Messingleiste der Waage hängen und schlug mit der Stirn auf den Boden. Im Wiegehäuschen wurde ich wieder wach. Die Frau, die das Wiegen beaufsichtigte, pustete mir eifrig mit einer Fahrradpumpe Luft ins Gesicht. Ich lag auf zwei zusammengeschobenen Stühlen. Um mich herum standen meine Spielkameraden und Vetter Heinz.

„Gut, dat du nich tot bis, sonst fehlte jetz einer beim Schlachball!", sagte er und draußen:

„Sach bloß nix zu Hause, sons dürfen wir hier nich mehr hin."
Ich erzählte nichts zu Hause. Für die Beule hatte ich eine etwas harmlosere Erklärung zur Hand. Trotzdem nahm die Zeit des Spielens am Wiegehäuschen ein jähes Ende. Ich hatte mich während eines Versteckspiels im dichten Gebüsch neben der Treppe, die zum Bahnhofvorplatz führte, verborgen. Plötzlich war da ein fremder Mann! Er hob mich hoch, und ehe ich schreien konnte, hielt er mir mit einer Hand den Mund zu. Mit der anderen umklammerte er mich und schob mich an seinem Körper auf und ab.
„Bist du meine kleine Freundin?", flüsterte er unentwegt. Ich zappelte wie wild.
Da brach Vetter Heinz durchs Unterholz. Er erfasste blitzschnell die Situation und schrie:
„Kuck ma – en Schwein! Sofort lässte los!!!"
Der Mann ließ mich fallen, rannte die Treppe runter und war verschwunden.
Die anderen Kinder kamen angerannt. „Verrat bloß nix", flüsterte Heinz, „sons, weiße ja, dürfen wir nich mehr hierhin."
Ich erzählte niemandem davon, aber keine zehn Pferde hätten mich mehr in die Nähe des Güterbahnhofs gebracht.

DIE BLÖDE STACH

Ich bin sehr gerne zur Schule gegangen. Ich lernte leicht, und meine Eltern sorgten schon dafür, dass die Schulaufgaben immer tadellos in Ordnung waren. Meine Lehrerin, Fräulein Stach, war eine Bekannte von Vater, und Mutter erwähnte ab und an, dass sie den Eindruck habe, Fräulein Stach hätte nur zu gerne unseren Vater geheiratet! Vielleicht war das auch der Grund, warum sie mich sehr wechselhaft behandelte. Mal war ich das große Vorbild für die Klasse, mal der letzte Dreck, wenn ich im Rechnen, das nun mal nicht meine Stärke ist, irgendeinen Dreh in einer Textaufgabe einfach nicht kapierte. Mal lud Fräulein Stach mich zum Apfelpfannkuchenbacken ein, mal war es Jägerkohl, den sie partout nicht ohne meine Hilfe kochen wollte, obwohl ihre Freundin, Fräulein Naß, unsere Handarbeitslehrerin, genau gegenüber wohnte und ihr beim Pfannkuchenbacken oder Kohlkochen gut hätte helfen können. Schlimm war, dass ich die selbstfabrizierten Dinge auch noch essen musste! Wenn es dann dämmerte, machte ich mich auf den Heimweg, oft mit einem alten Kleid von Fräulein Stach, aus dem Mutter ‚gut noch was würde machen können.'

Ich war immer höflich und wohlerzogen, hasste diese Einladungen aber wie die Pest. Die Klassenkameradinnen waren ganz schön neidisch. Sie wussten alle davon, weil die Einladungen in aller Öffentlichkeit ausgesprochen wurden.

Eines Tages brachte ich einer kranken Mitschülerin die Hausaufgaben. Erna war keine gute Schülerin, und so gab ich mir Mühe, ihr alles so gut wie möglich zu erklären. Einmal seufzte Ernas Mutter tief auf und sagte:
„Ja, wer so vorgezogen wird wie du...!"
„Ich will aber gar nicht vorgezogen werden. Was soll ich denn machen?", rief ich.
„Ja, ja, so ist es im Leben", seufzte Frau Stiehl.
Es war Wasser auf ihre Mühle. Sie eilte spornstreichs zu Gertrud Stach und klagte sie in empörtem Tone an, sie zöge Kinder vor, die das gar nicht wollten. Und der Sturm im Wasserglas war da!
Die Stunde hatte angefangen. Drohend kam Frau Stach auf mich Nichtsahnende zu.
„Ziehe ich dich vor?", brüllte sie mich an.
Ich saß wie versteinert.
„Antworte mir gefälligst!", schrie sie noch lauter.
Doch bei mir purzelten nur die Tränen.
„Wie kannst du bei einer Mutter behaupten, ich zöge dich vor, du undankbares Kind!? Pack sofort deinen Tornister und verschwinde!!"
Damit hatte Gertrud Stach das Problem auf einfache pädagogische Art aus der Welt geschafft.
Das konnte doch nie wieder gut werden. Im Grunde war ich so erzogen, dass die Erwachsenen immer Recht hatten. Also musste Fräulein Stach Recht haben. Aber eines wusste ich auf dem Heimweg schon felsenfest: In diese Schule gehe ich nicht mehr!
Aber was half es? Mutter beschimpfte in meiner

Gegenwart abwechselnd die ‚proletarische Stiehl' oder die ‚blöde Stach', die von Kindern keine Ahnung habe und selbst mal ein paar eigene großziehen sollte, ehe sie auf fremde losgelassen würde! Vater, selbst den Kopf voller Sorgen, weil in seiner Firma Flaute herrschte, lenkte mich mit Märchen und Liedern ab, die mit meinem Problem absolut nichts zu tun hatten.

Am nächsten Morgen weigerte ich mich, in die Schule zu gehen. Vater musste ins Büro. Mia, unser Mädchen, kam erst um acht, um auf meinen kleinen Bruder achtzugeben. Mutter rettete die Situation, als sie vorschlug:

„Geh zu Großvater, dem erzählst du die Geschichte, und dann wollen wir doch mal sehen, ob der die Sache nicht in Ordnung bringt."

Ich zog mich an und rannte zu Opa.

„Ja", meinte der, als er alles aus mir herausgeholt hatte, „so wird dir das noch öfter ergehen – so ist die Welt , und du wirst dich daran gewöhnen müssen."

„Opa", sagte ich, „es ist doch unrecht."

„Unrecht war, dass du Frau Stiehl nicht eine aufrichtige Antwort gegeben hast. Sei mal ehrlich – vorgezogen werden ist doch manchmal ganz schön. Warum hast du nicht zu Frau Stach gesagt: ‚Nein danke', wenn du Apfelpfannkuchen backen solltest? Aber du fühltest dich eben geschmeichelt."

Mir summte der Kopf. Opa hatte Recht. Ich erinnerte mich an einen Ausflug mit Fräulein Stach, zu dem sie beileibe nicht alle Kinder mitgenom-

men hatte, nur einige Handverlesene: Hannelore Siepen und mich, Friedhelm Hornscheid und Uli Schorn, alles Kinder, die später ins Gymnasium sollten. Wir fuhren zum Düsseldorfer Flughafen. Ich kam mir auserwählt und entsetzlich vornehm vor. Ich sprach ganz dialektfrei, und als ich zur Toilette musste, ging ich gestelzt und spitzte den Mund. Ich dachte, es sei vornehm...
„Ich glaube nicht", sinnierte ich, „dass sie mich noch einmal einladen wird."
„Um so einfacher für dich", meinte Opa. „Aber es wird jetzt keine leichte Zeit für dich. Doch du stehst es schon durch. Jeder hasst die Schule mal."
„Ich hasse ja nicht die Schule!", schrie ich. „Ich hasse die Stach!"
„Ruhig, Rüthlein, ruhig! versuche, dich ganz normal zu verhalten – die Zeit kriegen wir schon rum."
Was sollte Opa auch sonst sagen? Was war normal? Ich wusste ja nie, wie die Stach reagierte. Sie ließ mich weiterhin im Ungewissen. Ich war völlig verunsichert. Mal fand sie eine Antwort entzückend, mal provozierend, mal völlig unmöglich. Einmal behauptete sie, ich hätte sie bewusst belogen und gab mir drei Stockschläge auf den Rock. In einer anderen Sache glaubte ich felsenfest, alles richtig gemacht zu haben und sie schlug mich wieder. Ich beachtete sie nicht, vermied es sie zu grüßen, arbeitete wie wild, damit sie mir nicht das Zeugnis verderben konnte.
Nach vier Jahren kam ich ins Gymnasium. Von Stund an grüßte ich sie gar nicht mehr und be-

antwortete keine Einladung zum Klassentreffen. Man hat es mir als Hochnäsigkeit ausgelegt, aber ich wollte nur vergessen, wollte es als eine Episode des Großwerdens abschließen.

DIE SCHWARZE LISTE

Annemarie Lüttringhaus hatte wie ich denselben Weg von der Volksschule zurück. Hin nicht, da ging ich mit vielen Kindern aus unserem Viertel, weil die Schule für alle um acht anfing. er Hinweg musste auch in kürzester Zeit absolviert werden, während man sich für den Rückweg etwas mehr Zeit nehmen konnte. Der Hinweg war uninteressant; er führte an Wohnhäusern und den vielen kleinen Fabriken vorbei, an denen es in Velbert keinen Mangel hatte. Zurück konnte man dagegen über die Friedrichstraße. Da wo sie anfing, hatten Tante Herta und Onkle Erich ihren Tabakwarenladen. Tante Herta war Mutters Schwester. Ich besuchte sie oft und guckte ihr fasziniert beim Verkaufen zu. Onkel Erich saß im kleinen Büro nebenan und arbeitet. Vetter Arno war fast zwei Jahre jünger als ich und im Gegensatz zu Vetter Heinz sehr still.

Also, den Rückweg machte ich meist mit Annemarie und Hannelore. Hannelore wurde oft von ihrer Mutter abgeholt, und so blieb mir Annemarie. Sie hatte einen Sprachfehler, ihre Zunge war irgendwie falsch angewachsen. Meine Mutter sah es gar nicht gerne, dass ich mit Annemarie Kontakt hatte.

„Annemarie ist frühreif", pflegte sie zu sagen. Ich wagte nicht zu fragen, was das sei; doch ich konnte mir nichts Rechtes darunter vorstellen. Vielleicht, dachte ich, meint Mutter Annemaries Apfelbäckchen, vielleicht waren die frühreif.

Ich selbst war dünn und blass.
„...und außerdem ist Annemaries Vater ein ‚Brauner'!"
Das Wort Nazi gab es damals noch nicht. Mutter war wie Opa deutschnational, und die ‚Braunen' waren ihr nicht geheuer.
Warum ich nun nicht mit Annemarie gehen sollte, weil ihr Vater ein ‚Brauner' war, konnte ich nicht einsehen. Ich fand es zwar auch blöd, dass er immer seine Uniform anhatte, egal ob er ins Rathaus ging – er war Amtmann – oder zu Hause war, aber was hatte das mit uns Kindern zu tun? Annemarie war auch in der ‚Kükengruppe' und zog nachmittags mit vielen braungewandeten ‚Küken' in Dreierreihen laut singend durch die Stadt: „.....und heute gehört uns Deutschland und morgen die ganze Welt!" Ich wollte natürlich auch, dass Deutschland mir gehörte, aber Mutter wollte nicht.
Wie dem auch sei – an einem nasskalten Vormittag Ende November 1934, der erste Schnee war gefallen, hatte man uns aus der Schule entlassen. Sollte ich den kürzeren, langweiligen Weg über Nordstraße, Mittelstraße, Oststraße nehmen oder den über die Friedrichstraße? Annemarie winkte: „Gehste mit?" Also Friedrichstraße. Ich hatte ja Zeit, Mutter erwartete mich nicht so früh.
Wir stapften durch den Schneematsch. „Der bleibt nich liegen", prophezeite ich. „Übermorgen ist erster Advent. Wär ja schön, wenner liegen bliebe."

„Bälle kannsde schon machen, aber nich Schlittenfahren", überlegte Annemarie.
Wir schlenderten an Tante Hertas Tabakladen vorbei. Unschlüssig blieb ich stehen. Sollte ich reingehen und Guten Tag sagen? Im Laden war es immer so gemütlich, es roch so gut nach Tabak. Tante Herta war immer zu Späßen aufgelegt. Aber heute konnte ich nicht reingehen, weil Annemarie bei mir war. Fremde Kinder dürfte ich nicht mitbringen; Onkel Erich hasste es gestört zu werden.
„Gehste rein?", fragte Annemarie.
„Nö", sagte ich.
Wir beobachteten eine Weile die Leute, die in den Laden gingen und wieder herauskamen, dann wollte ich weitergehen. Aber Annemarie blieb stehen, sie hatte einen fantastischen Plan!
„Weisde wat?", sagte sie. „Wenn getz einer rauskommt aus'm Laden, dann schmeiß'n wir'n Schneeball rein."
Ich war Feuer und Flamme. Annemarie fabrizierte einen dicken Schneeball, und als ein Kunde die Ladentür öffnete, warf sie den Ball mit Schwung durch den Türspalt. „Schnell verstecken!", rief sie und zog mich in den nächsten Hauseingang, von dem aus sie die Wirkung ihres Tuns beobachten wollte. Wir brauchten nicht lange zu warten.
Onkel Erich stürzte aus der Tür. Er war furchtbar wütend, er guckte nach rechts und links und – entdeckte uns. Wir machten harmlose Gesichter.
„Wer hat den Schneeball geworfen? Mitten inne Zigarrenkiste! Die teuren Zigarren! Wer war das?

Ihr habt es doch sicher gesehen."
Ich war wie vom Donner gerührt und brachte keinen Ton heraus. Doch Annemarie rief ohne mit der Wimper zu zucken:
„Dat war ein Junge, der is die Neustraße rauf!"
Onkel Erich schoss davon, um den Übeltäter zu fassen. Ich wollte weg, nichts wie weg, um den unvermeidlichen peinlichen Fragen aus dem Wege zu gehen, doch Annemarie hielt mich fest. Ihre Augen funkelten.
Onkel Erich kam zurück. „Da war kein Junge. Habt ihr ihn denn gesehen? Kennt ihr ihn?"
„Kennen tu ich den nich", erwiderte Annemarie eifrig, „aber er hat gesagt, Sie wären auf der Schwarzen Liste."
Onkel Erich wurde blass. Ohne ein weiteres Wort an uns zu richten, ließ er uns stehen und ging in den Laden zurück.
Ich atmete erleichtert auf – das war ja noch mal gutgegangen!
„Was is ne schwarze Liste?", fragte ich Annemarie.
„Weiß ich auch nich so genau", meinte sie, „aber mein Papa hat gesagt, da hamse alle Angst vor, wenn se draufstehen. Und wenn se draufstehn, dann kommse weg."
„Und wohin kommen se?"
Annemarie zuckte gleichgültig die Achseln.
„Und Onkel Erich, der steht drauf?", wollte ich wissen.
„Der steht bestimmt nich drauf", sagte sie, „aber haste ja gesehn, der hatte Angst."

Mein erster Impuls war, zu Tante Herta zu laufen und ihr alles zu beichten, aber Annemarie hielt mich fest. „Mich verklatschen willste? Dann kansde wat erleben! Wenne wat petzt, lad ich dich nich zu mein Geburtschtag ein! Also sagsde niemand wat, verstanden?"
Ich verlor zu Hause tatsächlich kein Wort über den Vorfall, doch in mir nagte ein Unbehagen, das ich nicht benennen konnte. Ich selbst hatte ja weder den vertrackten Schneeball geworfen noch Onkel Erich Angst gemacht, trotzdem war mir flau im Magen. Ich hasste Annemarie wegen der vielen Lügen, zu denen sie mich gezwungen hatte. Ihre Drohung nahm ich dagegen nicht ernst, und auf ihren Geburtstag hätte ich sowieso nicht gedurft – und trotzdem...
„Bringst du Tante Herta nachher ein paar Tannenzweige für den Laden?", fragte Mutter. „Ich habe welche vom Adventskranz über."
Plötzlich raste mein Puls. „Mein Hals tut weh", log ich. Auf keinen Fall hätte ich Tante Herta heute unter die Augen treten können.
„Ich bring sie morgen", versprach ich.
Morgen war vielleicht schon alles vergessen. Vielleicht, überlegte ich, war Onkel Erich gar nicht wegen der Schwarzen Liste weggegangen, sondern nur, weil er uns zu klein und dumm fand. – Schwarze Liste. Ich kannte das Schwarze Brett, das hing bei uns im Schulflur, und da stand alles Mögliche drauf: ‚Spenden für das Winterhilfswerk' und ‚Kerzen für VDA.'
Ich schlief schon fest, als Mutter mich aus dem

Bett holte. Sie stellte mich auf den Bretterstuhl am Fenster. Schlaftrunken rieb ich mir die Augen. Dann trug sie mich hinunter in die Küche. Sie war voller Leute: Vater, Mutter. Oma, Opa, Tante Herta, Onkel Erich. Alle sahen furchtbar ernst aus. Tante Herta weinte. Waren die Zigarren so wertvoll gewesen?

Mutter sah mich prüfend an. „Sag mal, wie war das heute Mittag? Was war das für ein Junge, der mit dem Schneeball?"

Ich schwieg.

„Rüthlein", sagte Opa, „es ist wichtig."

Ich brach zusammen. Die ganze Geschichte kam heraus, stockend, von Schluchzen unterbrochen.

„Gott sei Dank!", sagte Tante Herta. Mutter begann zu schimpfen:

„Wenn du dich noch einmal mit Annemarie herumtreibst, dann..."

„Gott sei Dank!", sagte Tante Herta immer wieder, „Gott sei Dank!"

Vater, der mich kalt ansah, unterhielt sich mit Onkel Erich. Ich hörte ein paarmal das Wort ‚Sozialdemokraten.' Was war das nun schon wieder? Ich flüchtete mich in Opas Arme. Der sagte: „Was weiß das Kind davon? Es ist doch erst neun."

Inzwischen hatte Mutter Kaffee gemacht. „Du geht's sofort ins Bett!", befahl sie.

„Opa, geh mit", bat ich. Opa ging mit mir und deckte mich zu.

„Opa, ich hab den Schneeball nicht geworfen, und ‚Schwarze Liste' hab ich auch nicht gesagt. Warum sind alle böse mit mir? Ich konnte Anne-

marie doch nicht verraten, sonst hätte die mich verhauen. Und die hat feste!"
Opa sah mich traurig an.
„Rüthlein", meinte er dann, „mir scheint, du bist ein Feigling."
Das schmerzte mehr, als die Verachtung, mit der mich Onkel Erich jahrelang bestrafte.
Opa war der Einzige, der mir am nächsten Tag die ‚Schwarze Liste' erklärte. Er verlangte auch, dass ich mich mit Annemarie bei Onkel Erich entschuldigen sollte. Aber Annemarie lachte nur und meinte:
„War doch bloß Spaß, un dafür entschuldigt man sich nich."
Da stand ich allein in Tante Hertas Laden, um meine Entschuldigung zu stammeln. Onkel Erich war nicht zu sprechen. Tante Herta sagte:
„Gott sei Dank, dass ihr euch das nur aus den Fingern gesaugt habt!"

TANTE JETTEKEN IM KATTENSIEPEN

„Gehste heute Nachmittag mit zu Tante Jetteken im Kattensiepen?", fragte ich morgens auf dem Schulweg meinen Vetter Heinz.
„Wat willsde denn da?", fragte Heinz und fuhr sich mit der Hand durch den roten Haarschopf.
„Gucken, ob die gelben Pflaumen reif sind."
„Wir dürfen doch nur die Runtergefallenen nehmen, un die liegen meist inne Hühnerkacke", maulte mein Vetter.
„Aber Tante Jetteken gibt uns doch immer so leckere Leberwurstbütterkes", versuchte ich ihm Lust zu machen, „un du weißt doch, alleine darf ich nich."
Nachmittags machten wir uns auf den Weg, über die Güterstraße, Talstraße, bogen dann hinter der Eisenbahnbrücke rechts ab. Ein schmaler Trampelpfad führte den Abhang hinunter in den Nordpark. Links unterhalb der Talstraße lag der kleine Kotten von Tante Jetteken.
Tante Jetteken war eine Cousine von Oma. Sie bewohnte mit Mann und drei erwachsenen Söhnen ein kleines, altes Fachwerkhaus. Vor dem Haus befand sich eine Schloßschmiede, wo die Männer selbstständig arbeiteten. Heinz und ich durften die Werkstatt nicht betreten, warum, das wussten wir nicht. Vielleicht störten wir oder es war einfach zu gefährlich. Im Stall waren Kaninchen, Hühner und zwei Ziegen.
„Na, wollt ihr mich mal wieder besuchen?", begrüßte uns Tante Jetteken.

Ich bestellte brav Grüße von zu Hause und fragte dann: „Is Ewald schon da?"
In Wahrheit war ich wegen Ewald gekommen. Ewald, einer von Jettekens Söhnen, besaß nämlich etwas, das auf mich eine mächtige Anziehungskraft ausübte: Ein Grammophon mit Kurbel dran - und dazu eine herrliche Schallplatte ‚Rosemarie, Rosemarie, sieben Jahre mein Herz nach dir schrie!'
„Ewald muss gleich kommen", sagte Tante Jetteken.
„Ach, darum bisse hier – wegen sonne doofe Musik", schimpfte jetzt Vetter Heinz, „un ich dachte, wer wollten nach Pflaumen gucken."
„Nur einmal die Musik hören", bat ich, „dann tu ich alles, wasse wills."
Heinz gab sich zufrieden und ging mit Tante Jetteken in den Stall. Ich trottete hinterher.
„Wo sind die beiden kleinen Ziegen?", fragte ich.
„Verkauft", sagte Tante Jetteken.
„Un geschlachtet?"
„Nä, sind doch Zuchttiere."
Endlich kam Ewald.
„Die Brocken von Engels Kippe fallen hinten schon auf die Lange Wiese", berichtete er. „Dauert nich mehr lange und dann isse weg."
„Die bezahlen doch dafür", meinte Tante Jetteken achselzuckend. „Lang können wir sowieso nich mehr hier wohnen."
Ewald guckte mich. „Ich weiß schon, watte wills. Rosemarie hören, is doch so, oder? Dein Onkel hat doch auch ein Grammophon."

„Onkel Karl meinste? Aber bei dem kommt so blöde Musik raus, so heißt der, und von dem verstehste kein Wort!"
Onkel Karl liebte Benjamino Gigli – schließlich war er auch Mitglied im Männergesangverein ‚Arion.'
„Bitte, Ewald, Rosemarie!", bat ich.
Wir beide gingen ins Haus, und Ewald drehte an der Kurbel.
„Müsst ihr hier weg wegen Engels Kippe?", fragte ich. „Und wo wollt ihr hin?"
„Wat weiß ich", sagte Ewald. „Dat dauert noch'n bisschen; vielleicht inne Stadt."
Er legte die Platte auf. Ich rutschte so nah wie möglich an den großen Trichter heran.
‚Rosemarie, Rosemarie!', quäkte die Stimme herzzerreißend.
„Willste auch die Rückseite?"
Wenn Ewald schon mal dran war, dann war er großzügig. Ich nickte, und wr kubelte das zweite Löns-Lied an: ‚Rosmarienheide zur Maienzeit blüht', quäkte die Stimme, und dann kam die zweite Strophe:
‚Anna Mariana, wo bist du, mein Lieb? Anna Mariana, der Wind dich vertrieb. Anna Mariana, du zogst in die Stadt, Anna Mariana vergessen mich hat.'
Ich fing bitterlich an zu weinen – zogst in die Stadt – vergessen mich hat...
„Tut dir wat weh?", fragte Ewald besorgt.
Ich nickte.
„Wat denn?"

Ich schwieg. Ich konnte nicht benennen, was mir weh tat. Es war das Herz, aber das wusste ich damals noch nicht.

„Nochmal Rosemarie?", fragte Ewald. Ich zog die Nase hoch und suchte vergeblich nach einem Taschentuch.

Tante Jetteken kam mit Heinz zusammen aus dem Stall zurück.

„Wat weinste?", fragte sie. „Haste Hunger?"

Ich nickte, froh, dass ich nichts weiter erklären musste.

Den Kattensiepen habe ich nicht wiedergesehen.

KRIEGSTAGE

Im Januar 1945 wurde mein Kinderhort geschlossen, da sich die Tieffliegerangriffe häuften. Ich betreute bis zum Kriegsende Flüchtlinge in der Kindergartenbaracke am Blumenweg. Unter meinen Schützlingen befand sich auch ein siebzehnjähriger ‚Krieger', der, total erschöpft und offensichtlich desertiert, seine Panzerfaust an den glühenden Kanonenofen lehnte. Nur Gott weiß, warum nicht alles in die Luft flog.

Mein Vater, der 1941 aus der Wehrmacht entlassen worden war, um seinem Vaterland in seiner Firma zu dienen, die jetzt statt Türschlössern Panzersitze herstellte, wurde im Herbst 1944 wieder eingezogen – als Volkssturmmann. Er tat Dienst in einer Scheinwerferbatterie, die am Bleiberg bei Velbert stationiert war. Sein Leben, ab jetzt durch einen Einsatzplan geregelt, spielte sich zwischen Flakstellung, Fabrikbüro und unserem Haus am Langenhorst ab, wo er öfters auch noch übernachten konnte.

Ich lebte damals mit ihm allein im Haus, denn meine Mutter hatte sich, entnervt durch die ewigen Fliegerangriffe, die die ganze Familie wieder und wieder in den Keller trieb, mit ihren drei jüngeren Kindern Wolfgang (Wölfi), Renate (Reh) und Ulrike (Ricky) im August 1944 zur Verwandtschaft ihres Mannes nach Überkingen abgesetzt, wo die Kriegsereignisse noch nicht so sichtbar hinlangten. Sie kamen erst im Juli 1945 nach Velbert zurück.

Das Haus im Langenhorst blieb nicht lange leer. Kaum war Mutter mit meinen Geschwistern abgefahren, überredete Nikolaus Ehlen, der ‚Vater' des katholischen Siedlungswerkes, meinen Vater, eine niederländische Flüchtlingsfamilie aufzunehmen, ein Ehepaar mit drei Kindern. So waren wir nun zu siebt.

In den letzten drei Kriegswochen bekamen wir dann noch eine Einquartierung: Die Bedienungsmannschaft eines 14,5-Flakgeschützes, das von unserem Garten aus den Südrand der Stadt Essen unter Feuer nahm. Die Soldaten requirierten Wohnraum und Arbeitszimmer unseres Hauses, brüteten über Messtischblättern und verbrachten die Nächte eingerollt in unsere Teppiche. Wir waren alarmiert, fürchteten das Vergeltungsfeuer der Amerikaner. Als ich den Leutnant fragte, ob er auch auf unser Haus schießen würde, wo er uns doch nun kenne, erhielt ich die Antwort: „Aber selbstverständlich, wenn es die militärische Situation erfordert."

Da war ich einfach fassungslos. Gott sei Dank enthob uns Deutschlands Kapitulation am 7. Mai der Aussicht auf den ‚Heldentod.' Später erfuhr ich, dass das holländische Ehepaar, das wir mit Kindern beherbergt hatten, dem Widerstand gegen die Nazis angehörte – ich habe also doppelten Grund, Gott für mein Leben zu danken. Wir hielten noch lange Kontakt zu den Holländern.

Betty Hilgers, eine Tante meiner Mutter, stand Ende 1945 mit einem Köfferchen vor unserer Haustür und sagte:

„Cläre, ich weiß nicht, wo ich hin soll. Ich habe alles verloren."

„Komm rein", sagte meine Mutter.

Und so wurde Tante Betty unsere neue Hausgenossin, deren liebenswerte Schrullen wir lächelnd hinnahmen. Sie konnte mich besonders gut leiden. Einer ihrer Lieblingssprüche war: „Ruth, du musst mal einen Pfarrer heiraten, du kannst so gute Suppen kochen." Mit Peter fand sie sich dann aber ab, obwohl mein Auserwählter damals ‚nur' Kirchenmusiker war. Zur Hochzeit schenkte sie uns ihre beiden Eheringe, die aus schwerem Golde waren. Wir tragen sie noch heute.

NACHWORT

Es heißt: „Der Mensch denkt, Gott lenkt."
Dieser Spruch ist nützlich, denn er zeigt uns unsere Grenzen auf. Vieles zeigt uns unsere Grenzen. Auch die Naturgewalten. Es lohnt sich, demütig zu bleiben, sich nichts auf sich selber einzubilden, sich nicht aufzublasen und für etwas Besseres zu halten. Wir sind alle Menschen und jeder kann etwas, das der andere nicht so gut kann. Und jeder hat Eigenschaften, die der andere vielleicht auch hat, aber anders zum Ausdruck bringt. Nicht umsonst gibt es so viele Bücher, Bilder, Lieder. Jeder von uns sagt es anders und neu. Jeder schaut anders aus seinem Kosmos heraus. Das, was uns verbindet, ist der Wille zur Liebe, die Liebe zur Schönheit und Weisheit und Leichtigkeit, der Wunsch zu lachen, zu leben, zu genießen. Wer allein ist, wünscht sich oft einen Partner, mit dem sie/er alles teilen und eine Familie gründen kann. All denen, die jetzt keinen Partner haben, sei gesagt: Gebt die Hoffnung nicht auf! Und nutzt die Zeit, zu euch zu kommen und lächelnd euer Leben zu leben. Wenn ihr das könnt, wird auch Partnerschaft und Familie leichter gelingen. Das gilt auch, wenn ihr keinen Partner sucht und allein gut zurecht kommt. Wandelt auf den Spuren eurer Kindheit, holt sie euch zurück, wenn sie abhanden kommen ist und versucht, so kindlich , frisch und frei, so neugierig, begeistert und lachlustig wie möglich erwachsen zu sein.

Inhalt

VORWORT 3

DER ANFANG. 8

EMPFÄNGNIS. 11

SCHWANGERSCHAFT. 24

GEBURT. 33

DER ÜBERGANG: DIE ERSTEN TAGE 40

PRÄGUNG UND ERZIEHUNG 58

DIE ERSTEN TAGE DER FRISCHGEBACKENEN ELTERN   66

PRÄGUNG. 74

SCHLAF 83

DIE ROLLE DER MUTTER. 87

DIE ROLLE DES VATERS 92

VERBOTE 103

FRAGEN. 110

DIE CLIQUENBILDUNG 115

STRESS. 120

SELBSTWERDUNG. 134

ERSTE ZARTE LIEBESBANDE. 139

MEINUNGSVERSCHIEDENHEITEN. 143

ERZIEHUNGSDISSENS 150

LEBENSELIXIR HUMOR 154

DER ÜBERGEORDNETE SINN DES GANZEN	164
GENERATIONENÄRGER	171
DIE BERÜCHTIGTE PUBERTÄT	179
DIE VERWEIBLICHUNG DER JUNGEN	183
LIEBESÄNGSTE	194
REGLEMENTIERUNGEN	199
OPA ERZÄHLT ÜBER STRAFEN	210
GESCHWISTER	212
ERFOLG	219
IRRTÜMER EINGESTEHEN UND FEHLER BEGEHEN LASSEN	224
DER HEIMKOMMENDE UND DER DAHEIMGEBLIEBENE	229
BINDUNGEN, TRENNUNGEN, PATCHWORKFAMILIEN	234
DIE OMA	252
KRIPPE UND KINDERTAGESSTÄTTE	258
KOCHEN KANN SPASS MACHEN	263
KINDER IN DER KÜCHE	279
MEINE KINDHEIT	287
MEIN KIND LEHNT MICH AB ODER: ICH LEHNE MEIN KIND AB	295
KINDER UND KRANKHEIT	308
SCHULE	315
KINDER UND BERUF	327
KINDER UND RELIGION	330
KINDER ALS LEHRMEISTER IM TOD	357

DIE GESCHICHTEN MEINER MUTTER. 362

MEINE MUTTER BEZAHLT'S 364

IM KRANKENHAUS 367

DER ÖRGELSDREIHER 370

HUSTEKUCHEN 375

DER HERR IM LOCH. 378

GESTÖRTE SPIELE 381

DIE BLÖDE STACH. 383

DIE SCHWARZE LISTE. 388

TANTE JETTEKEN IM KATTENSIEPEN. 395

KRIEGSTAGE 399

NACHWORT 402

© Phoebe-Verlag e.K., Bocholt

www.phoebe-verlag.de